南アジアの
経済発展と地域協力

山本勝也 編

芦書房

●目　次

第 1 章

持続的かつ包摂的な発展を目指して
多面的視点から見た SAARC 諸国の貧困と格差

1 はじめに

　前回の論文では、アジア共同体の可能性について ASEAN（東南アジア諸国連合）と SAARC（南アジア地域協力連合）を比較し、発展課題の解決に向けたガバナンスと能力の状況を検討した。[1]

　その際には筆者の研究領域である国際公共管理論の枠組みを応用した。それを受けて今回の論文では SAARC 諸国の SDGs（持続可能な開発目標）への取組みについて、特にその中心的な課題である「貧困と格差」の状況を概観し域内協力の可能性と日本の支援方法について検討する。

2 SDGs における貧困・格差の概念深化

　SDGs の前身である MDGs（ミレニアム開発目標）は 2000 年 9 月の国連総会で採択されたが、その中心的な課題は「絶対的貧困の削減」であった。特に 1980 年代から 90 年代にかけて IMF（国際通貨基金）の主導による「構造調整」という所謂「新自由主義」に彩られた急激な改革が進められると、その影の部分として極度の貧困状況が浮き彫りとなった。先進国と発展途上国の政府は構造調整政策を進めながらも、貧困対策にようやく重い腰をあげはじめた。

　1990 年代に国連が「人間開発報告書」（Human Development Report, 以下 HDR）の刊行を開始し貧困の問題を取り上げたのも同じ時期であっ

た。日本政府および JICA（国際協力機構）も比較的早い時期から貧困の課題について政策的検討を始め、1989 年には緒方貞子氏（当時上智大学教授）を座長に国際協力総合研修所（JICA 緒方貞子平和開発研究所の前身）で「分野別（貧困問題）援助研究会」を立ち上げ最初の報告書をまとめた。筆者もその研究会メンバーの 1 人として参加したが、その後、同報告書の提言等に基づき JICA も様々な貧困関連プロジェクトを実施してきた。⁽²⁾

MDGs の結果は "Half full, half empty" という言葉が良く当てはまる。その第 1 ゴールである「絶対的貧困を半減させる」という目標は 2015 年の目標年を数年前倒しで達成されたと言われている。

これは東アジア、特に中国の絶対的貧困が急速に減少した事がその要因の一つと言われている。その他のゴールも、ある程度の進展があった反面、普遍的教育の普及等は達成できない状況であった。更に進展状況は均等ではなく、地域的な格差、男女間の格差、富裕層と貧困層の格差、都市の農村の格差が頑強に存続している。最貧困層の中でも子どもの貧困状況は極めて深刻な状況である。⁽³⁾

全世界では金銭面で定義した絶対的貧困は相当数減少した事は確かであろう。それは MDGs が第 1 ゴールに絶対的貧困の削減を掲げて発展途上国と先進国が協働でこの課題に取り組んできた成果とも言える。

その後継である SDGs も第 1 ゴールに貧困削減を取り上げた。今回は発展途上国のみならず、先進国も同様に自国の貧困削減に共同の責任を負う事となった。

すなわち、SDGs の第 1 ゴールの 1 番目（以下 SDG1-1）に「2030 年までに、あらゆる場所において、1 日 1.25 米ドル未満で生活している全ての人々の極度の貧困状態を撲滅する」（筆者訳）という目標を掲げ、SDG1-2 に「2030 年までに、各国の諸定義による全ての側面での貧困状態にある全ての年齢の男性、女性、子どもたちの割合を少なくとも半減させる」（筆者訳）という新しい目標を設定した。

SDG1-1 では、MDG1 の 1 日 1 米ドルから 1.25 米ドルと目標値が上昇しているが、現在の国際的な絶対的貧困の Threshold（閾値）である 1 日 1.90 米ドルより低い値が設定されている。

新しく設定された SDG1-2 では「各国の諸定義による全ての側面での貧困」"Poverty in all its dimensions according to national definitions" という表現が使われているが、その意味は、絶対的貧困（Absolute Poverty）に加え、相対的貧困（Relative Poverty）および後述する多面的な定義に基づく貧困も対象となったという事である。また、「各国の定義」という言い方は、これまで採用されてきた国際的な貧困の定義に加えて、各国の状況に沿った独自の定義を用いた目標設定が可能となった事を意味する。

絶対的貧困は、2019 年の国連 SDGs 報告書によれば、相当数減少していると見られるが、全世界では 2015 年時点で世界総人口の約 9.9%（約 7.36 億人）が絶対的貧困状態にあり、サブサハラ・アフリカ諸国では約 38%（約 4.13 億人）が絶対的貧困状態にある[4]。

また、絶対的貧困層の内、約 79% が農村に居住し、更に 14 歳以下の子どもの貧困率が約 46% にのぼっている。

同報告書は、「2018 年での推定値で世界総人口の約 8.6%、目標年の 2030 年でも約 6.0% が絶対的貧困状態にあり、現在の傾向が続く限り SDG1-1 の目標達成は難しい」（筆者訳）とも述べている。

2－1　金銭的な絶対的貧困の定義の推移

1990 年代から発展途上国の絶対的貧困の問題が注目され始めた段階では、金銭的な定義が主流であった。すなわち絶対的貧困とは「1 日当たり 1 人 1 米ドル」という定義が世銀グループを中心として提起された。1 人の人間が 1 日の活動に必要な最低限のエネルギーを摂取する為の食料その他の必需品を購入するのに必要な費用が 1 日 1 米ドルと定義されたので

ある。

　この定義は 1990 年の世銀「世界開発報告書」で国際的な絶対貧困ラインの定義として示された。この背景となる研究成果は、Martin Ravallion 氏のグループによる論文で 88 カ国の先進国、発展途上国の貧困ライン（National Poverty Line、以下 NPL）から導きだしたものである。⁽⁵⁾

　この定義は、発展途上国全体の絶対的貧困状況を推定するには、極めて分かり易いものではあるが、各国の社会経済状況の相違、都市と地方の格差、世帯内や男女の格差等を看過している事。1 世帯の構成人数の違いによって 1 日当たりの世帯収入が異なる事。現金収入にほとんど頼らない地域においても金銭的な定義を適用する事の是非等の点を十分考慮に入れていないなどの批判もあった。しかし、今までのところ、この定義は国際的な比較が容易で、操作性が高く経済的な分析の基礎になる等の理由で、世銀を中心とした国際機関や発展途上国政府によって継続して利用されている。

　ただし、各国での物価の上昇に伴い 1 日 1 米ドルでは生存を維持するには不十分であるという理由によって、その後、2008 年に 1.25 米ドル、2015 年に 1.90 米ドルに改訂された。この数字は各国が採用している NPL の平均値に近いものとされ「国際的貧困ライン」（International Poverty Line、以下 IPL）と呼ばれている。

2－2　世界銀行の新たな金銭的定義

　2018 年の世銀報告書では、新たに低・中所得国と高・中所得国の貧困ラインが示され、更に Shared Prosperity（共有すべき繁栄、筆者訳、以下 SP）と Societal Poverty Line（社会的貧困ライン、筆者訳、以下 SPL）という新しい概念も提起された⁽⁶⁾

　まず、新たな貧困ラインの定義として、低所得国（GNI/cap. 1,025 米ドル以下）の IPL として 1.90 米ドルが採用され、低・中所得国（GNI/cap.

1,026 米ドル以上、3.995 米ドル以下）には 3.20 米ドル、高・中所得国（GNI/cap. 3,996 米ドル以上、12,375 米ドル以下）には 5.50 米ドル、高所得国（GNI/cap. 12,376 米ドル以上）には 21.70 米ドルを採用している。

中・所得国以上に対する貧困ラインを設定した背景としては、1.90 米ドルの IPL 以下の最貧困層の内、低所得国に居住する人数の割合は世界総人口の約 9% 程度であり、極度に貧困な状況の人々の大多数は中・所得国レベル以上に住んでいる事。1.90 米ドルは低所得国 15 カ国の NPL の平均であるが、もはや中・所得国レベル以上の最低のニーズを満たす基準額としての適切度が失われてきた事等がある。[7]

1.90 米ドル以下の最貧困層は急激に減少しているが、3.20 米ドル、5.50 米ドルの貧困線以下に多くの人々が極度の貧困に喘いでいる。この点から世銀は、「経済成長だけでは、これらの貧困線を超えて全ての人々が貧困から脱却することは不可能であり、経済成長と共に何かが必要である」（筆者訳）と述べている。[8]

2−3 Shared Prosperity（共有すべき繁栄）

この定義は絶対的貧困の削減に加えて経済成長と分配にも焦点を当てた考え方と言える。2013 年以降、所得分配のデータが利用可能な 91 カ国について低所得層（ボトム 40%、以下 B40）の平均消費あるいは所得の増加率を把握し、国全体の平均増加率と比較するものである。2015 年の状況では 91 カ国中 70 カ国で B40 の消費あるいは所得の平均額に増加があったと報告されている。

2−4 Societal Poverty Line（社会的貧困線）

これは、各国別に IPL の 1.90 米ドルか、1.00 米ドルに国全体の消費支出額の中央値の半分（50%）を加えた額のどちらか大きい方を SPL と定義

するものである。すなわち、Max（1.90 米ドル、1.00 米ドル + 0.5x 消費支出の中央値）と計算される。これによれば、2015 年時点での SPL 以下の貧困層の人数は約 21 億人となり、IPL 以下の貧困層の人数である約 7.36 億人の 3 倍近い数字となり、さらに深刻なことには、1990 年から 2015 年の 25 年間に SPL 以下の貧困者数の減少速度は非常に緩慢である事が明らかとなった。

　ここで言えることは、経済成長は貧困削減のための必要な要因ではあるが、その成長の内容が重要であり、最貧困層の消費や所得に増加をもたらすような成長と、そうでない成長とでは、貧困削減の効果に明らかな違いがある事。成長と分配の両面に配慮した貧困対策がより重要という事である。

2−5　相対的貧困の定義

　一方、相対的貧困については OECD による定義がある。それは「1 世帯当たりの 1 年間の可処分所得を世帯構成人数の平方根で割った数字の中央値の半分（50%）」と定義され、それ以下の人口比を相対的貧困率としている。[9]

　この定義は金銭面での定義に分類されるものである。この中では世帯の所得に着目し、一般の典型的な世帯の所得（平方根ないし中央値）からの乖離の程度によって相対的な貧困度合を計測しようとするものである。

　その際、平均値よりも中央値の方がより実態を反映するとして、中央値の 40%、50%、60% などが検討された。どの割合を採用するかは、やや恣意的なものがあり、例えば米国では 40%、EU では 60% が採用されていたが、OECD は最終的に 50% を採用し、日本など主要な OECD 加盟諸国を中心に採用されている。

2－6　格差の定義

　SDGs ではゴール 10 において格差の問題が初めて明示的に取上げられた。

すなわち、SDG10-1 では「2030 年までに、B40 の所得の成長率を当該国の平均より高くすることを早急に達成し維持する」という目標が掲げられ、指標としては「当該国の全人口と B40 の世帯の支出額あるいは 1 人当たりの所得の成長率」を比較することが採用された。[10]

　また、SDG10-2 では、「2030 年までに、年齢、性別、障がいの有無、人種、民族、身分、宗教、経済その他の地位に関わりなく、全ての人々の能力強化と、社会的、経済的および政治的な統合を促進する」(筆者訳) という目標が掲げられ、指標としては「年齢、性別および障がいのある人々に区分した、所得の中央値の 50% 以下で暮らしている人々の比率」(筆者訳) が採用されたが、これらの指標では、具体的な目標値の設定は各国政府に任されている。なお、SDG10-2 の指標は OECD の相対的貧困率に対応している。

　SDG10 に格差および不平等の問題が取り上げられた背景には、2012 年に仏の経済史研究者である Thomas Pikkety 氏が「21 世紀の資本」[11] を出版し、彼の師で同僚でもある Anthony B. Atkinson 氏が「21 世紀の不平等」[12] を出版した時期に、世界的な格差と不平等に対する関心が高まりを見せたことがある。

　格差と不平等の何が問題なのであろうか?

　2014 年 12 月に OECD が発表した「格差と成長」という冊子では、「所得格差が拡大すると、経済成長が低下する。その理由の 1 つは、貧困層ほど教育への投資が落ちることにある。格差問題に取り組めば、社会を公平化し、経済を強固にすることができる」としている。[13]

　人類の歴史を振り返れば、格差と不平等、そして差別は常に存在していたが、21 世紀に入り、格差と不平等の程度は、過去に比較にならないほど

拡大しており、経済合理性の面でも、人間の道徳的価値に照らしても、看過できないものとなっている。

2－7　金銭的な格差指標

　所得格差の指標として、現在広く活用されているものに Gini 係数、パルマ係数および 5 分位または 10 分位係数等がある。Gini 係数は広く用いられているが、それぞれ金銭面での家計所得データを元に、所得階層（10% または 20% の階層）の配分の比率を見ており、パルマ係数は上位 10%（以下 Top10）と B40 との比率を見るものである。一般的に、パルマ係数の方が格差の状況をより的確に反映するものとされている。5 分位または 10 分位係数は所得階層を 5 分位（20% 別階層）または 10 分位（10% 別階層）に分け、最上位 20%（Top20）または 10%（Top10）と最下位 20%（B20）または 10%（B10）の平均所得の比率を示すものである。最近では Top1% の所得の動向にも注目が集まっている。

　2019 年の国連 SDGs 報告書によれば、SDG10 の格差は、引続き深刻な状態にあり、幾つかの地域で改善が見られたものの、世界の多くの地域で格差が拡大しており、所得格差とその他の格差を縮小する為に、より大きな努力を行う必要がある事を強調している。

　まず、SDG10-1 の指標については、2011 年から 2016 年の間に世界 92 カ国中、69 カ国で B40 の所得が増加し、国全体の増加率より高かったのは、その内 50 カ国であったが、B40 の所得は国全体の所得の 25% 以下の水準である事。更に、多くの国では Top1% の所得が増加している事が報告されている。

　また、SDG10-2 の指標では、高所得層、低所得層の両者を含む 110 カ国中、最も多く（中央値）の国々において約 14% の人口が相対的貧困ライン以下にあり、最も格差の大きい国は約 26%、最も格差の小さい国は約 3% と報告されている。[14]

2−8 最富裕層所得補正 Gini 係数（Top adjusted Gini Coefficient）

　Jeffrey Sacks 氏のグループによる Sustainable Development Report （SDGs Index and Dashboard を含む）では、SDG10 について最富裕層の所得額によって補正した Gini 係数を指標として用いているが、それは Laurence Chandy 氏と Brina Seidel 氏の研究成果を元にしている[15]。

　それによれば、通常の家計調査では、Top1% あるいは Top10% の家計が調査に非協力で回答を拒否することが多い事等の理由で、最富裕層の所得が十分に把握されていない事が長年問題となっていた。両氏が納税申告などのデータを用いて過去 25 年間の 134 カ国の Gini 係数を補正したところ、全調査対象国の Gini 係数の平均値は 0.39 から 0.48 と 0.09（9%）上昇した。また、通常は同程度の Gini 係数である米国（0.41）と中国（0.40）では、補正後、米国（0.51）と中国（0.44）と差が拡大した。更にインドでは通常の Gini 係数 0.36 が補正後 0.56 と 0.20（20%）上昇したと報告されている。

　ところで、筆者は国連が SDG10 の指標に相対的貧困を採用したことに今でも疑問を感じている。本来であれば、SDG1-2 で採用すべき指標であり、上述のように Jeffrey Sachs 氏のグループによる Sustainable Development Report 2019（注 22 参照）で、SDG1 に相対的貧困率を指標に取り上げ、SDG10 の指標には富裕層所得補正 Gini 係数やパルマ係数を使用している。

　また、後ほど検討する SAARC 諸国の SDGs 報告書でも、SDG10 の指標には、Gini 係数やパルマ係数などを使用している例が多い。更に言えば所得分配については最貧困層の所得や支出状況のみならず最富裕層の所得の動きなども指標として採用すべきである。

　SDG10 の指標として、OECD の相対的貧困率を採用した背景は必ずしも明らかではないが、世銀と国連関連の専門家等の見解の相違があった事が窺える。国際公共管理論の研究・実務者としては、国際機関を取り巻く専

門家間での見解の相違が、国際的に重要なアジェンダ設定に影響を及ぼす事をしばしば目にしてきたが、この SDG1 と SDG10 の指標を巡る動きはその一例ではないかと推察している。

2-9　多面的貧困指標 (MPI : Multidimensional Poverty Index)

　これまで世銀を中心とした金銭面での貧困と格差の定義を見てきたが、これに対して国連を中心として活用されてきた貧困の定義が SDGs の中で取上げられた。これは 1990 年代に国連が HDR で示したもので、金銭面では把握できない個人の置かれた状況、あるいは個人の可能性と機会及び能力に焦点を当てた定義と言える。この定義が提唱された背景には、Sabina Alkire 氏の研究グループの貢献があるが、更には Amartya Sen 氏の Capability 概念が大きく影響している。

　この多面的貧困指標（Multidimensional Poverty Index, 以下 MPI）は、国連人間開発報告書事務局（HDRO）と Oxford 大学の「貧困と人間開発イニシアティブ」（OPHI）との共同研究によって提起された比較的新しい指標であり、SDG1-2 に対して新たな測定方法を提供するものである[16]。

　最初の試みは 2010 年に提起され、その後、2014 年に革新的な MPI が提起された。次いで、世銀の Atkinson 委員会の報告書で、金銭的な貧困の定義に加えて、それを「補完・代替」する方法として MPI の意義が強調されている[17]。

　ただし、同報告書を注意して読むと、前半の 100 頁近くが金銭的な定義による貧困に費やされ、後半の 100 頁余に MPI 等の代替的な方法が論じられている。また、金銭的貧困の定義やモニタリングは、主に世銀グループが担当し、MPI 等の代替的な定義・指標は、国連グループが担当するべきとのニュアンスの記述や、所謂 Normative economics と Positive economics の区分など、SDG1-1 と 1-2 および SDG10 の目標や指標設定を巡る専門家間の論争を想起させるような記述があり、国際公共管理論の研

究・実務者にとっては、これまでの経緯や争点を知る上での重要な資料である。[18]

2−10　国連機関を中心とした MPI の定義

UNDP の MPI は、金銭的な貧困定義に加えて、健康、教育および生活水準の3分野での欠乏（Deprivation）の程度を加味した多面的貧困の指標を採用している。まず健康分野では栄養面と乳幼児死亡率、教育面では就学年数と就学率、そして生活水準では、調理用の燃料、衛生施設、飲料水、電力、住宅、その他の家財など合計 10 の指標を採用し、それぞれウエイト付けをしている。

同報告書は 105 カ国について MPI を推定しているが、これは世界総人口の 77% をカバーしている。その結果、世界全体で約 13.34 億人が多面的な貧困状況にあり、サブサハラ・アフリカ諸国で約 5.6 億人、南アジア諸国で約 5.46 億人と両地域が拮抗している。ここでも貧困はサブサハラ・アフリカのみの問題とは言えない事が分かる。[19]

また、インドの MPI は、2005/6 年の約 55% から 2015/16 年には約 28% と急激に減少した事になっている。確かに進捗状況は顕著であるが、同国には未だに約 3.64 億人と世界最大の多面的貧困層が存在していると警鐘を鳴らしている。その内、約 1.56 億人は子どもであり、4 人に 1 人は 10 歳の誕生日を迎えられずに死亡している。

多面的貧困ゴールを SDG1-2 に入れた事は、画期的ではあるが、指標の取り方やウエイト付けなどの方法論の更なる検討と、質的な側面も考慮に入れた指標の工夫等、今後の研究の深化が期待される。[20]

2−11　多面的格差指標

多面的な格差指標については、UNDP の HDR 2018 で、不平等調整後の

人間開発指標（Inequality Adjusted HDI、以下 IHDI）が示された。これは、従来の HDI が一国の平均的な人間開発の状況を示すのに対して、不平等の状況を加味した場合に、どの程度指標が変化するかを示したものである。具体的には、HDI を導く 3 つの指標（平均余命指標、教育指標、生活水準を示す 1 人当たり GNI）に、MPI で用いた 3 分野の不平等係数の平均値で調整したものを IHDI として示している。HDI と IHDI の差を求めて、その差が大きいほど、多面的な格差が大きい事を示している。

IHDI は、Gini やパルマ係数、5 分位あるいは 10 分位係数等よりも、貧困層の実態をより良く表す指標と言われているが、同じ個人の不平等の程度を重複してカウントする可能性を排除できていない事等の問題点も指摘されている。[21]

③ SAARC 諸国の SDGs 進捗状況と貧困・格差

SDGs の貧困と格差の様々な定義を見て来たが、それを踏まえて SAARC 諸国の貧困と格差の現状を概観し、SAARC 諸国の対応状況をも見ておく。

前回の論文で用いた Sustainable Development Report（SDGs Index and Dashboard を含む）と国連、世銀および各国の SDGs 報告書等を参照し、SAARC 諸国の金銭的な貧困・格差と多面的な貧困・格差を確認する事とする。

3−1　SAARC 諸国の金銭的な貧困・格差

表 1 は SAARC 諸国の金銭的な貧困と格差を示したものである。併せて 2019 年および 2020 年の SDGs Index and Dashboard によるランキング順位と指数も含めた。[22]

表1　SAARC諸国のSDGs順位と金銭的貧困・格差

国名	SDGs順位（指数）d	絶対的貧困率（NPL）s	絶対的貧困率（IPL）		Gini係数	最富裕層補正Gini係数 d	パルマ係数	5分位係数 h
			US$1.90	US$3.20d				
モルディブ	47（72.1） 91（67.6）	15% （2009/10）	7.3%s 1.3%（2020）d	8.8%（2020）	0.313 （2016）s	0.384（2009） 0.591	1.7h	7.0
ブータン	84（67.6） 80（69.6）	8.2% （2017）	0.0%d 0.0%（2020）d	12.0%（2020） 10.5%（2020）	0.38 （2017）s	0.388（2017） 0.418（2017）	1.8h	6.9
スリランカ	93（65.8） 94（66.9）	4.1% （2016）	女性0.70% 男性0.74% （2016）s	8.9%（2020） 8.0%（2020）	0.41 （2016）s	0.501（2016） 0.514（2016）	1.9h	6.8
ネパール	103（63.9） 96（65.9）	21.6% （2015）	36%（2015）s 6.8%（2020）d	33.7%（2020） 33.0%（2020）	支出 Gini0.33 所得 Gini0.46 （2015）s	0.335（2020） 0.334（2020）	1.3 （2015）s	7.0
インド	115（61.1） 117（61.9）	21.9% （2011/12）	2.9%d 2.3%（2020）d	27.4%（2020） 24.6%（2020）	農村0.283 都市0.363 （2011/12）s	0.456（2011） 0.432（2011）	農村0.92 都市1.41 （2011/12）s	5.3
バングラデシュ	116（60.9） 109（63.5）	21.8% （2018推定）	13.8%（2016） 4.3%（2020）d	37.9%（2020） 31.0%（2020）	0.483 （2016）s	（0.359）参考値 （2016） 0.387（2016）	2.5 （2016）s	4.8
パキスタン	130（55.6） 134（56.2）	24.3% （2015/16）	1.0%d 0.9%（2020）d	22.1%（2020） 20.7%（2020）	0.300h	0.424（2020） 0.430（2020）	1.2h	4.4
アフガニスタン	153（49.6） 139（54.2）	39.1% （2013/14）	n.a. n.a.	n.a. n.a.	0.316w	n.a. n.a.	n.a.	n.a.

（出所）Sustainable Development Report 2019 および 2020, "HDR 2018" および各国 SDGs 報告書により筆者作成。
d:Sustainable Development Report 2019（上段）および 2020（下段）の数値（世銀統計に基づく）を採用。
h:"HDR 2018" の数値を採用。Gini係数、パルマ係数、5分位係数は 2010 ～ 2017 年の数値を採用。
s: 各国の SDGs 報告書の数値を採用。（　）は対象年。
w: アフガニスタンの Gini 係数は世銀報告書の数値を採用。

この表 1 からは、SAARC 諸国の内、SDGs ランキングが 100 位以内にあるスリランカ（2019 年 93 位、2020 年 94 位）が NPL 以下の人口比率が約 4.1% と最も低く、次いで 2019 年 84 位（2020 年 80 位）のブータンが約 8.2%、2019 年 47 位（2020 年 91 位）のモルディブが約 15% と比較的低いが、その他の 5 カ国は絶対貧困率が 20% 以上であり、アフガニスタンは約 39.1% とかなり高い状態である事が分かる。

また、格差を示す Gini 係数は 0.30（パキスタン）から 0.483（バングラデシュ）の間にあり、パルマ係数、5 分位係数で見ると、むしろ絶対的貧困率が低いブータン、スリランカ、モルディブの格差が大きい。最富裕層補正 Gini 係数を見ると、モルディブ（2020 年）が通常の Gini 係数との差が最も大きく、次いでスリランカ、インド、パキスタンの差が大きい事が分かる。

インドの NPL 以下の絶対的貧困率は 2015/16 年で約 21.9% と SAARC 諸国中では中位にあるが、単純計算でも総人口約 13.27 億人（2016 年）の内、約 2.91 億人が極度の貧困状態にある。

なお、2019 年で SAARC 諸国のほとんどは、中所得国にリストされているが、SAARC 域内全体の貧困率は 2.30 米ドル基準で約 48.6%、5.50 米ドル基準では約 81.4% となっている。

3-2　SAARC 諸国の多面的な貧困と格差

表 2 は、SAARC 諸国の多面的な貧困と格差を示したものであるが、金銭的な貧困の状況より多面的な貧困の状況がより深刻である。

インドの MPI は約 27.9%（3.7 億人）と、金銭面での NPL 以下の比率約 21.9% より増加し、バングラデシュ、パキスタンも 40% 以上の数字を示している。また、アフガニスタンでは約 56.1% と国民の半数以上が多面的貧困状態にある。

また、多面的格差では、HDI と IHDI の差は -0.113 から -0.175 の間に

表2 SAARC 諸国の HDI 順位と多面的貧困・格差

国名	HDI 順位 h	MPI 比率	人間開発指数 (HDI) ① h	不平等調整指数 (IHDI) ② h	HDI と IHDI の差 ②−① h
スリランカ	76	3.8% (2012/13) s	0.777	0.664	− 0.113
モルディブ	101	1.9% (2009) h 0.8% (2016/17) s	0.717	0.549	− 0.168
インド	130	55.1% (2005/06) g 27.9% (2015/16) g	0.640	0.468	− 0.172
ブータン	134	5.8%s CMPI 7.1% (2017) s	0.612	0.446	− 0.166
バングラデシュ	136	66.3% (2004) g 41.7% (2014) g	0.608	0.462	− 0.146
ネパール	149	44.2% (2014) s 35.5% (2016) h	0.574	0.427	− 0.147
パキスタン	150	44.5% (2012/13) g 38.3% (2017/18) g	0.562	0.387	− 0.175
アフガニスタン	168	56.1% (2015/16) h	0.498	0.350	− 0.148

（出所）"HDR 2018" および "Global Multidimensional Poverty Index 2019, Illuminating Inequality" および各国 SDGs 報告書より筆者作成。
h: "HDR 2018" の数値を採用。
g: "Global Multidimensional Poverty Index 2019, Illuminating Inequality" の数値を採用。
s: 各国 SDGs 報告書の数値を採用。

あり、特にインド（−0.172）、パキスタン（−0.175）の格差がかなり高い状況にある。

3−3　SAARC 諸国の貧困と格差の状況

以下では SAARC 諸国の貧困と格差の状況について個別に概観する。

3−3−1　インドの貧困状況

インドは SAARC 諸国で最大の人口と経済力を有する国である。発展途上国への国際協力を語る際には、多くの研究者と政策立案者の脳裏にイ

ンドの貧困状況が重くのしかかっている。

　筆者は大学時代、恩師の山岡喜久男早大教授の指導も下、Gunnar Myrdal 氏の「アジアのドラマ」（Asian Drama）の研究をしたが、同氏の研究の中心はインドであった。その後、米国ウィスコンシン州立大学留学中に同氏に直接お会いすることができたが、同氏の念頭には常に Soft State（軟性国家）としてのインドの貧困問題があると語られていた事を思い出す。

　また、国連の SDGs や貧困研究をリードしている Amartya Sen 氏もインドでの自身の貧困経験が常に念頭にあった。発展途上国の国際協力に関わる多くの専門家にとって、残された最大の課題はインドを含む SAARC 諸国の貧困と格差の解決である。

(1) 金銭的貧困の状況

　インド政府の SDGs 報告書によれば、1993/94 年から 2004/05 年の間に絶対的貧困率は約 18% 減少した。更に、2004/05 年から 2011/12 年の間に約 41% 減少した。2011/12 年では NPL 以下の人口比率は約 21.9% となっている[23]。

　更に、同報告書は、インド国内の各州（State）と連邦直轄領（Union Territory, 以下 UT ）の貧困状況も示している。インド各州と UT の中で最も貧困率が高いのは Chhattisgarh 州（約 39.93%）であり、その他、Dadra & Nagar Haveli UT（約 39.31%）、Manipur 州（約 36.89%）、Jharkhand 州（約 36.96%）など 7 つの州と UT が 30% 以上と貧困率が高い。

(2) 金銭的格差の状況

　SDG10-1 では、B40 の世帯支出成長率は、2011/12 年で農村が約 13.61%、都市が 13.35% で農村がやや高い。また、Gini 係数は農村が 0.283、都市が 0.363 と都市での格差が大きい。更に SDG10-2 では相対的貧困率を指標としており農村が約 4.28%、都市が約 10.82% となっており、いずれの指標

でも都市での格差が大きい。また、都市のパルマ係数も 1.41、農村は 0.92 と都市が高くなっている[24]。

各州別では、Manipur 州のパルマ比率が 0.68 と最低であり、最高は Karnataka 州と Uttar Pradesh 州で 1.83 となっている。UT では Daman & Diu UT が 0.74 と最低で、Andaman & Nicobar 諸島が最高の 1.76 となっている。農村のパルマ係数は平均 0.92 であり、最低は Meghalaya 州の 0.61、最高は Arunachal Pradesh 州の 1.34 である。

富裕層補正 Gini 係数を見ると、0.456 と補正前の 0.351 から 0.1 ポイント（10%）近く上昇しており、SAARC 諸国の中ではモルディブ、スリランカに次いで格差が大きい。

(3) インドの多面的貧困と格差

全世界の MPI を調査した 2019 年の報告書では、南アジアにおいてインドとバングラデシュの MPI の減少率が最も大きく、インドでは 2005/06 年の約 55.1%（約 6.4 億人）から 2015/16 年に約 27.9%（約 3.7 億人）に低下したとしている[25]。

インドの MPI 全体に影響を及ぼす 3 分野（健康、教育および生活水準）の内、健康が 31.9%、教育が 23.4%、生活水準は 44.8% と、生活水準が MPI に影響を及ぼす Contribution of deprivation（欠乏の寄与度，筆者訳）が最も高い。また、インドの HDI と IHDI の差は −0.172 となっている。

3-3-2 バングラデシュの貧困・格差の状況
(1) 貧困の状況

バングラデシュ政府の SDGs 報告書では、SDG1-1 について絶対的貧困率は IPL（1.90 米ドル）では 2016 年に約 13.8% という数値が示されている。

一方、上位貧困ライン基準（1 日 1 人当たり 2122 キロカロリー）で推定した全国の貧困率は約 24.3% と IPL より約 10.5% 高く、都市で約

18.9%、農村で約 26.4% である。この上位貧困ライン基準での推定値は
2017 年で約 23.1%、2018 年で約 21.8% と徐々に減少している。⁽²⁶⁾

　また、MPI は 2004 年の約 66.3%（約 93.65 百万人）から 2014 年の約
41.7%（約 66.47 百万人）に減少した。インドと同様に生活水準の欠乏寄与
度が 47.3% と最も高い。

（2）格差の状況

　一方、SDG10-1 では、Gini 係数が 1991/92 年で 0.338 であったものが、
2005 年には 0.467 に上昇した。その後、2010 年には 0.458 と微減し、2000
年から 2010 年までは 0.45 前後で推移している。しかし、2016 年の Gini 係
数は 0.483 に上昇した。また、パルマ係数も 1980 年代の 1.7 から、1990 年
代には 2.1、2000 年代には 2.5 と徐々に上昇している。

　格差が拡大した要因については、政府の政策が不適切で不平等な状況を
作り出し、不平等度が上昇したことで、経済成長がもたらすはずであった
貧困削減の効果が薄れたと認めている。

3-3-3　スリランカの貧困・格差の状況

（1）貧困の状況

　スリランカ政府の SDGs 報告書（2018 年）によると、SDG1 では、NPL
による国全体の貧困率は 2006/07 年の約 15.2% から 2016 年には約 4.1% に
減少した。総人口の 80% が住む農村の貧困率は全国と同様であり、歴史
的に貧困率が高かった Estate（大規模農園）部門では過去 10 年間に約
32% から約 8.8% に減少した。⁽²⁷⁾

　年齢と性別で見ると、18 歳以下の若者の貧困率が相対的に高く、子ども
の貧困率は全国平均より高いが、全体としては年齢・性別でも貧困は減少
している。

　他方、2017 年の SDGs 報告書によると 2012/13 年から 2016 年に、女性
の貧困率は約 6.6% から約 3.9%、男性は約 6.8% から約 4.1% へ各々減少し

た。18 歳以上では約 5.8% から約 3.6% へ減少している[28]。

　また、IPL（1.90 米ドル）以下の貧困率は 2012/13 年で約 1.9% であり、女性が約 1.9%、男性が約 2.0% である。18 歳以上は約 1.6% となっている。

　一方、MPI は 2012/13 年で約 3.8%、女性が約 3.9%、男性が約 4.1% である。また、18 歳以上は約 3.6% であるが、18 歳以下が約 5.3% と特に高くなっている。

(2) 格差の状況

　SDG10 では、2009/10 年から 2016 年の間に、家計所得の Gini 係数は 0.49 から 0.45 と微減であった。また、2012/13 年から 2016 年に B40 の 1 人当たり家計所得は 26% の伸びを示し、国全体の家計所得の伸び率 18% より高くなっている。それに対し、家計支出の Gini 係数は 2009/10 年の 0.37 から 2016 年には 0.41 と格差が拡大している。家計支出では、B40 の伸び率は、国全体の伸び率平均 13.3% より低い 9.1% であった。

　一方、最富裕層補正 Gini 係数は 0.501（2020 年 0.514）と SAARC 諸国の中ではモルディブに次いで高くなっている。

3-3-4　ネパールの貧困・格差の状況
(1) 貧困の状況

　ネパール政府の SDGs 報告書によれば、NPL 以下の人口割合は 2000 年の約 38% から 2015 年には約 21.6% に減少した。また、IPL では、1 日 1.0 米ドル以下の人口割合は 2015 年で約 16.4%、1.25 米ドルで約 23.7%、1.90 米ドルで約 36% となっており、依然として絶対的貧困層の割合が大きい[29]。

　また、SGD1-2 の MPI は 2014 年で約 44.2% と更に深刻な状況である。なお、HDR2018 では 2016 年の MPI は 約 35% と報告されている。生活水準の欠乏寄与度が 41.3%、健康の欠乏寄与度が 31.5% と高くなっている。

（2）格差の状況

　一方、2015年の家計支出のGini係数は0.33であり、家計所得のGini係数は0.46と格差の状況も深刻である。また、B40の消費と支出の増加率は、各々18.7%と11.9%であり、パルマ係数は1.3であった。

３－３－５　ブータンの貧困・格差の状況

（1）貧困の状況

　ブータン政府のSDGs報告書によれば、SDG1-1のNPL以下の比率は、2007年の約23.2%から2017年に約8.2%に減少した。また、SDG1-2のMPIは、2010年は約33.4%とかなり高かったが、2012年には約12.7%、2017年には約5.8%に減少している[(30)]。

　総人口の60%が住む農村の貧困状況は深刻であり、MPIの約93%は農村に居住し、気候変動、生物多様性の危機等に晒されている。

　ブータン政府は子どもの多面的貧困指数（Child Multidimensional Poverty Index、以下CMPI）を世界に先駆けて導入し世代間の貧困状況の違いを把握している。その結果、9歳以下の子どものCMPIは約7.1%と全国平均より高く、子どもの貧困が特に深刻な状況である。

（2）格差の状況

　SDG10-1では、Gini係数は2012年の0.36から2017年には0.38に増加した。

３－３－６　パキスタンの貧困・格差の状況

（1）貧困の状況

　パキスタン政府のSDGs報告によれば、SDG1-1のNPL以下の比率は、1998/99年の約57.9%から2013/14に約29.5%、2015/16年に約24.3%と減少した。しかし、都市と農村の貧困率の差は大きく、1998/99年での貧困率の差は1.4倍（農村63.4%、都市44.5%）であったが、2013/14年では

1.95 倍（農村 35.6%、都市 18.2%）に広がっている。[31]

　また、MPI については、2012/13 年の約 44.5%（約 80.82 百万人）から 2017/18 年に約 38.3%（約 76.98 百万人）に減少したが、教育の欠乏寄与度が 41.3% と高い。[32]

（2）格差の状況

　SDG10-1-1 では B40 の所得成長率は約 7.41% であり国家全体の平均約 9.26% より低い。また SDG10-1-2 では 2014/15 年の相対的貧困率は約 16.6% である。

3 − 3 − 7　アフガニスタンの貧困格差の状況

（1）貧困の状況

　アフガニスタン政府の SDGs 報告書によれば、SDG1-1 の NPL 以下の比率は 2011/12 年の約 35.8% から 2013/14 年には約 39.1% に増加し絶対的貧困層は 130 万人増加した。特に農村の貧困層は 14% 増加している。[33]

　また、MPI は 2015/16 年で約 56.1%（約 19.442 百万人）であり南アジアで最も高く、教育と生活水準の欠乏寄与度が両者とも 45% となっている。

（2）格差の状況

　世銀の報告書では、Gini 係数は 2007/08 年の 0.297 から 2011/12 年には 0.316 に拡大し、特に 1 人当たりの消費支出の配分において Top10 と B10 の格差は 3.6 倍から 4 倍に増加した。また、Top20 は同国の総消費支出の 40% 以上を占めている。2007/08 年から 2011/12 年での消費支出の平均増加率は 1.2% であったが、B10 の増加率 − 0.17%、B20 の − 20% に対して、Top20 は +9.0% であり格差は益々拡大した。更に都市と農村および地域別の格差も顕著である。特に北東部は最貧困地域であり 186 万人の貧困層が存在する。[34]

3－3－8　モルディブの貧困格差の状況

(1) 貧困の状況

モルディブ政府の SDGs 報告書によれば SDG1-1 の NPL 以下の比率は 2002/03 年の約 21% から、2009/10 年には約 15% に減少した。しかし人口の 1/3 が住む都市は島嶼部や農村に比較して貧困の度合いが高い。⁽³⁵⁾

また、1.90 米ドルでの IPL 以下の比率は 2009/10 年で約 7.3%、MPI は 2016/17 年で約 0.8%（約 3000 人）であるが健康の欠乏寄与度が 80.7% と極めて高い。

(2) 格差の状況

2016 年の Top20 の消費支出は B20 の 4 倍となっており、特に食料支出は 4.6 倍と最大の格差がある。また Gini 係数は 0.313 と高くなっている。⁽³⁶⁾なお、2009 年の最富裕層補正 Gini 係数は、0.591 と SAARC 諸国中最も高くなっている。

4　南アジア地域諸国間の協力状況

4－1　SAARC 諸国の貧困・格差対策

以上の様に、SAARC 諸国の貧困と格差は未だに深刻な状況である。

絶対的貧困はサブサハラ・アフリカ地域に限定された問題であるという見方もあるが、多面的視点から見て南アジア地域でも未解決の課題である。こうした状況に対して SAARC 諸国の政府は貧困・格差の解消を最重要課題として様々な対策を実施している。表 3 は SAARC 諸国での主要な貧困・格差対策を纏めたものである。

この中で特徴的なものは、インドの「マハトマ・ガンジー国家農村地域雇用創出法（MGNREGA）」に基づくプログラムがあり、農村部の未熟練

表3　SAARC 諸国の貧困・格差対策

国名	貧困・格差対策プログラム等
インド	○マハトマ・ガンジー国家農村地域雇用創出法（MGNREGA） ○ Pradhan Mantri Jan Dhan Yojana（PMJDY）包摂的総合金融プログラム ○ Deen Dayal Antyodaya Yojana-National Livelihood Mission（DAY-NRLM）農村都市生計向上プログラム ○ Deen Dayal Upadhyay Grameen Kaushal Yojana（DDU-GKY）　若年層雇用創出プログラム ○指定カースト基金、少数民族基金プログラム
バングラデシュ	○人的資源、農村インフラと農業開発プログラム ○マイクロクレジット、中小企業対策プログラム ○社会プロテクション、技能開発、期間限定の移民労働者対策プログラム
スリランカ	○ユニーバーサル・フリー教育プログラム ○ユニバーサル・フリー医療プログラム ○その他のソーシャル・プロテクション・プログラム
パキスタン	○国家貧困撲滅プログラム（Ehsaas, compassion） ○ソーシャル・セーフティー・ネット、人的資源開発、貧困な女性への社会保障プログラム ○ Benazir Income Support Programme（BISP）セーフティー・ネットプログラム ○農産物価格補償、外国送金流入の促進、農村での女性労働者の参加促進プログラム
ネパール	○ Bisheshwar 貧困プログラム ○貧困削減基金プログラム ○青少年自己雇用創出プログラム
ブータン	○貧困削減プログラム ○農地改革プログラム ○無料基礎医療・教育プログラム ○子供の貧困プログラム
モルディブ	○障がい者法、社会保障法、社会保護法によるプログラム ○脆弱なグループへのセーフティー・ネットプログラム
アフガニスタン	○市民憲章（Citizen's Charter）の制定 ○国家技術開発プログラム（NSDP） ○正規・非正規の職業訓練プログラム ○社会ネットと社会保護（SNSP）プログラム ○アフガン生計向上と活性化（SALAM）プログラム ○女性の経済強化国家優先プログラム（WEENPP）

（出所）SAARC 諸国の SDGs 報告書に基づき筆者作成。

労働者世帯に対して、年間最低100日分の賃金を提供し、20億人日の雇用を生み出し、女性と貧困層が恩恵を受けたとされている。

　また、パキスタンの国家貧困撲滅プログラム（Ehsaas, compassion）では、社会保障、ソーシャル・セーフティー・ネット、人的資源開発、貧困な女性への社会保障が促進されたと報告されている。

　貧困と格差が最も深刻なアフガニスタンでも、市民憲章（Citizen's Charter）に基づき国家レベルの貧困対策プロジェクトやコミュニティー開発委員会の強化を通じたインフラ整備と社会サービスの向上に努めているが、国内の治安悪化や政府のガバナンス・能力の制約によって期待されるような効果が上がっていない。

　これらのプログラムは貧困層を直接ターゲットとして社会保障や能力構築、生活向上を図る目的のものが多いが、格差是正を直接の目的としたプログラムは必ずしも多くはない。SAARC諸国もその点は認識しており、例えばインド政府は格差の是正の為には、富裕層から貧困層への富の移転を目指した税制改革の必要性を認識している。

　また、バングラデシュ政府は税制改革の中でも不平等の是正に効果のある累進課税制度の着実な実施により十分な税収を確保し、タックスベースを広げ、最貧困層に対する社会サービスの提供に必要な財源の確保をめざしている。

4－2　SAARC の共同体としての貧困・格差対策支援

　地域共同体としての SAARC 自体も加盟国の貧困・格差への取組みに様々な支援を行って来た。

　1985 年の結成以来、SAARC サミットにおいて貧困削減は重要なテーマとして議論されてきたが、1998 年のスリランカでの第 10 回 SAARC サミットで、貧困削減に向けた協同作業につき本格的な合意がなされた。

　それを受けて SAARC 事務局は貧困削減の「優良事例集」（Good Practice）を作成し加盟国に提供してきた。また、2003年以来、「域内貧困状況報告書」（Regional Poverty Profile）を発行している。

2004年のパキスタンにおける第12回SAARCサミットでは、各国元首は貧困削減がSAARCの「包括的な重要目標」（Over-arching Goal）である事を宣言した上で、同年に「貧困削減行動計画」を策定し、2006年から2015年までを「SAARC貧困削減の10年」と宣言した。

更に2007年には「貧困削減の為の22の分野を2012年までに達成する文書」を発表し、その後、MDGsの目標年に合わせて2015年まで延長された。また、同年には「貧困削減の最良事例集」（Best Practice in Poverty Alleviation）を発行した。

SDGs採択に先立つ2013年10月にはSAARC「貧困削減における最優良事例」に関するシンポジウムが開催され、28分野の事例が紹介された。[37]

5 今後の協力の方向性

SDGsの最大の課題である貧困と格差の解消の為に、今後、どのような国際協力が必要であろうか。特に貧困と格差の状況が深刻なSAARC諸国に対して、共同体を活性化させながら地域の連携を強めるような協力はどうあるべきだろうか？

日本政府の同地域の協力方針や主要プログラムを見ると、先ずは各国の経済成長を促進する為の基幹インフラの整備が特徴的である。その背景には経済成長を促進させる事により、貧困・格差の問題はやがて解決されるという伝統的な考え方が支配的である。

しかし、SAARCの現状を見れば、経済成長だけでは貧困状況は克服されず、格差はさらに拡大している。貧困の存在と格差の拡大によって期待された成長が疎外された可能性もある。

経済成長の必要性は否定しないが、経済成長の中身が重要であり、持続的で包摂的な発展を目指す為には、まず貧困と格差の問題を最優先に位置

付け、その解決に繋がる社会・経済政策を希求すべきである。

　SAARC 諸国の貧困と格差の解決に向けた今後の協力の方向性として、これまでの日本政府や JICA のプログラムで必ずしも十分に対応してこなかった2つの分野について提言したい。

第1は税制改革である。

　Pikkety 氏や Atkionson 氏を含め世界の格差を扱う著作の多くが、格差解消の処方箋として各国の税制改革を提案している。それらは富裕層から貧困層への富の移転を促進する為に、所得に対する累進課税や土地・資産への課税、贈与税や相続税の強化などを提案している。また、国外のTax Heaven への税の逃避や回避を防ぐ為に、国際的な協力による徴税監視ネットワークの構築等が提案されている。

　富裕層からの富の移転によって、貧富の格差解消に一定の効果がある事は容易に判断できるが、実際に SAARC 諸国に適用するには困難が伴う。それは前回の論文でも取上げたガバナンスと能力の制約である

　表4は SAARC 諸国の税収状況のデータである。

　この表を見る限り SAARC（南アジア）諸国の税収状況は、対 GDP 比で東アジア大洋州諸国よりやや高い程度であり、必ずしも良好とは言えない。

　SAARC 各国には、既に一定の徴税システムが存在しているが、現実に税収状況を見れば、徴税機関と徴税担当者の能力に限界がある事が窺える。

　最貧困層への社会サービス提供の為の財源確保や富の再配分を実現するには、まず徴税担当機関の組織自体と担当者の能力を高める事が重要である。

　この課題については SAARC サミット等で必ずしも十分は議論が進んでいるとは言えないが、国連、世銀、先進各国の国際協力機関が協調して

表4　SAARC諸国の税収状況

国　名	GDP総額 (bil.米ドル) (2017年) (2011PPP)	GDP/cap. (2017年) (2011 PPP)	GDP成長率 (%) (2017年)	税収総額 （GDP比 %） 2012～ 2017年	所得、利潤、資本 利得に対する税収 （税収総額比 %） 2012～2017年
スリランカ	250.2	11,669	2.0	12.3	15.3
モルディブ	6.6	15,184	6.7	19.5	20.4
インド	8,606.5	6,427	5.4	11.0	46.6
ブータン	7.0	8,709	5.5	13.2	24.4
バングラデシュ	580.3	3,524	6.2	8.8	25.2
ネパール	71.6	2,443	6.3	21.3	22.5
パキスタン	80.9	3,365	3.7	9.2	27.4
アフガニスタン	64.1	1,804	0.1	7.6	6.0
南アジア諸国	12,127.1	6,485	–	10.4	39.2
アラブ諸国	6,187.6	16,472	–	10.6	38.7
東アジア大洋州諸国	28,026.4	13,737	–	10.0	24.6
欧州中央アジア諸国	3,753.3	15,563	–	17.3	16.7
中南米カリブ諸国	9,076.7	14,469	–	13.6	25.8
サブサハラ・アフリカ諸国	3,486.3	6,485	–	13.8	38.4

（出所）"HDR 2018" の数値に基づき筆者作成。

地域共同体としてのSAARCを構成する各国政府に働きかける必要がある。また、徴税行政システムの強化、徴税担当官の教育、人的資源の確保、税制改革に関する諸研究の協力が重要である。更には、確実に徴税を行う為の情報システムの構築、納税教育を初等教育段階から行う事等を徹底すべきである。

　併せて、OECD諸国等と協力しながら、国外のTax Heavenへの税逃避や回避を防ぐ対策、SAARC域内での徴税監視ネットワークの構築、汚職防止対策、不在地主対策等への日本政府およびJICAの支援も真剣に取り組むべき時期に来ている。

第2は、地方自治体職員の能力強化である。

　日本政府がJICAプログラム等を通じて受け入れている発展途上国の留学生の大半は各国の中央政府の中堅公務員であり、日本留学後、当該国の発展を担う中心的な人材として活躍する事が期待されている。

　SAARC諸国からの留学生も中央官庁の地方行政を担当する官庁および教育、医療、農業・農村開発、インフラ整備、環境・防災等を担当する官庁の中堅職員である。実際に各国の貧困・格差対策を進める為に、彼ら中央官庁の職員が地方自治体を監督し貧困層への社会サービスを提供している。あるいはライン官庁の地方出先機関が各分野の公共サービスを提供しているが、関係する官庁が多岐に亘り、その調整に相当のエネルギーと労力を費やしている。地方の最貧困層の実態を把握すべき末端の地方行政機関には能力の高い人材が欠如している事が、中央官庁の介入を常態化させているが、民主主義の根幹である地方自治体の人材育成と能力強化を進め、直接最貧困層の実態に即したプログラムを計画・実施・評価する事が出来るようにガバナンスを強化する事が最重要な課題である。

6 おわりに

　SAARC諸国の貧困・格差の状況について各国のSDGs報告書等を元に検討してきた。多面的な視野で見た場合、その状況は未だに深刻な状況であり、SAARC諸国の共同体としてのガバナンスと能力を高め、貧困削減と同時に格差是正の取り組みを強化し、日本を含む国際社会が継続的にSAARC諸国を支援すべきであるという事が結論である。

　1988年にJICAインド国別援助研究会のメンバーとして、中根千枝座長と共にインドを訪問して以来、同国の貧困と格差の問題が常に念頭にあった。また、JICA貧困研究会にも参加し、緒方貞子氏から直接教えを受けたが、それらの研究会の提言が日本政府とJICAの協力の実施にどのように役立ったかを振り返る機会を得たかった。

この度、ユーラシア財団の支援により本論文を作成することが出来た。ODA の世界は今、アフリカの貧困問題に注目し、日本政府も TICAD7 に至るアフリカ支援の活動を継続している。その流れを否定するものではないが、日本に近い南アジア諸国においても、未だ貧困と格差の状況は極めて深刻であり、それら諸国と共に解決することは日本の大きな責任である。

　本論文の執筆中、2019 年 10 月 22 日に緒方貞子氏がご逝去された。筆者は 2003 年から 2010 年まで JICA 在職中に同氏の鞄持ちとして国際会議にお供をさせて頂いた。同氏からは「発展途上国の人々に信頼される事が国際協力の基本である」という事を学んだ。心からご冥福をお祈りしつつ筆を置く事とする。

注
（1）富本幾文「国際公共管理論から見たアジア共同体の可能性―アジア共同体のガバナンスと能力に関する一考察」豊嘉哲編『リレー講義 アジア共同体の可能性』芦書房、2019 年、p.74-102。
（2）国際協力事業団『分野別（貧困問題）援助研究会報告書』1990 年 7 月、国総 JR 90-18
（3）From *The Millennium Development Goals Report, 2015* ", p.8, by The United Nations, Editor: Catharine Way, the Department of Economic and Social Affairs ©2015 United Nations. Reprinted with the permission of the United Nations.（https://www.un.org/millenniumgoals/2015_MDG_Report/pdf/MDG%202015%20rev%20（July%201）.pdf　2020 年 7 月 7 日閲覧）
（4）From *The Millennium Development Goals Report, 2019* " p.22, by The United Nations, the Department of Economic and Social Affairs ©2019 United Nations. Reprinted with the permission of the United Nations.（https://www.un.org/sustainabledevelopment/progress-report/　2020 年 7 月 7 日閲覧）
（5）Martin Ravallion, Gaurav Datt and Dominique van de Walle, "*QUANTIFYING ABSOLUTE POVERTY IN THE DEVELOPING WORLD* ", Review of Income and Wealth, Series 37, Number 4, December 1991, p.345 （https://onlinelibrary.wiley.com/doi/abs/10.1111/j.1475-4991.1991.tb00378.x　2020 年 7 月

7 日閲覧）

（6）Dean Jolliffe et.al. 2018. "*Piecing Together the Poverty Puzzle, Poverty and Shared Prosperity 2018* " p.49-59, p.63-65, p.67-77, p.81, p.87-89 ＠ World Bank. https://nam03.safelinks.protection.outlook.com/?url=http%3A%2F%2Fhdl.handle.net%2F10986%2F30418&data=02%7C01%7Cyhiraki%40worldbankgroup.org%7C4716bb5c9e884a67509908d831c02fab%7C31a2fec0266b4c67b56e27 96d8f59c36%7C0%7C0%7C637314048786738708&sdata=IWei7Uj%2Bh7LMEvPGsyG2eCcKCk1T7pzl%2BerV8ILCKog%3D&reserved=0 License: Creative Commons Attribution license（CC BY 3.0 IGO）（2020 年 7 月 22 日閲覧）

（7）2019 年の世銀の定義によれば、南アジア諸国の内、低所得国にはアフガニスタン、低・中所得国には、バングラデシュ、ブータン、ネパール、インド、パキスタン、高・中所得国には、スリランカとモルディブが入っている。World Bank, Country Classification for FY. 2020 を参照。
（http://blogs.worldbank.org/opendata/new-country-classifications-income-level-2018-2019, 2020年7月22日閲覧）

（8）World Bank. 2014, "*Prosperity for All / Ending Extreme Poverty: A Note for the World Bank Group Spring Meetings 2014* ". Washington .DC, p.1-2 ＠ World Bank. https://nam03.safelinks.protection.outlook.com/?url=http%3A%2F%2Fhdl.handle.net%2F10986%2F17701&data=02%7C01%7Cyhiraki%40worldbankgroup.org%7C4716bb5c9e884a67509908d831c02fab%7C31a2fec0266b4c67b5 6e2796d8f59c36%7C0%7C0%7C637314048786738708&sdata=X-%2BSKCLHxl3ipNAqo%2F8m4p8oVhopsg5Fbc%2B8Mt%2B-F1E7w%3D&reserved=0
License: Creative Commons Attribution-NonCommercial- NoDerivatives 3.0 IGO（CC BY-NC-DC 3.0 IGO）（ 2020 年 7 月 22 日閲覧）

（9） Michael F. Fo:rster and Marco d'Ercole, "*The OECD APPROACH TO MEASURING INCOME DISTRIBUTION AND POVERTY: STRENGHTS, LIMITS AND STATISTICAL ISSUES* ", OECD, p.9
（http://umdcipe.org/conferences/oecdumd/conf_papers/Papers/The_OECD_Approach_to_Measuring_Income_Distribution_and_Poverty.pdf 2020年7月7日閲覧）

（10）いずれも筆者訳、なお、国連等の日本語訳では "progressive" を「漸進的」と訳しているが、それでは 2030 年の目標年までの達成は望めないため、筆者は敢

えて「早急」にと訳した。

(11) 仏語原著：Thomas Pikkety, "*Le Capital au XXIe Siecle* ", 2013, 英訳 " Capital in the Twenty-First Century ", The Belknap Press of Harvard University Press, 2014.

(12) 原著：Anthony B. Atkinson, "*Inequality, What Can Be Done?* ", 2015.

(13) OECD, "*Focus on Inequality and Growth*", Directorate for Employment, Labour and Social Affairs, December 2014, 日本語版、「特集：格差と成長」OECD 雇用動労社会政策局、2014 年 12 月。
（https://www.oecd.org/social/Focus-Inequality-and-Growth-2014.pdf 2020年7月7日閲覧）

(14) From"*The Millennium Development Goals Report, 2019* ", p.42, by The United Nations, the Department of Economic and Social Affairs ©2019 United Nations. Reprinted with the permission of the United Nations. （https://www.un-.org/sustainabledevelopment/progress-report/ 2020 年 7 月 7 日閲覧）

(15) Laurence Chandy and Brina Seidel, "*How much do we really know about inequality within countries around the world? Adjusting Gini coefficients for missing top incomes*", Brookings, 2017
（https://www.brookings.edu/opinions/how-much-do-we-really-know-about-inequality-within-countries-around-the-world/ 2020年7月7日閲覧）

(16) Sabina Alkire and Selim Jahan, "*The New Global MPI 2018: Aligning with the Sustainable Development Goals*", UNDP Human Development Report Office （HDRO）, Occasional Paper, September 2018
（http://hdr.undp.org/en/content/new-global-mpi-2018-aligning-sustainable-development-goals 2020年7月7日閲覧）

(17) Tony Atkinson et.al.. 2017, "*Monitoring Global Poverty*", Report of the Commission on Global Poverty, p.99-120 @ World Bank. https://nam03.safelinks.protection.outlook.com/?url=http%3A%2F%2Fhdl.handle.net%2F10986%-2F25141License&data=02%7C01%7Cyhiraki%40worldbankgroup.org%7C4716bb5c9e884a67509908d831c02fab%7C31a2fec0266b4c67b56e2796d8f5 9c36%7C0%7C0%7C637314048786738708&sdata=hN%2F1JbMfD-MtQuq4SZVm%2BK%2F6Dysb9gDki0pst5njQYJU%3D&reserved=0:
License: Creative Commons Attribution license（CC BY 3.0 IGO）
doi:10.1596/978-1-4646-0961-3.Licdnse: Creative Commons Attribution CC BY 3.0 IGO （ 2020 年 7 月 22 日閲覧）

（18）SDGs の各ゴールの設定に至る過程や、ゴール毎の指標の選定に関する議論の経緯については、SDGs Expert Group Meeting のサイトを参照。（https://sdg.iisd.org/events/expert-group-meeting-on-sdg-1/ 2020 年 7 月 7 日閲覧）

（19）UNDP，"*The 2018 Global Multidimensional Poverty Index（MPI）*" in HDR 2018
（http://hdr.undp.org/en/2019-MPI 2020年7月7日閲覧）

（20）この点については次の著書の p.279 以下を参照のこと。Maltin Ravallion, "*The Economics of Poverty*", Oxford University Press, 2016. 尚、同書は MPI について "Mash-up Indices" という表現を用いて批判しており、筆者とは立場を異にするが、貧困問題に関する体系的な教科書として参考にすべきでものある。

（21）UNDP, "*Human Development Indices and Indicators, 2018 Statistical Update*", Technical Notes , 2018, P.4
（http://hdr.undp.org/en/content/human-development-indices-indicators-2018-statistical-update 2020年7月7日閲覧）

（22）Bertelsmann Stiftung and Sustainable Development Solutions Network, "*Sustainable Development Report 2019, Transformations to achieve the Sustainable Development Goals, Includes the SDGs Index and Dashboards*", 2019
（https://sdgindex.org/reports/sustainable-development-report-2019/ 2020年7月7日閲覧）
"*Sustainable Development Report 2020, Sustainable Development Goals and Covid-19, Includes the SDGs Index and Dashboards*", June 2020
（https://s3.amazonaws.com/sustainabledevelopment.report/2020/2020_sustainable_development_report.pdf 2020年7月14日閲覧）

（23）The United Nations and NITI Aayog, "*SDG India Index Baseline Report 2018*", December 14,2018, p.17 （https://niti.gov.in/content/sdg-india-index-baseline-report-2018 2020 年 7 月 7 日閲覧）

（24）The Government of India, "*SDGs National Indicator Framework Baseline Report 2015-16* ", Ministry of Statistics and Programme Implementation , National Statistical Office, 2019 （http://www.mospi.gov.in/announcements/sdg-national-indicator-framework-baseline-report-2015-16-has-been-uploaded 2020 年 7 月 7 日閲覧）

（25）Oxford Poverty & Human Development Initiative and UNDP, "*Global Multidimensional Poverty Index 2019, Illuminating Inequality* ", 2019 （http://hdr.undp.org/en/2019-MPI 2020 年 7 月 7 日閲覧）

（26） The Government of the People's Republic of Bangladesh, "*SDGs: Bangladesh Progress Report 2018*", General Economics Division, Bangladesh Planning Commission, Ministry of Planning, December 2018, p.20, p.36（https://www.undp.org/content/dam/bangladesh/docs/Publications/Pub-2019/SDGs-Bangladesh 2020 年 7 月 7 日閲覧）

（27） The Government of the Democratic Socialist Republic of Sri Lanka, "*Voluntary National Review on the Status of Implementing the Sustainable Development Goals*", June, 2018, p.65, p.91（https://sustainabledevelopment.un.org/content/documents/19677FINAL_Sri-LankaVNR_Report_30Jun2018.pdf 2020年7月7日閲覧）

（28） The Government of the Democratic Socialist Republic of Sri Lanka, "*National Review of Sustainable Development Goals*", 2017,p.37,p.99（http://www.statistics.gov.lk/sdg/application/publications/book.pdf 2020年7月7日閲覧）

（29） The Government of Nepal, "*National Review of Sustainable Development Goals*", National Planning Commission, 2017, p.14（https://www.np.undp.org/content/nepal/en/home/library/sustainable-development-goals-national-report---nepal/National-Review-SDGs.html 2020 年 7 月 10 日閲覧）

（30） The Royal Government of Bhutan and United Nations, "*Sustainable Development and Happiness, Bhutan's Voluntary National Review Report on the Implementation of the 2030 Agenda for Sustainable Development*", High Level Political Forum, July 2018, p.18, p.28, p.108-109（http://sustainabledevelopment.un.org/content/documents/19369Bhutan_NSDGR_Bhutan_2018.pdf 2020年7月10日閲覧）

（31） The Government of Pakistan, "*Pakistan's Implementation of the 2030 Agenda for Sustainable Development, Voluntary National Review*", 2019（https://sustainabledevelopment.un.org/content/documents/233812019_06_15_VNR_2019_Pakistan_ latest_version.pdf 2020 年 7 月 10 日閲覧）

（32） The Government of Pakistan, "*Multi-dimensional Poverty in Pakistan 2014-15*", Planning Commission, 2015, p.25（https://www.undp.org/content/dam/pakistan/docs/MPI/Multidimensional%20Poverty%20in%20Pakistan.pdf 2020 年 7 月 10 日閲覧）

（33） The Government of Afghanistan, "*Voluntary National Review at the High Level Political Forum, SDGs' Progress Report, Afghanistan*", Ministry of Economy, July 2017, p.13, p.29

（https://sustainabledevelopment.un.org/content/documents/16277Afghanistan.pdf　2020年7月7日閲覧）

（34）World Bank. Oct. 2015, "*Afghanistan, Poverty Status Update, An analysis based on National Risk and Vulnerability Assessment（NRVA）2007/08 and 2011/12*" p.19 data @ World Bank.

https://nam03.safelinks.protection.outlook.com/?url=http%3A%2F%2Fhdl.handle.net%2F10986%2F26668&data=02%7C01%7Cyhiraki%40worldbankgroup.org%7C4716bb5c9e884a67509908d831c02fab%7C31a2fec0266b4c67b56e2796d8f59c36%7C0%7C0%7C637314048786738708&sdata=nCHiyof8mVs6wIlU9cTkz7Yjyg6vDPusMLiiQKhB7bE%3D&reserved=0

License: Creative Commons Attribution license（CC BY 3.0 IGO）

（2020年7月22日閲覧）

（35）The Government of the Republic of Maldives, "*Voluntary National Review for the High Level Political Forum on Sustainable Development 2017*", Sustainable Development Goals Division, Ministry of Environment and Energy, 2017, p.8, p.19

（https://sustainabledevelopment.un.org/content/documents/15891Maldives.pdf　2020年7月7日閲覧）

（36）World Bank. Nov. 2018, "*Maldives, Poverty and Inequality in the Maldives*", Nov.2018, p.9-12 @ World Bank.

https://nam03.safelinks.protection.outlook.com/?url=http%3A%2F%2Fhdl.handle.net%2F10986%2F31886&data=02%7C01%7Cyhiraki%40worldbankgroup.org%7C4716bb5c9e884a67509908d831c02fab%7C31a2fec0266b4c67b56e2796d8f59c36%7C0%7C0%7C637314048786738708&sdata=H3qjKoyd%2Bz8Gezplhqu8d9V5cwBpZjT6rohudVbRCII%3D&reserved=0

License: Creative Commons Attribution license（CC BY 3.0 IGO）

（2020年7月22日閲覧）

（37）SAARC Secretariat, "*Best Practice in Poverty Alleviation and SDGs in South Asia, A Compendium*", 2014（https://www.eldis.org/document/A72991　2020年7月7日閲覧）

富本幾文

第**2**章
進化する南アジアの新地域主義
その発展、動学、課題

1 はじめに

　1980 年代後半以降、アジアの台頭は、様々な地域共同体構築の流れは
あったものの、「アジアの世紀」あるいは「一つのアジア」としてたたえ
られてきた。アジアの多様な地域・準地域が、国家を超えた協力および統
合を発展させる制度的な仕組みを構築してきた。これらの地域は地理的か
つ制度的に連携し、全体としてアジアの結束と共同体形成に貢献してい
る。第二次世界大戦後、地域協力はまず東南アジアで、1967 年の東南アジ
ア諸国連合（ASEAN）の設立を皮切りに発展し始めた。その約 20 年後、
南アジアも 1985 年の南アジア地域協力連合（SAARC）の創設によって
地域協力の道筋を歩み始めた。1989 年には、「開かれた地域主義（open
regionalism）」の制度的な形態として、アジア太平洋経済協力（APEC）
が設立された。西アジアにおいては、1964 年の地域開発協力機構（RCD）
創設により地域協力が具体化し、後に 1985 年に経済協力機構（ECO）と
名称が変更された。1992 年には、ソビエト連邦崩壊をうけて新たに独立し
た中央アジア諸国がこの組織に加盟し、アジア内外でも最大の地域ブロッ
クの 1 つを形成してきた。加えて、上海協力機構（SCO）、ASEAN+3、東
アジア首脳会議、アジア欧州会合（ASEM）などの新たな地域イニシア
チブが、アジアにおける地域統合の一環として発足してきた。

　南アジアが地域協力プロセスの波に合流したのは比較的遅かったが、今
や既に地域協力促進の道を歩み始めてから 30 年以上が経過している。

SAARCの発展は緩やかであるとはいえ、南アジアでの地域協力という分野での新たな発展と動態は目に見えるものとなっている。南アジアでは、地域・準地域協力の多様なイニシアチブが実施されている。新たな参加国や作用が地域統合プロセスに貢献している。民間部門、市民社会行動主体、援助機関が南アジアにおける地域結束・凝縮を促す新たな原動力として登場している。確かに、これら全てのイニシアチブが南アジア地域統合の強化において同等の成功を収めているわけではない。また、これらのイニシアチブの制度上の能力構築および実績には相違が見受けられる。こうした状況に鑑み、南アジアの変化する環境における、地域協力の発展と動学およびその課題について掘り下げて分析することは、有意義なことと言える。本論文の目的は、南アジアに焦点を当て、多様なプロセスおよび行動主体による新地域主義の発展と動学を理解することにある。方法としては、二次資料の文献のデスクリサーチと分析を行う。

② 新地域主義の概念化

地域主義または地域統合は、過去数十年間、学者や政策立案者の注目を大いに集めてきた。1945年創設の国際連合（UN）などの世界的組織は、UN加盟国が地域組織をも形成するという事実を明確に認めている。国連憲章第52・53条は、加盟国が地域組織を設立する機会を与え、世界および地域レベルにおける開発や安全保障を目的とした地域主義の重要性を強調している。特に地域主義の観念は、グローバル化により引き起こされた新たなグローバル動学により、過去30年間にわたり大きく変貌してきた。1990年代にかつてない勢いで増大した地域組織が、新地域主義につながっている。シルム（Shirm）によれば、新地域主義とは本質的に、グローバル化が国内政治に影響を及ぼした結果である。民間の経済行動主体が国家を超えてますます流動的に活動し、政府および国内の利益集団の経済政策選択のコストと利益を変化させている。また、グローバル化は、地

域協力を通ずることによって経済効率と政治的受容性が向上して、経済改革を刺激するともしている。しかしながら、国内政策が一方的自由化を妨げ、国際政治が多国間自由化を妨げている限り、地域協定には一定の利点がある。ヘトネ（Hettne）は自身の新地域主義の概念化について、新地域主義は、地域化のプロセスを概念化する理論であると主張している。ここで彼は、中心・周辺二分法、地域性（regioness）レベル、地域化の動学、国家行動の決定的役割といった構造的要因に着目している。ヘトネによれば、新地域主義とは、

> 経済的、政治的、社会的、文化的要素を含む統合の多次元形態であり、それゆえ地域ベースでの自由貿易制度あるいは安全保障協定を作るという目的をはるかに超えるものである。もっと言えば、地域的凝縮とアイデンティティを確立するという政治的熱意が、最重要事項のように映る。「旧」・「新」地域主義の際立った相違は、現行の地域化プロセスは、以前よりも「下」そして「内」から起きており、かつ経済のみならず環境保護や安全保障上の要請が、国家および地域社会を新しいタイプの地域主義枠組みにおける協力体制へと導いていることにある。

　ヘトネは、新地域主義理論は、変貌しつつある世界秩序についてのものであり、ガバナンスの多レベル性の出現であるとする。概念的に、新地域主義は、地域統合についての現実主義・自由主義的視点の欠点に対する反応として発現する。それは、地域主義についての現実主義・自由主義的な考え方の根本的仮定に疑問を呈する。ベヘラ（Behera）は南アジアに関して、現代の国民国家構造によって課された制限から我々の考え方を開放する新たな代替的論議を進化させる必要があると主張する。今日の地域主義は、社会的に構築された行動主体のアイデンティティや利益と結び付けられている。よって地域協力を促進する上で、市民社会行動主体、国際開

発機関、実業団体の役割は極めて重要である。協力枠組みにおいて非国家的行動主体を効果的に取り込んできた地域組織もある。EU や ASEAN といった地域組織は、この点での事例である。今や地域主義は、アナリストにとっては概念パズルともなるような、広い意味で理解する必要がある。

2-1 地域主義、地域化、地域性

新地域主義を理解するにあたり、地域統合についての3つの一般的な解釈を含む概念パズルを考慮するのは適切であろう。何人かの研究者は、地域協力の異なる方向性あるいは側面と表現している。地域主義は、トップダウン、政府の行動、公式協定、公式制度の設立に焦点を当てるものとして考えられる[7]。フック（Hook）はそれを、地域主義を促進し、域内の他政府との連携を発展させる具体的な試みと捉えている。政府による1つのプロジェクトとしても理解されている。ヴェーム（Hveem）が定義するように、地域主義は地理的または社会的に識別された空間を地域プロジェクトとして促進しようとする概念の主要部分である[8]。通常、制度の枠組みによって特定の地域で進められる政策プログラムや戦略に関係している。一方で、地域化は識別された地域空間内で実際に具体的なやり取りを行う過程のことを指す。これは、地域主義的プロジェクトの有無にかかわらず発現する。それは多国籍企業、NGO、市民社会活動などの非国家的行動主体が国境を越えたつながりを生み出す過程として考えられており、そのようなつながりが様々な過程やネットワークを創出し、その地域を結びつけている。

地域化は本質的に政治ではなく社会や一般には企業が、また民間団体、ときに NGO が推進するものである。「国際組織年鑑」によれば、地域化は、域内の民間あるいは公的な、様々な形態の社会的および経済的提携や協力を指している[9]。一般に挙げられる地域化の一例は、強力な非国家的行動主体としての民間企業によって導かれるケースである。市場主導の地域

化とされるこうした事例は、特に企業の戦略および構造の漸進的な地域化によってもたらされる。それは、一方で、国内企業の多国籍化戦略に依拠し、他方で、外国の投資家や企業が、域内の国境により受ける活動制限を除去しようと目指すことによって促進される。市民社会行動主体の場合は、ボトムアップ的な複数の連携が関係する。通常彼らは政府に関与したり国家主権に挑戦したりはしない。公的性質は比較的弱いが、域内で共通事例をだんだんと積み上げていく。ヘトネは地域化の意味をさらに拡大した。ヘトネによると、地域化は変化が同時に次の3つのレベルで生じる不均質で複雑な過程である。すなわち、世界システム全体の構造、地域間関係のレベル、単一地域ごとの内部パターンである。バイリネン（Vayry-nen）は地域化の意味を最も良くとらえている。彼によると、地域化は社会的および経済的相互作用と地域アイデンティティおよび意識の発展と定義される。

　地域化は、ある空間実体内にて財、人、アイデアの流通が増加して生ずるものであり、その結果さらにその空間実体はより統合・凝縮されることになる。地域化は下から発展する。地域化は、凝縮した地域単位を創設しその共通政策を作り出そうとする政治的で国家ベースの努力による地域主義とは区別されるべきである。地域主義も地域化も地域的・準地域的・小地域的動学の本質的特徴のうちの2つである。これらは正式な地域貿易協定や自由貿易協定（FTA）の進展に見られるように密接な関係がある。

　ヘトネはポスト冷戦時代の地域協力のレベルを理解するために「地域性（regionness）」という言葉を造った。重商主義時代における市場諸力の自由活動に対する国家性の追求に言及しながら、ヘトネは重商主義的論理の現代的状況が変化していると論じている。現在においては、「政治的なるもの」の復興を伴った国境をも越える国際政治経済に直面しているのである。新地域主義の現れとしての「地域性」の追求は重要な問題である。「地域性」という概念は、ある地域で地域化の過程がどの段階にあるのかを見る一種の尺度と考えるべきである。この発展は、「地域性」の増大あ

るいは減衰という2つの方向へと向かう可能性がある。様々な地域性は、
ある地域がより統合されているのか、いないのかを意味する。それにはつ
まり、物理的な地理的・生態的地域、社会システムとしての地域、国民国
家の参加が地域の範囲を定める公的協力組織としての地域、様々な分野に
おける体系的協力が共通の労働市場などの地域市民社会を生み出す協力、
ついにはその地域が明確なアイデンティティを持ち、そこに含まれる国家
から引き継いだ権威を持つ地域として表現される歴史上の構成体となる、
ということが含まれる。

2-2 地域主義とグローバル化

　新地域主義は、原因と結果の両面においてグローバル化と密接に関連し
ている。グローバル化は、国家と国家制度の権力および妥当性に重大な影
響を及ぼし、世界中の国家に労働を上回るを新しい種類の構造的権力を資
本に付与してきた。グローバル化プロセスの背後にあるさまざまな原動
力、つまり金融開放性、民営化、貿易自由化、民主化、市民社会エンパ
ワーメント、情報通信技術（ICT）といったものは、広範囲にわたる世界
的変化を引き起こしてきた。そういった背景の下で、様々な地域が、その
経済力、貿易機会、資金調達力、地域を形成する国家の方向性といった要
素に応じて、様々な方法でグローバル化プロセスに対応してきた。した
がって地域化は、世界的レベルでの構造変化において、貿易による利益を
最大化する、もしくは成長を促進する新しい協働として発展してきた。欧
州連合（EU）、東南アジア諸国連合（ASEAN）、北米自由貿易協定
（NAFTA）、アジア太平洋経済協力（APEC）などはその例である。
　地域主義に関する限り、グローバル化は大きく2つの方法で変化を引き
起こしてきた。1つ目は、市場と現代性を受け入れて、経済、政治、社会
的事情に沿った国家間統合へ促す圧力、そして2つ目にガバナンス基準お
よび規則の収斂を促す圧力である。もっと具体的には、ますます拡大して

ゆく外部市場および生産と資本の地域化による地域経済統合へと導く動向こそ、グローバル化プロセスの基本的特質である。政府間の貿易・経済関係は、今や多国籍企業や非政府組織が貿易や国外投資に参加することにより変貌してきている。[(16)]

　一般的に観察されることであるが、ハガード（Haggard）は国家間統合へと導く2つの潜在的要素を明らかにしている。1つ目には、技術的、社会的、文化的変化が国家間の経済的距離を大幅に縮めてきていることである。2つ目に、国境を越える取引を慣習的に抑制してきた政府方針の多くが、緩和あるいは撤廃されてきたことである。[(17)]ハガードはさらに、技術的進歩が、国家間の経済的距離を縮めることにより世界経済をますます統合させているとする。背景にある原動力が何であれ、我々は、国際経済連携の成長が国境を超えた統合を強化し、各国家が国内問題を単独解決する力を大幅に減少させているのを見ている。
　統合の必然性と密接に関連して、グローバル化は、均質化への圧力を特徴としている。国際的競争、経済効率、企業収益増加への取り組みといった圧力が、国内構造の均質化に向けて変貌する状況を作り出している。ハーゲマン（Hagemann）らは、グローバル化は「国際的経済圧力を国内政策の均質化へ機械翻訳する、ある種のトランスミッションベルト」として自由化へ導いていると指摘する。[(18)]批評家たちは、ある程度の市場支配にもかかわらず、世界は、国民経済あるいは政治体制の均質化を目撃するという現実からはかけ離れていると論じるかもしれない。[(19)]これは、高いレベルの国家自律性を保つ先進国にとっては重要な論点かもしれないが、南側諸国にとっては不可逆的な動向である。これらの国家における政策の均質化は、地域および国内の文脈においてグローバル化の規則と規範を採用することにより始まる。よって、国境を越えた経済統合への圧力が非常に強いことは明らかである。南アジアは、様々な地域協力プロセスがあるにもかかわらず、グローバル化の挑戦に対しての地域的な対応を発展させる上

でより積極的な役割を果たす能力がないことを実証してきた。

③ 南アジアについて知る

考古学調査によれば、人類はおよそ7万年から5万年前までに南アジアへと移住してきた。⁽²⁰⁾文明は、インダス川などの巨大な河川の周辺に発展している。農業と農耕、かんがい技術の発展に基づく社会は、ガンジス川流域に展開していった。⁽²¹⁾時の経過とともに、西側と東側の関係が築かれ、この地域においてより良い経済および社会・政治的友好関係への道筋が敷かれた。マガダ国のアショーカ皇帝は、アフガニスタン、スリランカ、ミャンマーをインドと結び付けた。歴史的に、大幹道（Grand Trunk Road）は貿易や政治的繋がりのための重要なコミュニケーション経路であった。南アジアは異なる宗教と国境が存在する地域ではあったが、結合されたのである。ムガル帝国時代には、サマルカンド（現在のウズベキスタン）支配者の子孫であるバーブルが南アジアへと移住し、はじめにカブールを拠点として据えた。ムガル人はシルクロードを貿易と文化交流に利用した。イギリス東インド会社がベンガルの覇権を手にした1757年にプラッシーの戦いに敗れた後であった。100年以上もの間、イギリス東インド会社は南アジアを支配した。⁽²²⁾人口動態の変動が絶えずあったものの、南アジアは非公式には結合されており、1980年代中頃SAARCを通して公式に結び合わされたのである。

地政学上南アジアは、一方を中国に、反対側をイランと中東に、北側を中央アジアに、そして東側を急速に経済発展する東南アジアに囲まれた非常に重要な地域である。この地域は、西アジアと東南アジアに挟まれている。地理的には、南アジアは世界の他の地域同様、物理的要素で分断されている。北側は、ヒマラヤ山脈が南アジアの陸地の境界線を成しており、そこからは広大な途切れない陸地が、亜大陸とスリランカとモルディブを隔てる水の回廊を除き、何の自然の境界に妨げられることなく続いてい

る。地域としての南アジアの出現は、地域協力プロセスを中心にしたものである。実際のところ、南アジアという概念は1970年代にはじめて登場し、次いで1980年代になって公の論議においてより重要な地位を占めるようになったが、それまでは別の呼称—ヒンダスタン（Hindustan）、インド亜大陸、バーラタヴァルシャ（Bharatavarsha）—が観念的に使われていたのである[23]。しかし、南アジアの地域アイデンティティが地域内外で顕著なものとなったのは、SAARC創設後のことであった。

　南アジアを地域として理解するにあたり、幾つかの地政学的特徴にも触れておく。まず、インド中心主義はこの地域の地理的表現を特徴づける土台である。南アジアの他の6カ国全てはインドと国境を接している。2番目に、ネパールとブータンの2カ国は陸封されている。3番目に、この地域は非常に豊かな水資源を誇り、さらに言えば、水依存性が鍵となる要素である。4番目に、同地域は歴史上有数な西アジアと東南アジアという地域を橋渡ししている。5番目に、地形学的特徴は大変不連続的である。6番目は、世界でも人口密度の高い地域である。最後に南アジアは世界で最も自然環境的に脆弱な地域の1つである。

　南アジアでの地域主義の発展動学を概念化するためには、開発と未開発、平和と紛争の弁証法を理解する必要がある。同地域は、国家、二国間、地域レベルでの平和、協力、発展への道のりを進める過程で何度も紆余曲折を経験した、世界でも数少ない地域である。世界の中でも豊かで歴史ある文明に属しながらも、この地域住民の発展への努力は長きにわたる植民地支配により阻害されてきた。よって、植民地主義が、南アジアにおける歴史的変化の一要素であることは争う余地のない事実である。とりわけイギリス東インド会社による亜大陸の掌握は政治形態、経済、社会における急進的変化をもたらした。英国植民地支配の遺産が、植民地後の南アジアにおける経済的遅滞および紛争の根底にあると考えられる。

　南アジアに広がる貧困は、欧州列強による植民地支配がもたらした歴史的遺産であるとよく言われる。1600年にはイギリス東インド会社が、エリ

ザベス女王の王室勅許状により東部海域（ベンガル湾）の商業権独占を許可された。つまりそれは実際のところ、「戦争を起こし、協定を締結し、土地を取得し、要塞を建造」してもよいという公の包括的認可を与えるものであった。(24) やがて植民地支配は、1947 年に英領インドの分割をもって終焉を迎えた。しかしながら実際のところ、植民地主義は植民地支配の終焉をもって終結したわけではない。(25) それどころか、脱植民地後の国家が集合財を国民に配分し損ねた失敗は、近代性の追求が権力への絶え間ない闘争へと引きずり込む高度に中央集権的な国家を作り上げた事実を鑑みると実に明らかである。皮肉にも亜大陸の脱植民地化によって、覇権と権力はただ単に英国領インド帝国から、新たに出現したインドのエリート階級へと移譲されたに過ぎない。植民地的価値観と基準は、植民地後の体制においても、この地域の社会生活全域にわたり実に顕著に存続し続けた。脱植民地後の南アジアにおけるこうした帰結は、かつての圧制的な英国統治と共に到来した制圧と破壊の複製であった。(26)

　歴史は、南アジア諸国が、地域連携の構築ではなく国家の建設に大変関心があることを示唆している。(27) 地理的にこの地域は紛争が絶えない。国家内および国家間の紛争による被害を受けてきたのである。民族性、宗教、領土、土着の伝統、アイデンティティが往々にしてこの地域における紛争を引き起こしてきた。紛争には 2 つの理由があるとされている。1 つはインドの「Big Brother 的」行動が南アジア諸国およびインド・パキスタン関係に及ぼす影響である。2 つ目は同地域への外部からの影響あるいは介入である。(28) 一国内の問題はたいてい国家間紛争の主な触媒として作用する。南アジアの主要な国家間紛争には、カシミール危機、インドと中国、インドとパキスタン間の領土紛争、インドとバングラデシュ、インドとネパール、インドとパキスタン、インドと中国間の水利権をめぐる紛争、パキスタン・アフガニスタンその他国境を越えるテロリズムなどがある。南アジアは現在、多層的な安全保障危機に直面している。最近ではスリランカにおけるテロ行為が世界の注目を集め、南アジア安全保障の多大な脅威

となっている。近年のデータによれば、2017年には、テロ攻撃のおよそ30%は南アジアにて発生しているとのことである。過激派の出現は南アジアの歴史的背景、近代化への緩慢な進展、植民地遺産と密接に関連している。近年では多くの研究者が、インド・パキスタンの敵対関係、難民流入、水資源配分紛争、国境での衝突、南アジアの曖昧な境界線などが、この地域における安全保障上の脅威の増大の主要な原因となっているとしている。⁽²⁹⁾

4 南アジアの新地域主義、その進化と動向

南アジアの地域主義のルーツは1910年代後半に遡る。アーガー・ハーン（Aga Khan）、ガンディー（Gandhi）、タゴール（Tagore）、ネルー（Nehru）は単一国家を超えたより広範囲な結束を強調した。アーガー・ハーンは早くも1918年にアジア連邦を提案した。その後これが長崎会議に至るまでインド国民会議のイデオロギーの重要な要素となった。⁽³⁰⁾1928年にインド国民会議は、1930年までにインドに最初の汎アジア連邦を設立する取り組みの1つとして、中国、日本、朝鮮などのアジア諸国との関係を築くために推進委員会を設置した。⁽³¹⁾インド独立の直前にガンディーは、「アジアの精神的啓発の特別なメッセージ」と讃えてアジア連邦のコンセプトを擁護した。⁽³²⁾

内戦期間中、ラビンドラナート・タゴール（Rabindranath Tagore）は、すべてのアジア諸国は、同一の「精神力」、「簡潔さ」、「社会的責務の認識」を共有すると論じた。インドのネルー元首相は、国境を越えた共通のプラットフォーム・ビジョンを掲げた。インド独立2年前の1945年8月にネルーは、「わたしはインド、イラン、イラク、アフガニスタン、ビルマから成る南アジア連邦を支持する」と述べている。⁽³³⁾バングラデシュにおいては、バンガバンドゥ・シェイク・ムジブ（Bangabandhu Sheikh Mujib）は、政権にあった1972年から1975年にわたり地域の結束を強調

した。しかしながら、南アジア地域協力枠組みを設立するという公式な提案自体は1980年5月2日になされたのであった。このバングラデシュの提案に対して、インド、パキスタン、スリランカは微温的な反応を示す一方、ネパール、ブータン、モルディブは積極的支持を表明した。バングラデシュは地域協力の計画を推し進め、インド、パキスタン、スリランカを説得するための外交努力を続けた。協議と交渉を重ねた結果、南アジア諸国は地域協力組織の形成に合意し、SAARCは1985年バングラデシュのダッカで開催された第1回首脳会議にて公式に発足した。その後、南アジア地域協力を推進するための準地域および地域間プロセスが幾つか設立された。

表：南アジア諸国による地域協定への重複加盟状況

	地域組織	小・準地域組織	地域間・地域横断的組織
アフガニスタン	SAARC, SAFTA	----------	ECO
バングラデシュ	SAARC, SAFTA	SAGQ, SASEC, BCIM, SARI/Energy	BIMSTEC, IORA, バンコク協定, ARF
ブータン	SAARC, SAFTA	SAGQ, SASEC	BIMSTEC
インド	SAARC, SAFTA	SAGQ, SASEC, BCIM, SARI/Energy	BIMSTEC, IORA, バンコク協定, ARF, SCO
モルディブ	SAARC, SAFTA	SASEC	----------
ネパール	SAARC, SAFTA	SAGQ, SASEC, SARI/Energy	BIMSTEC
パキスタン	SAARC, SAFTA	----------	ECO, ARF, SCO
スリランカ	SAARC, SAFTA	SARI/Energy	BIMSTEC, バンコク協定, IORA

（出所）執者による。

4−1　国家主導プロセス、SAARC、SAFTA、BIMSTEC、BCIM、BBIN

　以上に示すとおり、南アジアでは、国家主導による複数の地域統合イニシアチブが存在する。間違いなく、SAARCはこの点で最初のかつ最も意義深いイニシアチブである。SAARC創設は南アジア諸国間の地域協力プロセスに先鞭をつけた。SAARCは、ブレトン・ウッズ機関によって採用された新自由主義の枠組みの中で「経済・貿易協力を拡大する」ことによって貧困を削減することを目的としている。地域経済協力は、SAARC特恵貿易協定（SAPTA）と南アジア自由貿易協定（SAFTA）を通じて域内で制度化された。さらに2002年にSAARCの指導者は、南アジア経済の統合という目的の実現に向けて南アジア経済同盟に同意し、貿易・金融・投資面での協力を促進した。地域に特有の紛争や不信など歴史的に受け継いだものや現在の実情を考慮すれば、当該地域の公式的な協力の進展が何度も挫折したにもかかわらずSAARCの形で存続してきたことは、南アジアでの地域協力を定着させることにある程度成功した証拠である。SAARCは、社会的・文化的分野などの物議を醸す恐れのない領域における協力の「機能的アプローチ」を採用している。[34]

　SAARC指導者たちはSAPTAの創設による南アジア貿易自由化を話し合い、1995年12月に発効させた。SAPTAはメンバー国間の優遇関税措置を定めるものの、ある特定の期限までに当該地域を自由貿易地域へと変えるような措置は義務付けていない。[35]SAPTAの枠組みの下、SAARC加盟国は4回の地域貿易交渉を行った。SAPTAにおけるその4回により、5,000を超える関税個別項目の適用範囲が明らかにされた。しかし、SAPTAの進展の域内貿易促進への貢献度は低かった。[36]SAPTAの弱点はSAFTAの創設に取って代わられた。

　2004年1月にパキスタンのイスラマバードで開催された、第12回SAARC首脳会議において南アジア自由貿易協定（SAFTA）が調印された。SAFTAはデリーで行われた第8回SAARC首脳会議（1995）で初め

て議題となっていた。コロンボ首脳会議（1998）ではSAFTAの発足予定日が期限を定めず延期されたが、2001年までに枠組み協定を結ぶ決定がなされた。それは自由貿易地域を確立するための取り組みであった。自由貿易という目標を、関税引き下げ、原産地規則、セーフガード、制度的構造、紛争解決、関税自由化リスト品目の数量制限（QR）撤廃の時期を定めることにより達成しようとする合意であった。[37]南アジア諸国間のこの貿易協定は、地域における貿易自由化を目指す協力体制の新たな地平を提示するものでもあった。後発開発途上国と開発途上国の相違を明確化し、よって後発開発途上メンバー国（LDC）が特別・優遇措置を受けられる基盤を整えるとともに、地域「最恵国待遇（MFN）」条項および原産地規則（RoO）も盛り込んだ。これにより貿易自由化の達成を後押しした。

　現在、ベンガル湾多分野技術経済協力イニシアチブ（BIMSTEC）が幅広く論議されている。1997年6月に、バングラデシュ、インド、スリランカ、タイの4ヵ国の経済閣僚が会合を持ちBIST-ECが発足した。ミャンマーが1997年12月に加盟したことで、新しい頭字語BIMST-ECと改称された。これにより南アジアと東南アジアの国家を擁する新たな多国家協力構造が設立された。2004年にはネパールとブータンが加盟し、加盟国は5ヵ国から7ヵ国、名称はBIMSTECとなった。加盟国は、BIMSTEC地域の貿易・投資ポテンシャルを有効利用するためのBIMSTEC自由貿易地域（FTA）を創設するプロセスにも参画している。2000年のニューデリー会議にて、商務大臣らは自由貿易協定を策定することに合意し、手始めに特恵貿易協定から手掛けることとした。ついでFTA枠組み協定が2004年にタイで開催された第6回閣僚会議にて批准された。枠組み協定は、後発開発途上国が2006年から2011年までの予定で関税引き下げを受けられるという期間枠を含めた優遇措置について定めた。BIMSTECは、タイとASEANの「西方政策」、そしてインドと南アジアの「東方政策」を組み合わせることを目標に立ち上げられた。1991年に始まったインドの「東方政策」は、インド外交方針の転換点となった。[38]

BIMSTEC では、ASEAN と同様、各加盟国が貿易から漁業に至るさまざまな分野で主導的役割を任じられる。これら各加盟国が主導する 14 の協力分野は以下のとおりである。すなわち、インドは運輸・通信、観光、環境・災害管理、反テロ・越境犯罪。バングラデシュは貿易・投資。ミャンマーはエネルギー、農業。スリランカは技術。タイは漁業、人と人とのコンタクト、公衆衛生。ネパールは貧困削減。ブータンは文化。したがって、協力のための BIMSTEC の議題は実に入念で多岐にわたることは明らかである。BIMSTEC 加盟国は自国の伝統的専門性を誇るゆえ、高品質が担保されるならば国際市場で高い価値を生み出す商品を数多く生産することが出来る。加盟国の中ではタイのみが、そうした商品の有効な市場戦略を発展させてきていた。同様のことは、工芸品分野で強みのあるインド、バングラデシュ、スリランカなどの他の加盟国でも実施できる可能性がある。

　以前昆明イニシアチブと呼ばれていた、バングラデシュ・中国・インド・ミャンマー（BCIM）地域協力フォーラムは、トラックⅡイニシアチブであり、1999 年に発足し、バングラデシュ・中国・インド・ミャンマーで構成されている。BCIM は、1,370 万平方キロ（全世界の土地の 9％）を占め、合計 26 億 3,500 万人（世界人口の 40％相当）の人口を擁し、3 兆 4,850 億米ドル GDP（世界 GDP 合計の 7.3％ に相当）を持つ地域である[39]。メンバー国間でのインフラ開発、経済統合、人と人とのコンタクトを中心とする準地域協力を提唱する。この準地域というのは、バングラデシュ、ミャンマー、インド北東部の州そして中国南部の省から構成される。BCIM は、参加国領土の一部あるいは全体を含む地理的に連続する地域の開発を目指して 3 カ国以上のメンバー国が協力するという成長地帯という考え方に基づいて構想されている[40]。成長地帯は、資源の共同管理や、貿易、投資、交通や通信などの諸セクターを計画的に組み合わせた協力機会の創出を容易にする。

　南アジアにおける別の政府間、準地域協力イニシアチブは BBIN（バン

グラデシュ、ブータン、インド、ネパール）である。第1回 BBIN 共同作業部会は、2013 年にバングラデシュ、ブータン、インドの参加で開催された。のちにネパールを含む4カ国は、メンバー国の結束を高める目的で準地域グループの形成に合意した。2015 年1月30 〜 31 日にインドで BBIN 共同作業部会が持たれ、加盟国は水資源管理、水力発電、連結性開発などの具体的部門で協力することに合意した。BBIN メンバー国がネパールとブータンと水力発電開発で協働できる場合、インドやバングラデシュといった隣国もその恩恵に浴することが出来るであろう。

第 18 回 SAARC 首脳会議では、インドが開発連携強化のため自動車および地域鉄道協定を提案したが、パキスタンはインドとの対立関係を理由に拒否した。のちにインドは BBIN において、陸上連結のコスト削減を目的とした、BBIN による自動車協定の調印にこぎつけた。最終的に、保険、免許、ビザ、地元法規適用に焦点を当てた自動車協定（MVA）が、2015 年6月ティンプーにて BBIN グループの運輸相により締結された。加盟国は、運輸ルートを経済回廊として開発することにより、加盟国内の経済開発を促進できると考えた。⁽⁴²⁾BBIN 自動車協定は加盟国間の輸送と通過を容易にするものである。⁽⁴³⁾BBIN は電力取引、送電網連結、複合運送手段の開発に取り組むことにも合意した。⁽⁴⁴⁾しかし、結局ブータンはこれらの実施は時期尚早ということで協定からは一時的に脱退した。いずれにせよ、この協定は準地域協力を推進する大きな実績と言える。

その他の国家主導イニシアチブとして、環インド洋地域協力連合（IOR-ARC）（2013 年に環インド洋連合（IORA）に改名）やバンコク協定が挙げられる。IOR-ARC は、主権平等、領土保全、不干渉、平和共存、二国間・多国間協力の尊重、IOR-ARC 協議における対立を生む議題の除外、政策決定過程でのコンセンサス方式の採用という原則に基づいて 1997 年に設立された。IOR の経済貿易政策の方向を定め、「開かれた地域主義」の政策及び加盟国の協調性を再確認し、地域の経済的政治的集合体の拡大を図ることが計画されている。IORA は 22 の加盟国からなる。オーストラ

リア、バングラデシュ、コモロ連合、インド、インドネシア、イラン、ケニア、マダガスカル、マレーシア、モルディブ、モーリシャス、モザンビーク、オマーン、セーシェル、シンガポール、ソマリア、南アフリカ、スリランカ、タンザニア、タイ、UAE、イエメン。そして、イタリア、日本、ドイツ、中国、英国、米国、フランス、エジプト、トルコ、韓国の9つの対話国、そしてオブザーバーのインド洋観光機関（IOTO）からなる。IOR-ARC 憲章では、貿易の自由化と商品の流通、サービス・人的資源、インフラ開発の促進を目的としている。IOR-ARC は協力に関する概念上の問題に直面し、加盟国の複雑性から生じる論争を扱うことは困難であると考えている。新規加盟国の受け入れに関する加盟国間の不一致は組織にとって深刻な問題である。同組織の本質は政府間協力である。他方、約25年以上の停滞の後、バンコク協定は、2000年に中国の同協定への加盟によって活発化した。同協定は、2005年にアジア太平洋貿易協定（APTA）と改名され、現在、25億人以上の人口を有する潜在市場として世界最大の地域貿易協定となっている（Jetro-IDE Report）。

4−2　市民社会主導プロセス

　世界中で多岐にわたる市民社会（CS）の参画が、地域統合プロセスにみられるようになっている。彼らが果たす（パートナー、推奨者（legitimator）、反対者などの）役割が CS 関与の価値ともいえる。個人から労働組合まで、市民社会組織（CSO）は地域統合プロセスにおいて実質的役割を担っている。専門家の視点からすると、結果として、より効果的な政策開発と実施、より持続性のあるプログラム・プロジェクト成果などの利点が挙げられる。[44]CSO は、地域レベルでの政府による政策的取り組み、そしてそれに伴った論議において、民衆を主流派に取り込み結集させるためにうまく配置される。よって CSO は、民主的プロセスを国内・地域双方の前線で強化させると共に、その参画により地域統合プロセスのボトム

アップ的要素を助長する。

　グローバル化進展の流れと共に、非国家的行動主体はグローバル、地域レベルでますます増加している。社会経済領域が活性化するに応じて、非国家的団体がさらに増加し、統合プロセスにおいて流れを急変させるゲームチェンジャーの役割を果たしている。市民社会組織の発展的性質上、またある特定の地理的エリア内での、国境を越えた資本、財、人の流通の増加に伴い、「地域化」という言葉が生み出されている。非政府組織の増加、越境ネットワークの発展、また人、財、サービスの圧倒的な移動は、南アジアの地域主義の発展と動学を考慮するよう促すものである。例えば昆明イニシアチブは1999年8月、中国、インド、バングラデシュ、ミャンマーによる地域経済の協力と開発に関する非政府国際会議として始まった。その後、BCIM（Bangladesh、India、China、Myanmar）会議として知られた。第2回、第3回、第4回の会議はインド（2000）、バングラデシュ（2002）、ミャンマー（2003）で開催された。中国の雲南省社会科学院が、準地域の協力というアイデアを提起する際に貢献した。提案されている協力対象地域は、雲南省全域、インドのビハール・西ベンガル・北東部諸州、ミャンマー全域、バングラデシュである。

4－2－1　NGOの地域サミットと会合

　南アジア地域主義は「空想的」な概念ではなく、多元的共存、民主主義、経済成長、平等性、社会正義への人々の努力を支援する哲学的土台となっている。行動主義的南アジア市民社会の「第一サイクル」は1980年代に始まったものの、近年ではその勢いを失ってきた。しかしこの相互依存と協力の時代に、地域統合を推進する政府・非国家的行動主体の相互関係により地域主義の「第二サイクル」を強化するのは大変緊急の課題である。南アジアのNGOは、貿易、商業、開かれた国境、政府と市民間の対話を通して平和、社会正義、経済成長、平等性、民主主義、人権を促進するという自らの役割を認識する必要がある。

地域化プロセスにおいてNGOと他の団体は、自由貿易、財・サービスの流通、地域組織間の協力を、政府と協働して推進している。国境を越えて人々を結束させるのに特化しているNGOもある。南アジア財団（SAF）は、SAARCの枠組みで人と人との交流を実現するのに成功した特例的なNGOであるが、一般の非営利・非政府組織である。SAFの主要目的は、SAFがSAARC各国に1つずつ、パキスタンに2つ、インドに4つ設立した、合計12の教育機関のうちの1つあるいは別の施設で教育を受けられるよう学生に奨学金を付与することにより、南アジア各地で地域協力を促進することである。[47]南アジア女性ネットワーク（SWAN）はSAFが支援するプログラムの1つで、南アジア各国の女性が、ネットワークを通じて同様の分野で働く別の国の女性とパートナーを組めるようにするものである。合意した行動計画に基づき、南アジア各国の女性たちがこのネットワークを通じて、経験を共有し、相互に学び、ベスト・プラクティスを見つけ、問題解決に共に取り組むプログラムである。[48]

4－2－2　人々のネットワーク・市民ネットワーク

　地域主義の成果を生み出すには、社会のあらゆる階層の人々を結び付ける全体論的かつ包摂的アプローチが必要である。国家間地域協力の他に、国内連結性も社会調和を確保するのに欠かせない。文化交流、学術主導のネットワークやフォーラムなどの、人と人との、また市民のネットワークは、地域的な協働や国境を越えた協力活動のアドボカシーや投影は別にしても、国内での連結性を発展させ相互理解を促進するのに主要な役割を果たす。[49]2010年4月28日ティンプーでの第16回SAARC首脳会議で、インドのマンモハン・シン元首相の言葉は、人と人とのコンタクトの重要性と緊急性を描写している。彼によれば、「我々は地域協力の制度は立ち上げたが、人々がより能動的になれるような力を十分に与えてきてはいない[50]」。彼は、決定の実行、庶民感情の考慮、そして人、財、サービス、アイデアのより自由な移動を強調する。地域統合は、我々が共有する遺産を再発見

し、共通の未来を築くのを助けるべきである。[51]

　南アジアでは人的交流が世界の他の地域ほど活発ではない。人々は社会文化的・歴史的経験、共通の文学を共有してきたが、互いをまだ知らない。隣人ではあるが、互いの領土を越えて自由に人、財、サービス、アイデアを共有してはいない。[52]昨今、大多数のSAARC各国の人々、とりわけ若者たちが、他国の相当する人々と国境を越えて直接交流し触れ合う機会をますます要求している。多くの人々が、グローバル化はテロリズム、組織犯罪ネットワーク、環境破壊など新たな課題を生んできたと論じる。こうした障害に対応するため、我々は地域相乗効果・相互補完性を発展させる必要がある。このグローバル化された世界で競争するための1つの重要な方法は、このプロセスを説明する造語である「グローカリゼーション」、つまり、グローバルに競争し行動するためにはローカルに考えるということだ。[53]言い換えれば、政府役人だけではなく、引退した要人、学術界、シンクタンク、時には実業界からも代表者を登用して、トラック II 交流（Track II diplomacy）の参加者を強化する必要がある。

　これらの課題の他に、学術界は地域主義育成ネットワークのモデルを作り構築する点で重要な役割を果たしている。2017年に設立された南アジア経済政策ネットワーク（South Asia Economic Policy Network）は、域内対話の質を高めることにより、南アジアの発展の可能性に影響する問題について現行のおよびより制度化された対話支援を考案し、南アジア諸国間の信用欠如に取り組み、人と人との関係を強化している。[54]南アジア経済モデリングネットワーク（South Asian Network on Economic Modeling: SANEM）も、地域およびグローバル・ネットワーク構築に取り組んでいる。これは南アジアの経済学者と政策立案者による経済モデリングに重点を置いたネットワークで、地域・国際貿易、マクロ経済、貧困、労働市場、環境、政治経済分野における基礎的知見の創生、交換、普及の推進を目的とする。[55]増大するアジア難民危機を背景に、アジア太平洋無国籍者ネットワーク（Statelessness Network Asia Pacific）は、地域内での協力

を促進する点で適切かつ効果が期待できる組織であろう。同組織は、根拠
に基づく活動を行うためのリソースを開発し、技術的支援および能力強化
の機会を提供することにより、アジアと太平洋地域での無国籍者問題に取
り組む協力を促進している。⁽⁵⁶⁾

4-2-3　地域ワークショップ、コンファレンス

　南アジアで急速に進化する問題に対応するため、様々な協力手段が実施
されている。地域フォーラム、ワークショップ、コンファレンスが開催さ
れ、地域統合プロセス加速化の政策形成に携わっている。人々の間で国境
を越えた連結性が大幅に推進されている。地政学的、戦略的課題はあるも
のの、地域統合イニシアチブは推し進められている。文化交流、学術的連
携、NGO協働関係が南アジアをより高次の連結性へと導いている。地域機
関や研究団体がセミナー、シンポジウム、ワークショップを開き、統合の
動きを加速化すべく共同的取組みを役立てようとしている。アジア地域統
合センター（ARIC）は地域機関に何ができるかを例証する理想的実例で
ある。地域公共財と異文化連結性をとおしてアジア統合の進展を追跡して
いる。⁽⁵⁷⁾地域統合プロセスの発展に関する年次報告も発表している。

　IISSシャングリラ・ダイアローグ、BIMSTEC安全保障ダイアローグ・
フォーラム、反マネーロンダリング・テロ資金提供撲滅にかかわるBIM-
STECサブグループ会議、南アジア・シンクタンク・コンソーシアム
（COSATT）が、地域化プロセスに貢献している。IISSシャングリラ・ダ
イアローグは、地域内の最重要防衛・安全保障政策立案者間のリラックス
したコミュニケーションと意義深い交流を促進することにより、安全保障
への信頼を築き実際的な協力体制を育成している。⁽⁵⁸⁾例えばシンガポールで
開催されたIISSシャングリラ・ダイアローグ2019では、参加指導者たち
は、今ではますます「インド太平洋地域」とみなされる地域でのアジアの
台頭および急成長する超大国間競争に対して、地域の重大な安全保障上の
および関連する問題がどう進展しているか理解しようと努めた。⁽⁵⁹⁾

SAARC が機能不全のため、BIMSTEC がこの地域で活発な役割を演じるプレーヤーとして成長している。地域主義のための信頼できるプロセスとするべく、農業からマネーロンダリングといった分野でその活動を拡大している。2019 年には、会議とワークショップを幾つか開催し、そこで専門家は、地域の平和と安定性を高め、対立的利害よりも多くの共通利益・脅威を共有する沿岸国家間の地域安全保障を高めるため、BIMSTEC 協力安全保障モデルを提示した。[60]こうした活動は地域統合を大幅に加速させている。

4-3　援助機関、民間部門支援プロセス

　地域統合には、共同行為を通じて成長を促進し貧困を削減するポテンシャルがある。援助機関は、国境障壁を低下させたり、補完的な政策の開発のため技術支援を行うなどして、地域貿易を推進する努力を支援することにより、地域統合における役割を果たし、地域の調和の歩調を後押しできる。[61]

(1) 援助機関支援による地域、準地域開発および協力プロジェクト

　南アジアでは、援助機関が、譲許的融資、技術支援、専門知識の提供を通して地域・準地域開発イニシアチブにおける自らの役割を果たしている。「一つの南アジア」プログラムはこの良い例である。世界銀行と5つの信託基金の支援により、共有する河川の管理、貿易・投資の近代化、気候変動への強靭性の構築、交通・国境インフラの改善、人と人とのコンタクト促進のための地域連結性・統合を推進している。[62]これまで援助機関は、南アジアでの3つの制度枠組みを支援してきた。例えば南アジア成長四角地帯（SAGQ）は、援助機関主導プロセスとして 1996 年 12 月 SAARC 閣僚会議で提案された。これは、バングラデシュ、ブータン、ネパール、北東インド（NEI）で構成される南アジアの東端に位置する準地

域をカバーする。SAGQ 発足の主な推進力は、SAARC の地域プロジェクト実施の緩慢さと、長年に渡るインド・パキスタン紛争への反応であった。(Jetro-IDE Report)

　SAGQ は長続きせず、南アジア準地域経済協力（SASEC）に取って代わられた。アジア開発銀行（ADB）は SAGQ の活動停止を受けて、本イニシアチブに資金提供をしている。ADB は、地域協力の推進役としての任務を検討し、SASEC プロジェクトを開始した（SAGQ の各国政府の要請があったと見られる）。SAGQ 加盟国の中で、インドは SASEC に当初積極的ではなかったため、ADB はインドが参加しないまま進めようとしていたが、インドはその後態度を変えている。協力には、貿易・投資、観光、エネルギー、環境、輸送、ICT の 6 つの部門がある。作業部会の会議の目的の 1 つは、友好的な経済関係に影を落とす誤解を解くことであると ADB は述べている。本プロジェクトでは、公共・民間部門の平等な参加と多国間による方式が明記されている。エネルギー協力・開発のための南アジア地域イニシアチブ（South Asia Regional Initiative for Energy Cooperation and Development :SARI/Energy）も援助機関主導イニシアチブである。1999 年 12 月、カトマンズで開始した地域協力に米国国際開発庁（United States Agency for International Development：USAID）が資金提供を行った。パキスタンを除く SAARC 諸国が SARI/Energy メンバーである。南アジア諸国間の相互互恵的なエネルギー連関の促進を目的にしている。

　他にも地域統合プロセスを推進する地域・グローバル援助機関が存在するが、ADB の「ストラテジー 2020」は、地域協力・統合を、アジアと太平洋諸国で貧困を削減する 3 つの開発アジェンダの 1 つとしている。[63]南アジア準地域経済協力（SASEC）、地域協力戦略およびプログラム（2006 ～ 2008 年）、南アジア地域協力戦略（2011 ～ 2015 年）のどれも、関税改革を推進し、規則、基準、手順を簡便化し整合させ、効率的金融・保険サービスを促進し、国境施設と交通インフラを改善するのに貢献し、交通、エ

ネルギー、貿易促進の3分野に取り組んでいる(64)。このように援助機関は、アジアにおける地域主義を加速化するべく地域・準地域協力イニシアチブを支援している。

4-3-3　実業団体および企業による地域サミット・会議

理念的視点からすると、地域統合は地域アイデンティティと地域政策の発現に貢献する。地域主義の現状のペースによって、地域主義は地域化へと変容してきている。経済面における民間部門主導の地域構造の出現とともに、2つの要素がアジアにおける地域化を加速させてきた。つまり (1) 1997年アジア危機の重大な分岐点と (2) アジア地域における中国の引き続く台頭である(65)。したがって、企業と実業界の役割は明確であり、この点で、非国家的行動主体の役割が大きくなっていることには疑問の余地がない。実業団体が開催する地域サミット・会議は統合プロセスを持続するうえで協働的な位置を占める。

例えば、中国・南アジア・ビジネスフォーラム（China-South Asia Business Forum: CSABF）、アジア貿易サミット（Asia Trade Summit）、SAARC商工会議所（SAARC Chamber of Commerce and Industry）、米国商工会議所南中国アジア太平洋ビジネス・サミット（AMCHAM South China Asia Pacific Business Summit）、APEC CEOサミット、南アジア商工会議所（South Asia Chamber of Commerce）などが、地域の明るい未来を見越しつつ地域統合の真の意義を確立しようとしている。SAARC商工会議所は、南アジア地域の実業家たちの間で強力な事業連携を築き、メンバー間の商業・技術・工業経営、科学的情報、教育、ノウハウなどのやりとりを促進することにより、貿易、サービス、産業、中小企業、農業、地域内協力を助ける働きかけをしている(66)。アジア・インフラ・フォーラム（Asia Infrastructure Forum）は、主要な利害関係者を集め、資金を動かし、アジアが将来必要とする高品質で持続性があり強靭性のあるインフラ供給のための革新を促進する、最も効果的かつ実際的な戦略について専門

知識を共有する場を提供している[67]。

アジア太平洋不動産協会（APREA）は、全部門をカバーする国境を越えた不動産投資に焦点を合わせ、地域の不動産業者の革新的アイデアと経験を共有する、アジア全域にわたる有力な業界団体である[68]。南アジア商工会議所（SACC）、アジア貿易サミット（ATS）、アジア・インフラ・フォーラム（AIF）は、知見共有と資源動員の方法を提供することにより統合を促進している。これらの団体の年次総会とサミットは経験や視点を学んだり共有したりする機会となっている。AIF は、資金動員の効果的かつ実際的戦略にかかわる経験を提供し、アジア開発を後押しするのに必要な持続性と強靭性のあるインフラ革新を促進するステークホルダーである[69]。アジア貿易サミットは、WTO 改革のためのコンセンサスを構築し、民間・公的部門が持続可能な成長を遂げるための国際貿易を行うよう促す[70]。これらの活動は、地域統合を実現するのに効果的である。

上記のプロセスを分析するならば、南アジアが、国家・非国家的行動主体が異なる度合いで関与する新地域主義を目のあたりにしてきたことが分かる。それは4つの、異なってはいるが相互に連携している、多国間協力の流れの中で発展している。まず第1に、南アジアにおける地域協力は、SAARC および SAFTA 設立を通じ、全地域プロセスとして発展してきたことである。SAARC は、アフガニスタンからバングラデシュまで、地理的に連続した地域としての南アジア諸国すべてを包含した。SAARC はオブザーバーとしての立場を、日本、中国、韓国、米国、ミャンマー、イラン、EU といった地域外の国家・組織へ差し伸べてきた。南アジアにおける地域主義の2番目の流れは、1990 年代半ばから出現してきた地域間協力の枠組みである。1970 年代から 1980 年代に南南協力および南北協力の枠組み内で検討されたが、1990 年代半ば以降アジアで重要な傾向となった。固定的な地域の限界を超えて、アジア諸国には、主に東南アジア、東アジア、中東に多種多様な地域組織が存在している。南アジアでは、地域間協力過程は、組織から組織、組織から国家、国家から組織の3段階で見られ

る。インドはその進む方向を南アジアから東南アジアやアジア環太平洋に移している。インドはアジア太平洋諸国に求愛してきたのである。1991年以降、インドは東方政策を進め、東南アジアおよび東アジアの諸国との連携を強めていた。インドは1996年にASEAN地域フォーラム（ARF）に加盟し、現在ASEANとAPECに加盟しようと試みている。同様に、パキスタンは南アジア・中央アジア・湾岸地域の間の戦略的な位置によって、南アジア超越的協力ネットワークの構築を主唱している。パキスタンは、陸封された中央アジアとその奥の国家にとって経済的ハブとして出現する地理的条件を備えている（パキスタン首相）。パキスタンは中東および中央アジア諸国との制度的連携を計画的に強化してきた。パキスタンは、経済協力機構（ECO）の活発なメンバー国である。

　3番目の流れは、二国間の特恵貿易協定（preferential trading arrangements：PTA）または自由貿易協定（地域）（free trade agreement/area：FTA）で近年増加している。南アジア諸国は1990年代前半以降、この傾向に影響を受けている。インドはすでにブータン、ネパール、スリランカとある種の自由貿易を行ってきた。インド・スリランカ二国間自由貿易協定（ILBFTA）は、地域貿易協定（Regional Trade Agreement: RTA）の便益をよく例証している。よって南アジアは、SAFTAに移行する以前にもグループ内で二国間FTAが締結され、またSAARC諸国が近隣のSAARC非加盟国とも選択的にRTAを結んでいた点において、特異であるといえる。南アジアでの地域協力の4番目の主要な側面は、市民社会組織、NGO、市民運動、研究機関、個人が先頭に立つ人と人との接触にある。南アジアではCSO、NGO、社会運動が増加している。これらの社会的行動主体は南アジアの地域主義に貢献しており、「下からの地域主義」と呼ぶことができる。地域統合を支える、そのような人々の組織の活発な役割は1990年代前半以降顕著になっており、恐らく現代のグローバル化の始まりと同時に生じたものである。CSOは南アジアの人々の間の信頼と調和の関係構築に重要な役割を果たしている。誰もが知っているように、

南アジアは、国内および国家間の紛争・暴力による危機と不安定の一触即発地域なのである。

5 地域協力が南アジアに及ぼす影響

　世界の他のこの種の組織と比較して、SAARC の地域統合促進の実績は低迷していると言わざるを得ない。SAARC に対する批判の一例は、「SAARC 首脳会議は費用のかさむおしゃべりの場で当該地域の約 12.5 億人の生活にはほとんど貢献していない」。楽観主義者は SAARC、そして南アジア地域協力については別の考えを持っている。上に述べたように、南アジアにおける地域協力は SAARC に限定されるわけではない。この地域では多くの地域・準地域・地域間のイニシアチブが実施されてきたし、市民社会・ビジネス界の行動主体の関与も増大している。地域組織の筆頭である SAARC は 34 年にわたり稼働し、18 回の首脳会議を開催し、この地域に住む十数億人の人たちに大きく影響する宣言や行動計画を実施してきた。この地域での協力の機会について、一般市民、政策立案者、影響力のある文化的・経済的団体の意識を高めてきてもいる。また、いくつもの組織が地域主義プロセスを強化してきており、活動家たちは積極的に話し合いの場を設けた。南アジア横断的な各種会合は細流から奔流へと成長してきている。

5−1　紛争管理

　SAARC 主導の地域協力プロセスは国家間の緊張を和らげるのに貢献したと言われている。SAARC はテロリズムに係わる協定を採択した最初の地域組織である。SAARC 内のテロリズムにかかわる地域協力はさらに紛争管理にも貢献した。加盟国は SAARC のテロリズム協定に調印し批准している。BIMSTEC も反テロリズム協定を採択した。SAARC も BIMS-

TEC も共に安全保障の非伝統的側面に着目し、伝統的な安全保障問題は故意に避けてきた。安全保障の非伝統的側面は、国家および地域レベルでともに重要であり、南アジアでの紛争管理に大きく貢献する。南アジア諸国は、過大な安全保障課題に関連して2つの主要なジレンマと対峙している。アラム（Alam）が言うように、南アジアのほとんどの国家は、相対的・絶対的を問わずあらゆる面において人間の安全保障を脅かす軍事的安全保障に過剰依存している。別のきわめて重要な安全保障上のジレンマは、国内紛争が国家間紛争と重なりあうことであり、その逆もあてはまる。[72]

1980年代初頭にSAARCイニシアチブが形成される段階で、協力的な文化的アイデンティティおよび経済的国益の活性化は、南アジアにおける政治的紛争と緊張を、完全に除去はしないものの鎮めてくれるであろうと思われていた。[73] 地域主義は、核心的な価値観の共有と政体の調和化によって、地域内の政治的安定を促進するものである。核兵器拡散が地域の安全を脅威にさらし、公的資源が防衛費に転用される一方、非政府武装組織や一般人の間に通常兵器や小火器が拡散され、南アジアの人間の安全保障がより直接的に危険に晒されることとなる。暴力文化と増加するテロ行為は国家の紛争管理政策失敗の表れである。双方の現象は憎しみ、不信感、狭量な愛国主義、貪欲、不確実性により引き起こされている。SAARCとその他の地域・準地域機構は、南アジアの指導者・政策立案者たちが、政府首脳らを含め様々なレベルで交流する機会を提供してきた。インド・パキスタン対立の緊張はSAARC首脳会議によって緩和されたように観察される。例えば、2002年第11回SAARCカトマンズ首脳会議にインドとパキスタンが出席することにより、カルギル戦争（1999年）後の二国間の緊迫状況は和らいだ。

過去30年にわたりこの地域は、地域協力プロセスの役割に関連する幾つもの建設的な発展を、地域・国家間レベルで目の当たりにしてきた。グジュラール（I.K. Gujral）元インド首相の構想に基づくグジュラール・ド

クトリンは適例である。同政策は、見返りを期待せずに小国の利益を考慮に入れるよう促すものである。インドがネパールおよびバングラデシュと締結した河川水資源に係わる協定、インドがバングラデシュ・ネパール・スリランカに提示した関税譲許、インド・バングラデシュ間のチャクマ問題[74]の解決、バングラデシュ・インドの二国間友好関係と人と人とのネットワーク拡大は、地域の紛争管理に積極的な貢献をしてきた。信頼醸成措置（CBM）と国家間レベルでの対話は、加盟国間の緊張を和らげ関係を新しいものとするのに貢献している。これは、地域協力機構の最重要な機能的役割と言える。

5-2 経済協力

　地域主義は地域経済安全保障において重要な機能を果たす。地域主義は、関税や非関税障壁の引き下げや撤廃により貿易を促進する。指導者たちは地域を「戦場」から「市場」へ転回させ市場主導の経済開発を追求するコミットメントを表明している。地域経済協力は共同出資事業や国境を越える投資などを通して、社会経済発展を加速させる。貿易や投資関連の案件について他の国々と交渉する共通の枠組みを与える。南アジア諸国は未だ域内貿易を大きく増大させることが出来ないでいる。その規模は世界的には最低レベルである。南アジア域内の物品貿易額合計は230億米ドルであり、これはこの地域の貿易総額の5％を少し上回る程度である[75]。SAARCおよびBIMSTECの加盟国は、南アジア内の自由貿易地域の創設に取り組んでいる。SAFTAおよびBIMSTEC自由貿易地域は、この分野の主要なイニシアチブである。この2つの自由貿易協定には重複する点があるものの、当該地域の貿易協力を推進しようとする政治的意欲と加盟国の支持を反映している。

　インド・パキスタン間を除く域内二国間貿易は近年、様々に増え、増加し続けている。インドの隣国全ては、自国製品のためにますますインドの

巨大市場へのアクセスを求めている。貧困は麻薬や子供の人身売買など邪悪な行為引き起こし、国内・地域レベルに波及していく。SAPTA および SAFTA は南アジア地域での期待された経済成長は実現しなかったが、経済協力の確かな制度的土台を提供してきたといえる。

５－３　地域の連帯と一体性

　南アジアでは文化の伝播と異文化交配が勢いを増している。かつてないほど人々はお互いの文化をさらに意識し、お互いの文化を見たいと思うようになっている。南アジアはるつぼというよりはサラダ・ボウルのようである。南アジアは欧州大陸のようにとてもコンパクトな地域圏であって、自然と地域としてまとまりやすい場所である。地理的条件のみならず、歴史や共通の経済的利益が主導して、平和や繁栄について共通の見通しを持たせている。南アジアの地域主義は、世界において、地域の主張、アイデンティティ、戦略をうったえることに貢献している。ある特定の国民国家として個々に活動するよりも、共同で国際的に活動するほうが良いのである。アイデンティティというものが、自らをどう定義するかだけではなく他がどう見るかであるとすれば、南アジアのアイデンティティは南アジアを越境して現実となってきた。南アジアの人々の全体的アイデンティティは、カレー、カッワーリー（qawwali）、クリケット、ヒンディー映画、独特の訛りのインペリアル・イングリッシュなどと結び付けられてきた。南アジア地域主義は、国境を越えて自国のアイデンティティを主張することについて少なくとも確実なジレンマを生み出すことであろう。人々は今や自分の国籍に加えて南アジア地域のメンバーであると考えるのである。

５－４　地域ガバナンス

　SAARC、BIMSTEC、その他の準地域機構の制度的な仕組みは南アジア

に地域ガバナンスの機会を生み出してきた。国家レベルの機構を越えて、EU や ASEAN に見られるように、南アジア諸国政府も貿易協力や文化協力において地域制度枠組みを利用することが出来る。EU から南米南部共同市場（MERCOSUR）に至るまで、地域主義は地域ガバナンス構造を発展させるのに貢献してきた。既存の地域組織の他に、SAARC 加盟国は、南アジア経済連合（South Asian Economic Union）、SAARC 議会（SAARC Parliament）、南アジア共通通貨（Common Currency in South Asia）など地域ガバナンスを強化する提案をしてきた。しかし南アジア諸国が、SAARC や BIMSTEC での決定事項を実施してこなかったため、効果的な地域ガバナンスの仕組みを構築するプロセスに遅延が生じている。南アジア地域ガバナンスの別の側面は、非国家的行動主体とりわけ市民社会組織とそのネットワーク、実業界、専門家団体などの参画である。

6 課　題

　南アジア地域統合プロセスは、立ち上げ当初から地政学的要素や制度的弱点に起因する課題に直面してきた。この地域は過去 30 年以上にわたり戦略的、政治的問題に苦闘してきている。すでに別の部分で説明したとおり、南アジア諸国が様々な地域・準地域イニシアチブを推進してきたにもかかわらず、実際のところこの地域はそれほど統合されてはいない。二国間紛争と一方的な決定が地域協力プロセスに影を投げかけてきた。地域協力プロセスが複数存在するため、南アジア諸国の幾つかの国は漁夫の利を得る機会を得てきた。インドとパキスタンの対立の他に、南アジアは現在地域における新たな行動主体としての中国に対処しようとしてきている。南アジア地域主義への中国の関与は、域内で、特にインドとの新たな亀裂を生じさせた。中国が、SAARC および BIMSTEC 加盟に関心を示していることが分かっている。また BCIM と BIMSTEC を統合させようという議論もあると報告されている。こうした状況の中、南アジア諸国の反応は

一様ではない。パキスタンが中国のSAARCへの関心を歓迎する一方、インドはこれに反対している。インドは中国のBIMSTEC加盟にも反対している。もしこれが実現すれば、おそらく中国がこの準地域組織を牛耳り、インドの中心的役割を乗っ取るため、インドにとっては大変な痛手になると議論されている。さらにインドはBCIM-EC（BCIM経済回廊）についても、初めの数年は賛同していたものの今はさほど関心を示していない。インドはとりわけ自国の北東地域での安全保障・経済的懸案事項を抱えているようである。この問題は中国・インド間に地政学的に対立した雰囲気を作り出している。

近年、南アジア統合プロセスは、中国による一帯一路（Belt and Road Initiative: BRI）およびインド、米国、日本、オーストラリアが推進するインド太平洋戦略（Indo-Pacific Strategy: IPS）と関連付けられてきた。両イニシアチブは南アジアにおける地政学的、経済的環境に影響を与えている。いかなる大陸間・多国家協力にも南アジアの参加が不可欠であることは言うまでもない。BRIやIPSの成功は南アジア、東南アジア諸国に大いに依存している。これは南アジア地域統合の探求に新たな挑戦を投げかけている。しかし実際は南アジアでの新地域主義が直面する根本的な課題は、ここ何十年もほとんど変わってはいない。SAARCがあってもなくても、ほとんど同じである。その要因を下記に説明する。

6−1　将来像の対立

南アジアほど根深く多岐にわたる将来像の対立を抱える地域は他にない。SAARCは南アジア地域主義の「競合するロジック」をもとに発展した。南アジアにおける競合するロジックの衝突例の1つは、非差別的な一方的自由化を唱える経済学者のロジックと互恵的な条件付き自由化を支持する政治学者のロジックである。違いを、国家ごとの多様な視点を通して明らかにしてみたい。地域主義についてのインドの視点は、同国は地域内

で優勢な役割を演じることを欲するという事実に支配されている。皮肉にも、SAARCも他のいかなる準地域協定もインドにとっては最上位の議題ではない。インドの指導者たちにとっては、パキスタン、アフガニスタン、バングラデシュ、あるいは他の南アジア諸国の関係する二国間経済・安全保障案件のほうがSAARCよりもはるかに重要なのだ。インドは、地域の経済体制にはそれほど関心はなく、むしろ国際基準への準拠において前進し、インドがグローバル市場により受け入れられるための地域協定を築くことに関心があるようである。

　同様にパキスタンも、1970年代後半の地域協力論議開始以降、南アジアを地域協力の優先圏とはみなしてこなかった。1980年代初頭、SAARCに対する当初の懐疑論がパキスタン政策を特色づけたが、結局1985年には設立国として参画した。パキスタンは、インドの圧倒的覇権と宗教的アイデンティティを恐れ、中央アジアやアラブ諸国へと志向した。南アジアの小国は常に、地域協力プロセスを、さらに言うならばSAARCを、自国の発展と地域パワーのバランスを取るという二重政策目標を達成する理想の保護的手段としてとらえてきた。SAARCの小メンバー国は全体として地域主義プロセスを強化する重要な役割を担ってきた。当該諸国は、SAARCなどの地域協力プロセスであれあるいはBCIM、BIMSTEC、SASECといった準地域的な仕組みを通してであれ、地域主義については概して共通の視点を一貫して支持してきた。

6-2　異なる脅威認識

　南アジアでの地域主義における2番目の根本的問題は、南アジアに優勢な国家間関係である。1947年以来この地域は数々の、二国間紛争、民族衝突、カシミール危機を含む国境紛争によって、後に増強された国家間敵意などの発火点となってきた。冷戦終結後でも、地域諸国は、お互いあるいは域外諸国への基本的態度を変えることはなかった。インドとパキスタン

は地域内外の脅威に対してそれぞれの異なる見方を堅持している。両国とも SAARC 加盟国であるが、歴史的にかつその他のあらゆる面において、地域内外の脅威に対する共通認識を持ったことはない。インドは、特にパキスタンから、南アジアにおけるその「主導的」役割について批判されている。パキスタンも、地域外支援を利用しインドに圧力をかけ、インドにテロ行為を企み、地域協力を妨害しているとして非難されている。アフガニスタン、バングラデシュ、ネパール、スリランカもそれぞれ、主に歴史的背景や地域内の動態といった理由で、異なる脅威認識を持っている。結果として、二国間主義が存続し、地域調和は見られない。

6-3 制度的機能プロセス

　3番目の課題は、主に SAARC や BIMSTEC などの南アジア地域機構の制度的な取り決めとしての機能が弱いことである。SAARC はその脆弱な構造のせいで決定してきたことを実施できていないとして、楽観論者からも懐疑論者からも一貫して批判されてきた。なによりもまず、SAARC の意思決定プロセスは、全会一致制であり、よって、どの国もいかなる決定をも阻止することが出来る。決定がされても加盟国に対する拘束力はない。年一回開催予定の SAARC 首脳会議は定期的に開かれていない。二国間、係争的案件は SAARC フォーラムの審議からは除外される。

6-4 地域リーダーシップ

　南アジアは、地域リーダーシップの不在に悩んできた。他の地域の歴史をみれば、地域組織の成功は軸となる国家のリーダーシップに大いに依存していることは明らかだ。西ヨーロッパ統合の進展におけるドイツの役割、あるいは北米自由貿易協定（NAFTA）を運営する米国の役割がそれを実証している。ASEAN の成功はインドネシアのリーダーシップに負う

ところが大きい。現時点では、南アジアで大いに必要とされているリーダー的役割を担う国家がないのである。先に示したように、インドの地域主義観は実用主義的で便宜主義原則に導かれている。インドはこの地域で引き続き積極的に主導権を行使するかもしれないが、南アジアの地域統合プロセス推進の責務を負うことにはあまり関心がないようである。さらにパキスタンのような大国も、こうした役割をインドから引き継いで果たすことはないのかもしれない。加えて、ほとんどのメンバー国は安全保障と安定性についてはインドに頼っている。域内の国家間関係は、国境に対する強い意識、認識の衝突、アイデンティティの衝突によって損なわれてきたし、こうした状況は明らかに地域主義に悪影響を与えている。

6-5 「政策調整」の衰退

　南アジアにおいては、地域主義の根本的要素である協力が極端に弱いことは明らかである。南アジア諸国が加盟する地域・準地域組織は多く存在するが、越境協力関係の構築はそれほど進展していない。地域主義あるいは地域レベルでの統合を促進する一方、メンバー国は、国家行動を変化させる政策を優先すべきである。ロバート・コヘイン（Robert Keohane）によれば、

　　協力は、「行動主体がその態度を、政策調整という過程を経て、実際のまたは予測される他者の選好に順応させるときに達成される」。よって協力は交換のプロセスとも考えられる。それは一国が、他の国も政策を調整するだろうという期待のもとに、お返しとして自国の政策を調整し、結果として両国がより良い状態を作り上げることを含む。[77]

とりわけ、協力は政策の調整を必然とする、つまり各国が、他国への負の影響を減らすよう、政策を調整することである。[78]地域統合プロセスにおいては、その主要な推進力は様々な経済・技術分野での協力であり、メン

バー国の政策調整はまさに必要不可欠である。ここで、行動主体の利害は制度が目指す目標に合わせて調整されるべきである。SAARC あるいは BIMSTEC では、加盟国の社会経済状況や権力の位置づけが多様であるゆえ、このような政策調整という仕事は容易ではないと思われる。しかしながら、地域主義がより効果的にメンバー国に貢献するには切実に必要な条件である。

7 結　論

　南アジア地域協力の可能性は計りしれない。第4節では南アジアが新たな地域主義の勢いを目の当たりにしてきたことを明らかにした。南アジア地域統合プロセスは既に、国家中心的な SAARC プロセスを超えて進展している。行動主体については、援助機関、域外の諸勢力を含む非国家的行動主体が強い影響を及ぼしている。経済発展、連結性、エネルギー安全保障、平和と安定性といった課題が、地域統合プロセスと直結している。世界の他の地域は、新地域主義が安全保障と発展の効果的手段であることを十分に実証してきた。近隣地域である東南アジアはその輝かしい実例である。1967 年の ASEAN 発足はそれ以降、当該地域の連帯と一体性に計りしれない貢献をしてきている。域内貿易と多次元分野での協力プロセスが、ASEAN メンバーの統合をささえてきた。さらに、ASEAN+3 および ASEAN+8（東アジア首脳会議）などが、地域協力の拡大ビジョンとして中国、日本、韓国といった主要国を参画させている。南アジアには、地域統合プロセスを強化し、域内で今まさに起こっている課題に取り組むための革新と、新たな制度的プロセスの創出が必要である。

　SAARC の他に、BIMSTEC および BCIM-EC の成功は極めて重要な意味を持つ。さらに、市民社会ネットワーク・組織、実業界コミュニティ行動主体などの非国家的行動主体の役割を地域統合プロセスに組み込むことが重要である。バングラデシュは、南アジア地域統合の全てのイニシアチ

ブにおいて中心となってきた。バングラデシュの歴代政権は、南アジア地域協力を強力に推進してきている。これまでバングラデシュは地域貿易協力政策を優先するため、域内での二国間自由貿易の取り組みを避けてきた。バングラデシュは SAFTA と BIMSTEC-FTA といった地域自由貿易イニシアチブの推進派となっている。南アジア主要国家間の競争や対立が増大する中、バングラデシュ首相はこう強調する。「我々は地域の地政学的実情を友好・協力関係によって管理しなければならない。我々の国民の利益のためにこの地域の政治情勢を十分認識しつつ均衡を保ってゆこう。我々は目の前の利得と引き換えに長期的利益を犠牲にすることはできない」⁽⁷⁹⁾。

　地域協力プロセスでのバングラデシュの重要な役割を考えるとき、バングラデシュの戦略的な位置づけはこの地域の経済的ハブとなりうる膨大なポテンシャルがあると言える。インドを西に、中国を北に、東南アジアを東に構え、地理的にバングラデシュはアジア諸国の橋渡し役を担う地理的位置づけにある⁽⁸⁰⁾。バングラデシュはまた、バングラデシュ、ブータン、インド北東部、ネパールを含む準地域協力と連結性の中心点である。地経学的観点からすると、バングラデシュの位置は、南アジア、中国、東南アジアの合計 30 億以上の人口を擁する巨大市場を連結する。それを受けてバングラデシュは、地域・準地域・地域間のあらゆる形態において多国間協力と協働を深めるよう地域メンバー国の後押ししてきた。バングラデシュは BIMSTEC の本部をダッカに設立するよう申し出てもいる。その結果、2014 年にバングラデシュに設立された。

　もう 1 つの南アジア地域協力の重要な焦点はインド北東部の進展である。インドは地域・準地域協力プロセスへの参加にあたって北東部の取り扱いを必須の重点政策としてきた。さらにインドは、その東方政策（Look East Policy）をアクト・イースト政策（AEP）へと転換した。インド北東部は、近隣・周辺諸国との緊密な連携を形成し、東南アジアおよび北東アジアとの経済統合を高め、北東部（NER）の安全保障懸念を解

消しその手つかずのポテンシャルを開発する跳躍台になると考えられている。インドのマンモハン・シン元首相は以前、BIMSTEC についての期待を表明してこう述べている。「BIMSTEC は広域アジア共同体の重要な一部である。整備された陸路・鉄道・航空・海上サービスで国家間が連結され、その中で人材、資源、アイデア、物資が自由に移動することになるであろうアジア共同体において不可欠な役割を担うポテンシャルがある」[81]。実際に、インドは BIMSTEC 地域から利益を得るようになり始めた。インドから BIMSTEC メンバー国への輸出は 2006 年から 2012 年までの期間で 2.5 倍増加し、それは世界平均の 2.4 倍よりも高い結果となった[82]。インド・パキスタン紛争による SAARC プロセスのこう着状態を受けて、南アジア地域協力の動学は BIMSTEC と BBIN に焦点が当てられている。

　しかしながら、バングラデシュを含む一部のメンバー国は、南アジアの地域協力プロセスは包括的であるべきだと考える。SAARC を含む全ての既存地域プロセスが機能しかつ効果を生み出す必要がある。南アジア諸国は、関税・非関税障壁、乏しい貿易促進政策、関税調和化の欠如、非公式貿易の横行、国境と周辺の不十分なインフラ整備、それによる財の国境越えに伴う障害に対処するための、地域的な経済対策に焦点を当てなければならない。政治・文化の分野でもメンバー国は、二国間関係、地域平和、共通のアイデンティティ、地域開発の共通ビジョンを発展させる集合的な努力が必要である。最後に、グローバル化、エネルギー安全保障、貧困削減、インフラ格差、気候変動といった新たな課題に協働して取り組むことが非常に重要である。こうした文脈において、南アジアが、より大きな範囲でのアジアの共同体構築と連携するのは非常に重要であり、ASEAN および中央アジアといった近隣地域との地域間協力の発展を強化するのは避けては通れない必須条件なのである。

　注
（1）Stefan A. Schirm, (2002) *Globalization and the New Regionalism: Global*

Markets, Politics and Regional Cooperation. Cambridge: Polity.

(2) Jeffrey A. Frankel et al. (1995) The New Regionalism and Asia: Impact and Options. www.ideas.repec.org. Accessed on 21 July 2005.

(3) Bjorn Hettne. (1996) Globalization, The New Regionalism and East Asia. In *Globalism and Regionalism*, edited by T. Tanaka and T. Inoguchi. Selected Papers Delivered at the United Nations University Global Seminar '96 Shonan Session, 2–6 September 1996, Hayama, Japan.

(4) Hettne, Bjorn. (1999) Globalization and the New Regionalism: The Second Great Transformation. In *Globalism and the New Regionalism*, edited by Bjorn Hettne, Andras Inotai and Osvaldo Sunkel. Houndmills, Basingstoke, Hampshire/New York: Macmillan/St. Martin's Press.

(5) Ibid.

(6) Navanita Behera Chadha, "Regionalism from Below: The Domain of Civil Society" in *Regional Cooperation in South Asia: New Dimensions and Perspectives*, edited by Shaheen Afroze, Dhaka: Bangladesh Institute of International and Strategic Studies (BIISS) , 2002, p. 460.

(7) T. J Pempel, (2004) East Asian Regionalism. Paper presented at the Symposium on *Korean Peninsula, Taiwan Strait and East Asia: Recent Developments and Prospects*, held at the Institute of Oriental Culture, the University of Tokyo on March 29, 2004. http://www.glocom.org/opinions/essays/20040405_pempel_east/index.html. Accessed 9 April 2005.

(8) Helge Hveem. (2000) Explaining the Regional Phenomenon in the Era of Globalization. In *Political Economy and the Changing Global Order*, edited by Richard Stubbs and Geoffrey R.D. Underhill. London and New York: Oxford University Press. 70–81.

(9) Telo, Mario. Ed. (2001) *European Union and New Regionalism*. Aldershot: Ashgate

(10) Bjorn Hettne and Inotai A, 1994. *The New Regionalism. Implications for Global Development and International Security*. Helsinki: UNU/WIDER.

(11) Vayrynen, Raimo. (1997) Post Hegemonic and Post-Socialist Regionalism: A Comparison of East and Asia and Central Europe. *Working Paper August 1997*, Joan B. Kroc Institute for International Peace Studies.

(12) Hook, Glenn (2002) Is Japan a 'Normal' Power? Japanese Leadership and Asian Regional Organizations, *Seminar Transcript*. London: The Daiwa An-

glo-Japanese Foundation.

(13) Hettne, 1996, Op. Cit.

(14) Ibid.

(15) Ataur Rahman, "Beyond Nation State: Globalization and Regionalism in South Asia," Paper presented at Regional Workshop on Globalization and Security in South Asia, jointly organized by Bangladesh Institute of International and Strategic studies ¦BUSS) and Regional Centre for Strategic Studies (RCSS), held in Dhaka during May 25-27, 1999

(16) *The Independent* (Dhaka), November 11, 2000.

(17) Stephan Haggard, *Developing Nations and the Politics of Global Integration,* (Washington D.C.: The Brookings Institution, 1995), p. xiv.

(18) H. Hagemann et al. " Special Issue of Structural Change and Economic Dynamics: Beyond the Nation State", *Structural Change and Economic Dynamics,* 8 (1997) 1-4, p. 4.

(19) この論議は次の文献にて広く考察されている。Robert Gilpin, *The Challenge of Global Capitalism: The World Economy in the 21st Century,* Princeton: Princeton University Press, 2000

(20) https://www.livescience.com/37309-modern-humans-left-africa-toba-eruption. html. Accessed on 25 August 2019.

(21) Sandeep Banerjee, "*A Brief History of South Asia,*" pp. 22-27. https://www. researchgate.net/publication/299528474. Accessed on 18 June 2019.

(22) Ibid, pp. 31-32.

(23) Ashis Nandy. (2002) Between Regionalism and the Nation-State: The Himal Roundtable on Re-Conceptualizing South Asia. *Himal Southasia.* January.

(24) S M Rahamn, "SAARC and New Paradigm of Security", http://www.defencejournal.com/2001/september/saarc.htm. Accessed on 25 October 2019.

(25) Leela Gandhi, (1998) *Postcolonial Theory: A Critical Introduction,* NSW, Australia: Aleen & Unwin, p.18.

(26) Imtiaz Ahmed. (1993) *Proceedings of the Consultative Conference of SAARC Country,* edited by Anisuzzaman. AAPSO National Committee, Dhaka 18-20 December 1991. Dhaka: Bangladesh Afro-Asian People's Solidarity Committee.

(27) Chinara Esengul, "*Comparing Regional Integration in East Asia/ Southeast Asia and Central Asia,*" Page No. 29, http://www.waseda-giari.jp/sysimg/imgs/arir3_c2.pdf. Accessed on October 10, 2019.

（28) Arunoday Bajpai, "*Dynamics of Intra-State Conflicts in South Asia*," Page No. 2-4, http://chsu.kubsu.ru/arhiv/2014_1_en/2014_1_Badjpai.pdf, Accessed on October 07, 2019.

（29) Nasir Sadia, "*Rise of Extremism in South Asia*," IPRI Paper 7, October 2004, ISBN 969-8721-08-8, https://www.ipripak.org/wp-content/uploads/2014/01/paper7f.pdf. Accessed October 07, 2019.

（30) Thomas, Darryl C. (2001) *The Theory and Practice of Third World Solidarity.* Westport: Paeger Publishers.

（31) Ibid. p. 42.

（32) Jaffrelot, Christophe (2003) 'India's Look East Policy: An Asianist Strategy in Perspective', *India Review* 2 (2) : 35-68.

（33) Narain, Virendra and B.C. Upreti. (1991) Introduction. In *SAARC: A Study of Perceptions and Policies,* edited by Virendra Narain and B.C. Upreti. New Delhi: South Asian Publishers Pvt. Ltd. 1-13; Muni, S.D. and Anuradha Muni. (1983) *Regional Cooperation in South Asia.* New Delhi: National, p.10.

（34) Iftekharuzzaman. (2003) Reforming SAARC: In spite of Governments. In *Regional Cooperation in South Asia: New Dimensions and Perspectives,* edited by Shaheen Afroze. Bangladesh Institute of International and Strategic Studies, Dhaka.

（35) Batra Amita, "*South Asia's Free Trade Agreement: Strategies and Options*," *Economic and Political Weekly,* Vol. 42, No. 38, Sept. 2007, pp. 1-3.

（36) Kelegama, Saman. (2004) SAFTA: A Critique. *South Asian Journal,* Vol. 4, April-June.

（37) Ibid, pp. 3-5.

（38) https://www.ukessays.com/essays/economics/bimstec-and-bcim-initiatives-india.php. Accessed on 12 June 2018.

（39) Rahman, M., Rahman, H., & W. B. Shadat (2007), "BCIM Economic Cooperation: Prospects and Challenges", *Centre for Policy Dialogue* (CPD), Bangladesh.

（40) https://www.ukessays.com/essays/economics/bimstec-and-bcim-initiatives-india.php. Accessed on 12 June 2018.

（41) Harun Ur Rashid, "*where do Bangladesh stands?*" The daily star, 2015.

（42) *Pritam Banerjee (2015)*, "Bangladesh-Bhutan-India-Nepal Motor Vehicles Agreement: Unlocking the Potential for Vibrant Regional Road Freight Connectivity," *CUTS International Discussion paper*, p. 2.

(43) Amit Kumar (2015), "BBIN: Sub-Regionalism in the SAARC," *Indian council for world Affairs*, p-1.

(44) Straker Joel, "*Civil Society, Participation, and Regional Integration: Rhetoric and Reality in the Caribbean Community (CARICOM)*," Saint Mary's University, Halifax, Nova Scotia, 2012, Page No. 94–95.https://pdfs.semanticscholar.org/119a/8a44aec89216d4b99eb2b672383d51523d0c.pdf. Accessed on October 07, 2019.

(45) Hoshiro Hiroyuki, "Regionalization and Regionalism in East Asia," ISS Discussion Paper Series F-16, Institute of Social Science, The University of Tokyo, https://www.iss.u-tokyo.ac.jp/publishments/dpf/pdf/f-162.pdf. Accessed on October 07, 2019.

(46) https://greenwatchbd.com/civil-society-for-resuming-south-asian-regional-cooperation/. Accessed on October 05, 2019.

(47) Ibid, pp. 14–16.

(48) https://www.swaninterface.net/about-us/. Accessed on October 07, 2019.

(49) Pandey N. Nishchal and Kumar Shrestha, "*Building Bridges and Promoting People to People Interaction in South Asia*," Centre for South Asian Studies, Kathmandu, 2012, Page No. 2-3.

(50) Sikri Veena, "*Learning From Each Other: The Direct Route*," from "Building Bridges and Promoting People to People Interaction in South Asia," Centre for South Asian Studies, Kathmandu, 2012, Page No. 09.

(51) Sikri Veena, "*Learning From Each Other: The Direct Route*," from "Building Bridges and Promoting People to People Interaction in South Asia," Centre for South Asian Studies, Kathmandu, 2012, Page No. 09.

(52) Ibid, pp. 9–11.

(53) Ibid, pp. 11–13.

(54) https://www.worldbank.org/en/region/sar/brief/south-asia-economic-policy-network. Accessed on October 07, 2019.

(55) SANEM Website http://sanemnet.org/. Accessed on October 07, 2019.

(56) https://www.statelessnessnetworkasiapacific.org/about-#about-us-1, Accessed on October 07, 2019.

(57) https://aric.adb.org/. Accessed on October 08, 2019.

(58) https://www.iiss.org/events/shangri-la-dialogue/shangri-la-dialogue-2019.

Accessed on October 08, 2019.

(59) Chowdhury A. Iftekhar, "*Duel at the Shangri-La dialogue: Implications for us all*," The Daily Star, June 08, 2019. https://www.thedailystar.net/opinion/perspective/news/duel-the-shangri-la-dialogue-implications-us-all-1753744. Accessed on October 08, 2019.

(60) https://today.thefinancialexpress.com.bd/metro-news/experts-for-developing-bimstec-security-model-1564508566, Accessed on October 08, 2019.

(61) McLeod Helena, "*Regional Integration and the Role of Donors*," pp. 1-3, http://www.hubrural.org/IMG/pdf/dfid_regional_integration_and_role_of_donors.pdf. Accessed on October 08, 2019.

(62) https://www.worldbank.org/en/programs/south-asia-regional-integration. Accessed on October 08, 2019.

(63) Technical Assistance Report of *ADB*, "*South Asia Economic Integration Partnership*," April 2012, https://www.adb.org/sites/default/files/project-document/73063/45396-001-reg-tar.pdf. Accessed on October 08, 2019.

(64) Ibid, pp. 1-3.

(65) Dieter Heribert, "*The Evolution of Regionalism in Asia: Economic and security issues*," Routledge, Abingdon, Oxon, 2007, pp. 2-5.

(66) https://www.saarcchamber.org/index.php?option=com_content&view=article&id=359&Itemid=431. Accessed on October 07, 2019.

(67) https://www.infrastructureasia.org/Asia-Infrastructure-Forum#overview. Accessed on October 07, 2019.

(68) Official Website of APREA https://www.aprea.asia/, Accessed on October 08, 2019.

(69) https://www.infrastructureasia.org/Asia-Infrastructure-Forum, Accessed on October 06, 2019.

(70) https://events.economist.com/events-conferences/asia/asia-trade-summit/2019. Accessed on October 08, 2019.

(71) C. Raja Mohan, "SAARC: a slow boat to nowhere?" *The Hindu*, January 03, 2002.

(72) Imtiaz Alam, *South Asia Tribune*, Issue # 76, January 25-31, 2004.

(73) SD Muni, SAARC at Crossroads, *Himal* May-June 1997.

(74) チャクマ族のインドへの避難民の帰還問題として 1970 年台後半に生じたバングラデシュとインドの間で生じた難民危機。

（75） https://www.worldbank.org/en/news/feature/2018/10/09/realizing-the-promise-of-regional-trade-in-south-asia. Accessed 30 October 2019.

（76） Hye, "Editorial", *The Daily Star*, 13 December 2002.

（77） Milner, H. V. (1997). *Interests, Institutions and Information: Domestic Politics and International Relations*. Princeton University Press, New Jersey, pp. 7-8.

（78） Ibid.

（79） Prime Minister Sheikh Hasina, Speech to World Economic Forum India Economic Summit, New Delhi, October 3, 2019, https://www.thedailystar.net/politics/news/pm-floats-four-ideas-connectivity-amity-south-asia-1809361. Accessed on 15 October 2019.

（80） Emphasized by the Prime Minister of Bangladesh. https://www.businesstoday.in/current/economy-politics/wef-india-economic-summit-bangladesh-economic-hub-of-south-asia-says-sheikh-hasina/story/383002.html. Accessed on 21 October 2019.

（81） Manmohan Singh, *PMs Opening Remarks at the Second BIMSTEC Summit*, Prime Minister's Office, Press Information Bureau, Government of India, 13 November 2008, Available at http://pib.nic.in/newsite/erelease.aspx?relid=44790. Accessed on 12 June 2018.

（82） https://www.ukessays.com/essays/economics/bimstec-and-bcim-initiatives-india.php. Accessed on 21 September 2019.

デルワール・フセイン

（大岩隆明監訳）

第3章
多地域の世界とインド太平洋
新たな地図はどう描かれるのか

本章では、これまで展開した筆者の議論に引き続き[(1)]、地域主義論的観点から見た地域展開として、インド洋地域における地域主義の可能性について検討を加え、その上で、なぜ、地域的まとまりとして、インド太平洋という新たな地図が浮上してきたのかを検討の上、その意義と限界を考えてこの論考を終えたい。

1 地域主義論的観点から見た地域展開──インド洋地域主義の可能性

重層的な制度化が進む環太平洋・東アジア地域に対して、対称的なのがインド洋地域である。広域をカバーする環インド洋連合（IORA）がようやくモメンタムを回復しつつあるのは最近のことであり[(2)]、各部分地域ごとに南アジアのSAARC、ペルシャ湾西岸諸国の湾岸協力理事会（GCC）、南部アフリカ開発共同体（SADC）など地域協力機構はあるのであるが、それらが必ずしも重層的に制度化されているわけではない（域内各国の地域機構への所属状況は本章後掲の表2参照）。また、国連海事・海洋法部による海洋に関する地域協定一覧表において部分的であれ当該海洋地域をカバーする多国間協定数が最も少ないのがインド洋である[(3)]。

このようなインド洋について、その戦略的重要性を新世紀となっていち早く訴えた研究者の1人はBerlinであろう。彼は早くも2002年にインド洋の重要性を指摘し、もはやインド洋を無視することはできないとする論考を発表している[(4)]。さらには、Bouchard[(5)]やKaplan[(6)]などがそれぞれ21世紀におけるインド洋の重要性を指摘することになる。

以下インド洋地域の特色を見ていくことにするが、まずは、インド洋地域の定義を示す。

1-1　インド洋地域の定義

Bouchard and Crumplin（2010）は、インド洋地域の範囲を以下のように定義する。[7]

「インド洋およびそれに付属する海域（ペルシャ湾、紅海等）、その沿岸諸国、並びに海へおよび海からの通路としてインド洋を主として指向する内陸国」とし、この定義は、国連海洋法条約（UNCLOS）の沿岸国と内陸国の概念および国連総会によるインド洋平和地帯宣言（Declaration of

表1　インド洋地域諸国家一覧

インド洋沿岸国		付属海沿岸国	インド洋内陸国
オーストラリア	ミャンマー	バーレーン	アフガニスタン
バングラデシュ	オマーン	エジプト	ブータン
コモロ	パキスタン	エリトリア	ボツワナ
ジブティ	セイシェル	イラク	ブルンディ
フランス	シンガポール	イスラエル	エチオピア
インド	ソマリア	ヨルダン	レソト
インドネシア	南アフリカ	クウェート	マラウィ
イラン	スリランカ	カタール	ネパール
ケニア	タンザニア	サウジアラビア	ルワンダ
マダガスカル	タイ	スーダン	南スーダン
マレーシア	東チモール		スワジランド
モルディブ	アラブ首長国連邦		ウガンダ
モーリシャス	イギリス		ザンビア
モザンビーク	イエメン		ジンバブエ
国家数	28 カ国	10 カ国	14 カ国

（注）英仏を沿岸国に加えているのは両国がインド洋に島嶼海外領土を保有しているため。
（出所）Bouchard and Crumplin（2010）をもとに、紅海に主要積出港がある新独立国南スーダンを加えた。

84

the Indian Ocean as a Zone of Peace）に関する 1979 年に開催されたインド洋沿岸国および後背国会議報告書に完全に沿った考え方であるとする。本論考でも基本的にこの「広義の定義」をもってインド洋地域としている。該当する国は、表 1 のとおりである。[8]

1−2　インド洋地域の特色

(1) 植民地化

　次にインド洋地域とはどのような地域なのか。この地域ではいくつかの例外を除いて大部分の国が、表 2 に示されるように西欧諸国の植民地・保護国化された経験を有し、オーストラリア、シンガポールを除くほとんどの国が開発途上国にとどまる。また、植民地化については、19 世紀後半から 20 世紀前半にかけて絶頂期に達する植民地秩序が出現し、ナポレオン戦争（1803 ～ 1815 年）終了後、インド洋は英領インドを中心にイギリスの海として知られるようになる。[9] そうして、インド洋を目指すロシアと英との間のアフガニスタンを中心とする勢力争いは、グレート・ゲームと呼ばれることになるのである。

　このような植民地化の経験は、現代にまで続く影響を及ぼしているように見える。1 つには、ほぼ環インド洋全域に広がるインド人ディアスポラの存在である。印僑とも呼ばれるこれらの人々は、インド政府外務省によれば、インド洋地域で 1,000 万人を超える。さらに、出稼ぎ労働者など一時居住者を合わせれば、2,000 万人を超える規模となる。[10] また、現在の環インド洋連合（IORA：Indian Ocean Rim Association）の創設を主導したのは、かつてのイギリスの植民地であった豪印南アフリカである。また、英領連邦に属する国が 19 カ国にのぼる。さらに、Mohan は、British Raj（英領インド帝国）がインド洋と東南アジアで果たしていた役割をインドが自らの目標としようとしているとするのである。[11]

表2　インド洋地域諸国の地域機構への所属と旧宗主国

	国名	所属	COI	COMESA	EAC	SADC	SACU	IGAD	GCC	ECO	SAARC	BIM-STEC	ASEAN	IORA	植民地化	英連邦加盟
1	ボツワナ	内陸国				×	×								英	×
2	ブルンディ	内陸国		×	×										白	
3	コモロ共和国	島嶼国	×	×										×	仏	
4	ジブチ	沿岸国		×				×							仏	
5	エチオピア	内陸国		×				×								
6	エリトリア	沿岸国		×				×							伊	
7	ケニア	沿岸国		×	×			×						×	英	×
8	レソト	内陸国				×	×								(英)	
9	マダガスカル	島嶼国	×	×		×									仏	
10	マラウィ	内陸国		×		×									英	×
11	モーリシャス	島嶼国	×	×		×								×	英	×
12	モザンビーク	沿岸国				×								×	葡	×
13	ルワンダ	内陸国		×	×										白	×
14	セイシェル	島嶼国	×	×		×								×	英	×
15	ソマリア	沿岸国						×						×	(英)	
16	南アフリカ	沿岸国				×	×							×	英	×
17	南スーダン	内陸国													英	
18	スーダン	沿岸国		×				×							英	
19	スワジランド	内陸国		×		×	×								(英)	×
20	タンザニア	沿岸国			×	×								×	英	×
21	ウガンダ	内陸国		×	×										(英)	×
22	ザンビア	内陸国		×		×									英	×
23	ジンバブエ	内陸国		×		×									英	
24	バーレーン	付属海							×						(英)	
25	エジプト	付属海		×											(英)	
26	イラン	沿岸国								×				×		
27	イラク	付属海													(英)	
28	イスラエル	付属海													英	
29	ヨルダン	付属海													(英)	
30	クエート	付属海							×						(英)	
31	オマーン	沿岸国							×					×	(英)	
32	カタール	付属海							×						(英)	
33	サウジアラビア	沿岸国							×							
34	アラブ首長国連邦	沿岸国							×					×	(英)	
35	イエメン	沿岸国							×					×	(英)	
36	アフガニスタン	内陸国								×	×					
37	バングラデシュ	沿岸国									×	×		×	英	×
38	ブータン	内陸国									×	×				
39	インド	沿岸国									×	×		×	英	×
40	モルジブ	島嶼国									×				英	×
41	ネパール	内陸国									×	×			(英)	
42	パキスタン	沿岸国								×	×				英	×
43	スリランカ	島嶼国									×	×		×	英	×
44	インドネシア	沿岸国											×	×	蘭	
45	マレーシア	沿岸国											×	×	英	×

番号	国	所属														
46	ミャンマー	沿岸国								×	×		英		
47	シンガポール	沿岸国									×	×	英	×	
48	タイ	沿岸国								×	×	×			
49	東チモール	沿岸国											葡		
50	オーストラリア	沿岸国										×	英	×	

注1　所属は、その国がインド洋沿岸国、インド洋島嶼国、付属海沿岸国、あるいはインド洋内陸国であるかの別を示す。

注2　COI：インド洋委員会（フランス領レユニオンもメンバー）、COMESA：東南部アフリカ市場共同体、EAC：東アフリカ共同体、SADC：南部アフリカ開発共同体、SACU：南部アフリカ関税同盟、IGAD：政府間開発機構、GCC：湾岸協力会議、ECO：経済協力機構（トルコと中央アジア諸国もメンバー）、SAARC：南アジア地域協力連合、BIMSTEC：ベンガル湾多分野技術経済協力イニシアチブ、ASEAN：東南アジア諸国連合、IORA：環インド洋連合。

注3　植民地化：イギリスの場合、植民地は英、保護国は（英）とした。仏：フランス、伊：イタリア、蘭：オランダ、白：ベルギー、葡：ポルトガル。

注4　英仏は表からは除いている。

（出所）表1をもとに筆者作成。

(2) モンスーン

　他方、この地域は、植民地化以前、遥か古代から海洋航海を通じた人と物の移動によって、文化、経済的交流が活発に行われていた1つの世界であった。紀元前2世紀頃までにはアレクサンドリア、紅海からアラビア海を横断してインドに、さらにベンガル湾を横断してマレー半島、南シナ海に出て中国に達する国際貿易ルートが成立していたことが明らかになっている。いわゆる海のシルクロードである。それを可能としたのがモンスーンであり、季節によって反対方向に吹く風によって、定期的な航海（夏に北東方面に移動し、冬は南西の風に乗って帰ってくる）が可能であり、この季節風の性質を利用してマダガスカルから北の東アフリカから中近東、インド、東南アジアを結ぶ貿易が活発に行われていたのである。

(3) イスラム化

　また、7世紀以降になるとムスリム商人がインド洋に進出し、東アフリカ、南アジア、東南アジアにまで進出するようになった。それに伴ってイスラム教がこの地域に普及したこともこの地域の一体性をさらに高めた。

また、メッカ巡礼などによって人の移動をもさらに促進することとなる。この地域は、現在でも、世界で最もムスリムが集住する地域となっている。[13]

(4) チョークポイント

地理的な特色として、インド洋は太平洋や大西洋と比較すると閉じた海域であり、少数のチョークポイント[14]を通じてのみ外海に出入りすることが可能である。また、インド半島が北部インド洋をアラビア海とベンガル湾の2つの海盆に分けており、インドをこの大洋の中央に突出させているため、インドに大沿岸国としての特別な位置付けを与えている。[15]

(5) 戦略的な天然資源の存在

インド洋のチョークポイントがとりわけ注目されるのは、ヨーロッパとアジアを結ぶ重要な航路の隘路であること以外に[16]、インド洋地域には豊富な戦略的天然資源があり、それらを主要な消費地に輸送するにはこれらのチョークポイントを経由する必要があるからである。インド洋地域の石油・天然ガス埋蔵量は、双方とも世界の埋蔵量の半分近くを占める。[17]

2015年において、世界の石油およびその他液化燃料の総供給の61%は海上輸送され，そのうち30%はホルムズ海峡を通過する。また、閉鎖されると世界の船舶のほぼ半数が航路の変更を余儀なくされるとも言われるのがマラッカ海峡である。2015年の世界の石油海上輸送量1日当たり58.9百万バレルのうちマラッカ海峡通過分は15.5百万バレル、すなわち約26%となる。[18]ホルムズ海峡とマラッカ海峡を通過する輸送量が際立って多いため、この2つの水路は世界で最も重要なチョークポイントとされる。[19]

さらに、各国の海上輸送依存度に関しては、インドはそのエネルギー消費量の80%を輸入に頼っているとされ、その中心は中近東からの石油の輸入であるので[20]、これらは当然インド洋の海上輸送が中心となる。次に中国は、2016年に石油必要量の約64%、天然ガスの36%を輸入に頼ってお

り、これは、2035 年にはそれぞれ 80％、42％となると試算される。そして、2016 年の石油輸入量の約 80％、天然ガスの 11％はマラッカ海峡を通過している。また、日本の原油輸入の 9 割、液化天然ガスの 4 割がマラッカ海峡を通過するとされる。

中国の胡錦濤主席は、2003 年 11 月に、「いくつかの大国がマラッカ海峡をコントロールしようと躍起になっており、中国は、こうした脆弱性を軽減するために新しい戦略を採用することが必要となった」と述べたとされ、以降この戦略的脆弱性は中国のマラッカ・ディレンマと称されることとなった。このことに示されるように、チョークポイントは、航行上の隘路というだけでなく、戦略上の要衝でもある。こうした認識が、マラッカ海峡を通過しない輸送路として、中国パキスタン回廊、中国ミャンマー石油天然ガスパイプライン実現の重要な動機になったと考えられている。

(6) 最も危険な地域

インド洋は、このように極めて重要なシーレーンを国際公共財として抱えているのにも関わらず、Bouchard 等は、「現状では、インド洋地域は世界で最も問題が多く、危険な地域と考えられるようになっている。」としているが、他の多くの識者も指摘するところである。内戦や戦争、紛争などの発生はこの地域に集中している。また、Bateman は、海洋自体の重要性を指摘し、海洋の抱える問題群として、「平和と安全に脅威を与える領海紛争、気候変動、違法漁業、生息環境の破壊、種の絶滅、汚染、麻薬の密貿易、航路の混雑、基準を満たさない船舶、違法移民、海賊、沿岸コミュニティの崩壊などで、これら全てはインド洋においても顕著である。」とする。また、国連海洋法条約が 1994 年に発効し、域内国は排他的経済水域など沿岸水面に多大な権利を獲得したが、これには、多くの付随する義務が発生する。Bateman は、こうした必要条件を満足させることは、貧困な沿岸および島嶼国にとって重大な挑戦となっていると指摘する。この地域の多くの国々にとっては、ソマリア沖の海賊が顕著な例であるが、自

国の経済水域を保全することすらも難しいのが現状であろう。

1-3　インド洋地域の戦略的重要性

　それでは、このようなインド洋地域に対して、今世紀に入って Berlin や Bouchard 等はどのような戦略的重要性を見出したのであろうか。まずは、域内主要諸国を取り巻く環境変化とそれに伴うこれら諸国の基本的方向性の転換である。

　アフリカの大国南アフリカの、1991 年のアパルトヘイトの廃止とその後の国際社会への復帰がインド洋地域に脚光が当たる１つのモメンタムになったことが挙げられる[(28)]。環インド洋地域協力連合（IOR-ARC: IORA の前身）の 1997 年の設立は、1995 年の南アフリカ・マンデラ大統領が訪印の際に、インド洋地域協力を提案したことが端緒とされる[(29)]。

　２番目に、インドの経済の自由化とその後の台頭であろう。インドの台頭はそれだけで世界の関心をインド洋に向けさせるだけでなく、Berlin[(30)] は、インドと関係を深めようとする、あるいは、インドの台頭を牽制しようとする諸国のインド洋への関心を増大させると述べ、北京は、ニューデリーに対抗しようとする特別の動機を持つであろうとする。その特別の動機とは、中国の貿易にとってインド洋が重要であること、そして、インドが国境紛争での敗退を戦略的優位性があるインド洋で挽回しようとして、中国の国益に対抗する措置を取るのではないかと考えているからであるとする。実際、インドの台頭と中国の大国化によって、印中間の競争がインド洋地域の戦略的環境を規定する大きな要因になっているように見受けられる[(31)]。

　３つ目はオーストラリアであるが、オーストラリアは、1994 年以来数度にわたりルック・ウェスト政策を打ち出しているが、2010 年には、将来にわたるインド洋地域の政治的、戦略的重要性にも着目した上で、これまでの米との関係、東アジアとの関係と並んで今や西方を見なければならない

とし、オーストラリアによるインド洋地域への積極的関与が図られるようになった。さらには、2014年になると、インドネシアのジョコ・ウィドド大統領がその外交政策ドクトリンにおいて、太平洋とインド洋を結びつける中心点を目指すとの方針を打ち出して注目された。

　このように域内国、さらには域外国が注目する第一は、前述のとおり、極めて重要な海上交通路、シーレーンの存在、そして、エネルギー安全保障上の重要性であろう。さらには、重要であるにも関わらず、「最も危険な地域」とも称されるように、その海洋安全保障ガバナンスの制度化が他の大洋地域と比べて最も遅れており、早急な対応が求められているのである。従来、米がシーレーンの安全という国際公共財をインド洋においても提供していたわけであるが、この地域をカバーする米の統合軍制度が3つに分割されており、必ずしも整合的な取り組みがなされていない。さらには、インドの興隆と中国のこの地域への関与の増大によって生起された大国間競争による不安定化が指摘され、既存の体制が動揺していることがある。新たな海洋安全保障レジームの確立が必要となっているのである。

　しかし、この海洋安全保障レジームは、伝統的な軍事的安全保障だけではなく、海賊、国境を超えた人身売買、麻薬の密貿易、水産資源を中心とする食糧安全保障などいわゆる非伝統的安全保障問題の重要性が増大していること、さらには、海洋の環境保全の重要性が後述のとおり注目を集めていることから、これらをも含めた総合的な海洋安全保障の制度設計が求められていると考えられるのである。

　この面では、国連サミットによって合意された2030年を目標とする持続可能な開発目標（Sustainable Development Goals（SDGs））の第14目標として、「海洋・海洋資源（the oceans, seas and marine resources）を保全し、持続可能な形で利用する」が採択され、海洋への取り組みがさらに注目されることも挙げられよう。また、こうした背景から注目を集めているのが、海洋環境の持続可能性を前提として海洋開発に取り組むブルーエコノミーである。後述するように再活性化しつつあるIORAの中心的

な重点方針の一つとなっているのもこのブルーエコノミーである。

　また、ブルーエコノミーは、海洋環境の持続可能性を前提としたものであることから、海洋の生態系の保全を前提とした取り組みとなる。そして、海洋の生態系は、保全の対象となる種や事象によって多層的なものであるが、ほぼ必然的に国境を越える。このため、この面でも多国間の海洋ガバナンス体制の確立が求められるのである。

　そして、最後にこの地域への成長期待が挙げられよう。先ほどインドの興隆をあげたが、興隆しつつあるのはインドだけではない。例えばバングラデシュの2005年以降2016年までの年平均実質GDP成長率は6％を超え、2015年に低所得国から中所得国となった。また、南アジア地域全体としても、1990年以降、どの5年間をとっても年平均実質GDP成長率は他のどの地域よりも高く1990〜2016年平均で6.2％である。絶対的な経済規模は未だ北東アジアの18％弱であるが、それでも東南アジアよりも大きい。また、すでに人口規模では、2004年に北東アジアを抜き、2015年に北東アジアの13億3,000万人に対して、南アジア18億2,000万人。また、北東アジアの総人口に占める労働人口の比率は少子高齢化によりすでに2010年にピークに達しており今後とも急速に減少していく、また、東南アジアは2020年がピークであるのに対して、南アジアでは2040年まで上昇が続くため、当面人口ボーナスが期待できる。さらにその先にサブサハラアフリカがあり、国連の推計によれば、2100年にその人口は40億人に達するとされる。また、2015年のインド洋地域の総人口は、29.9億人で、世界人口に占める割合は40.5％であるが、これが2080年には49.4億人、45.5％のピークに達することが推計される。このような人口動態とそれらの経済に及ぼす影響を考慮するならば、世界経済に占めるこの地域の重要性は、あるいは消費地として、あるいは生産基地として、今後格段と高まることが見込まれよう。

図1　地域別年平均 GDP 成長率の推移（%）

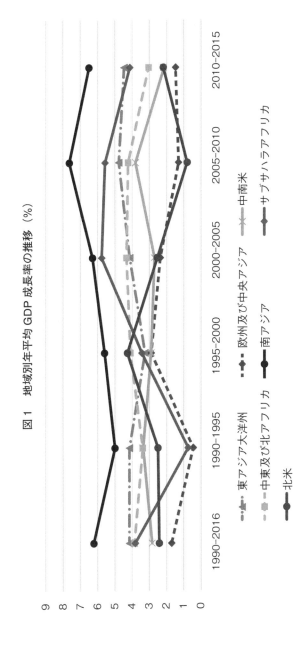

(出所) 世界銀行 Development Indicators data base より筆者作成。

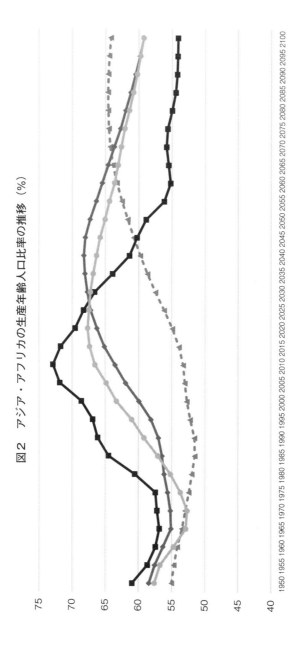

図2 アジア・アフリカの生産年齢人口比率の推移 (%)

1950 1955 1960 1965 1970 1975 1980 1985 1990 1995 2000 2005 2010 2015 2020 2025 2030 2035 2040 2045 2050 2055 2060 2065 2070 2075 2080 2085 2090 2095 2100

▲ サブサハラアフリカ ■ 北東アジア ◆ 南アジア ● 東南アジア

(出所) UN Population Division World Population Prospects: The 2017 Revision より筆者作成。

1−4　地域機構の現状

(1) 限られた広域地域機構の存在

　前に述べたとおり、この地域の広域の政府間機構・制度は、極めて限られており、IORA、インド洋海軍シンポジウム（Indian Ocean Naval Symposium（IONS））、前出の国連海事・海洋法部が認識する唯2つの地域協定であるインド洋まぐろ類委員会の設置に関する協定によって設立されたインド洋まぐろ類委員会そして南インド洋漁業協定程度であろうか。

　このうち、IONS は、インドのイニシアチブにより 2008 年に発足した各国海軍高官が海洋安全保障協力に関する意見交換を行う 2 年に一度のフォーラムである。メンバーは 35 のインド洋沿岸国（付属海を含む）。オブザーバーは日中独露西伊蘭および域内国のマダガスカル、マレーシアの9 カ国。

(2) IORA

　IORA は、インド洋沿岸国およびインド洋島嶼国 21 カ国からなる憲章に基づく政府間機関である。基本原則として、内政不干渉、コンセンサスによる意思決定を謳う。対話国は、日米中英独仏およびエジプトの 7 カ国。最高意思決定機関は、年 1 回開催される閣僚評議会（外務大臣会合）であり、議事進捗のため高級実務者会合（Senior Officials Meeting）が年 2 回開催される。議長国は 2 年毎の回り持ちである。事務局はモーリシャスに置かれており、事務局長以下 4 名の局長および 6 名程度の専門スタッフおよびインド洋学議長（Chair in Indian Ocean Studies）、現地サポートスタッフから構成されている。また、メンバー国の提案に基づいて設立された専門機関として、漁業支援ユニットがオマーンに、科学技術移転地域センターがイランに設置されている。

　IORA の歴史的経緯は表 3 のとおりである。2017 年に 20 周年を記念して初めてのサミットが開催されたものの、サミットの定期開催が決まった

わけではない。これを同じ広域の地域機構である APEC と比べると、APEC は 1989 年創設で 1993 年初のサミットが開催され、今では年次化されている。また、19 の大臣級会合が、開催頻度は各分野によって異なるものの、常設化されており、2 つの高級実務者レベル会合およびその下に常設の 5 つの委員会が設置されている。他方、IORA が政府間合意による憲章（charter）に基づく機構であるのに対し、APEC は閣僚級レベル会合の宣言（declaration）に基づくものに過ぎない⁽⁵⁴⁾。しかしながら、APEC は会議ごとに多数の宣言や合意がなされるのに対し、IORA のそれはかなり限られており、しかも、宣言が現れるのは近年になってからである。また、それらを支える事務局は、APEC の場合、シンガポールに常設の事務局を置き事務局長以下 6 名の局長級職員および 40 名の専門スタッフが所属している⁽⁵⁵⁾。これらの点を比較すると IORA の制度化は未だ未成熟と言わざるを得ない。

　しかしながら、近年になって、その活動が活発化していることは、確かである。Weigold は、「東アジアの経済危機後、関係国の IOR-ARC への関心は、衰えていった」と述べた後、「機構は、インドが議長国となった 2011 年及びオーストラリアが 2013 年に議長国となり、名称も IORA に改称されて再活性化した」と述べる⁽⁵⁶⁾。確かに、この頃になると分野別大臣会合が開催されたり、あるいは、閣僚評議会コミュニケだけでなく、各種宣言や覚書が合意されるようになる。また、2015 ～ 2017 年のインドネシアの議長国期間には、インドネシアが ASEAN での経験をもとに IORA の制度化を促進しようとする傾向も見られ、初のサミットの開催、ジャカルタ協和宣言（Jakarta Concord）や IORA 2017-2021 行動計画が採択されている⁽⁵⁷⁾。

　こうした活発化の端緒となったのが、2011 年の 6 つの新しい優先分野の採択である。これらの 6 つの分野は、2014 年改訂の憲章にも記載されており、それらは、(1) 海洋安全・安全保障、(2) 貿易投資促進、(3) 漁業管理、(4) 防災、(5) 学術、科学技術協力、(6) 観光および文化交流であ

表3　IORA年表

1995年	南ア・マンデラ大統領は訪印の際に「歴史的地理的事実による自然な要請は、社会経済協力のためのインド洋沿岸という概念にまで広がるべきである」*と提案。モーリシャスにてインド洋沿岸イニシアチブのための専門家会合が初開催される。
1997年	モーリシャスにおいて第一回閣僚評議会が開催され、この年が設立年とされる。また、機構としての憲章を採択**。なお、当時の名称は、環インド洋地域協力連合 (Indian Ocean Rim-Association for Regional Cooperation IOR-ARC) であり、当初の加盟国は、豪、印、インドネシア、ケニヤ、マダガスカル、マレーシア、モーリシャス、モザンビーク、オマーン、シンガポール、南ア、スリランカ、タンザニア、イエメンの14カ国。
1999年	新たに5カ国（バングラデシュ、イラン、セイシェル、タイ、アラブ首長国連邦）が加盟、さらに、対話国として、エジプトと日本が加わる。
2000年	閣僚評議会は、2年に一度から年次会合となる。英中が対話国に。
2001年	仏が対話国に。
2006年	関連諸活動や調査研究の予算補填に用いられる特別基金を設置。高級実務者会合を年2回開催することとし、翌2011年から実施。
2011年	6つの優先活動分野（海洋安全・安全保障、貿易投資促進、漁業管理、防災、学術、科学技術協力、観光及び文化交流）を決定。
2012年	コモロ共和国がメンバーに、米が対話国となる。
2013年	IORA に改名。初めて貿易投資に関する大臣会合が開催される。さらに、初となる外相宣言が「インド洋とその資源の平和的、生産的、持続可能な利用のための原則」として発出された。また、閣僚評議会は、女性の経済社会進出を分野横断的な重点事項として合意。
2014年	初の再生可能エネルギー、観光に関する大臣会合がそれぞれ開催される。また、メンバー国は、「インド洋地域における捜索救難サービスの調整と協力に関する覚書」に合意。さらに、ブルーエコノミーが重点分野として合意される。ソマリアが加盟。「インド洋対話」が1.5トラックの対話の場として、初開催（以降毎年開催される）。
2015年	初のブルーエコノミー大臣会議が開催される。独が対話国に。
2017年	設立20周年を記念して初の首脳会議が開催される。また、同首脳会議において、ジャカルタ協和宣言、IORA アクションプラン2017-2021、「テロ及び暴力的な過激主義の予防と対策に関する宣言」が合意される

＊　IORA の Milestones は、この1995年のマンデラ大統領の提案の記載から IORA の歩みを列記しているが、その前史とみられる経緯については、本文脚注(29)参照。
＊＊　憲章は、その後、2010年、2014年に改訂。
（出所）IORA ウエッブ・サイトの Milestones を中心に筆者作成。

⁽⁵⁸⁾る。当初の優先分野が経済および人的開発を中心としているのに対し、新⁽⁵⁹⁾しい重点分野では、海洋安全・安全保障が筆頭に入っており、経済のみならず安全保障分野での協力が視野に入ったことになる。2013年のコミュニ⁽⁶⁰⁾ケでは、海洋安全・安全保障分野の対象として、海上交易、公海の自由への脅威、国際海洋法条約の遵守、船員の安全をあげ、さらには、後段において、IORAの海洋安全・安全保障及び防災の分野では文民、非文民双方の局面で、IONSのイニシアチブと可能な限り補完的に活動することが重要と述べられており、注目される⁽⁶¹⁾。

　さらに、2013年コミュニケでは、女性の経済社会進出がIORAの高い優先分野であるとされ、2016年には、「性の平等と女性の経済社会進出宣言⁽⁶²⁾」が合意されている。また、2014年にはブルーエコノミーの強化が謳われ⁽⁶³⁾、それは、2017年のジャカルタ・ブルーエコノミー宣言⁽⁶⁴⁾などによって再確認されている⁽⁶⁵⁾。

　こうした重点分野については、IORAの整理によると、6つの優先分野（priority areas）、2つの中心分野（focus areas）として、憲章記載の優先分野とその後に追加された2つを区分している⁽⁶⁶⁾。

　そしてこのような近年の進展にさらにもう一歩を加えたのがジャカルタ協和宣言であろう⁽⁶⁷⁾。同宣言は、初の首脳会議で合意されたものである。これは、第一回ASEAN首脳会議が開催された際に打ち出され、その後のASEAN協力の基礎となったASEAN協和宣言（1976年）を彷彿とさせる。インドネシアがかつての自らのイニシアチブを擬したものと思われる。内容的には、6つの優先分野の内容の明確化が行われ、また、分野横断的な課題として、2つの中心分野に加え、初めて、「民主主義、グッド・ガバナンス、汚職撲滅および人権と基本的自由の促進・保護の文化を促進するための協力の強化」が謳われている。また、国連海洋法条約について、「海洋の憲法である」同条約を含む国際法に基づく公海における航行の自由と領空通過の自由が明記され、首脳レベルで確認された⁽⁶⁸⁾。そして、IORAの諸制度の強化が謳われ、事務局への追加的な資源の投入、専門機

関の役割の強化が明記された。こうした IORA の制度化の促進について
は、同時に採択された行動計画の短期の課題として、優先分野および中心
分野各分野におけるワーキンググループやコアグループの創設や既存の専
門機関の強化、また、短中期において複数の新たな専門機関の創設の検討
が謳われており、今後の制度化のより具体的な方針が示されている。⁽⁶⁹⁾

1-5　インド洋地域主義の現状

　以上見たように、IORA が再活性化されつつあるわけであるが、それで
は、インド洋地域に地域主義と呼べるようなものがあるのであろうか。
IORA の現状を見る限り、あるとしても、その端緒についたに過ぎないと
見られる。Brewster は、IORA が有効な機関となるのには多くの弱点を抱
えているとし、その中でも、まず、インド洋をただ単に大洋としてではな
く地域として創出することは不可能ではないにしても、（APEC の成功を
例に挙げつつ）、域内の有力国の多大なイニシアチブを要すること、第 2
に、加盟国のほとんどが開発途上国であり、経済的制度的に脆弱である、
そして、第 3 に、パキスタンや、ミャンマー、サウジアラビアなど有力国
が非加盟であり、必ずしも地域を代表しているわけではない点を挙げる。
しかし、同時に、IORA は汎インド洋の唯一の政治的なまとまりであり地
域にエンゲージする際の重要なツールであり続けるであろうとする。⁽⁷⁰⁾

　Bouchard は、IOR-ARC の創設をもって新しい広域地域主義の出現とす
るが、合わせて、インド洋地域は、関係国による複雑なパズルと考えられ
るべきであるとし、これら諸国は、多層的な時空間の中で相互作用を行っ
ており、その結果、インド洋地域は（太平洋、大西洋からの）残余かつ開
かれた地政学システムとなっており、そこでの最も顕著な利害関係は、域
外の大国の国益に関わるものとなっていることを指摘する。⁽⁷¹⁾

　Mohan は、インド洋が注目される現状を、1960 年代後半のイギリスに
よるスエズ以東からの軍事的引き上げに例える。当時は同じアングロサク

ソン勢力である米が相対的に円滑にインド洋の安全保障を引き継いだわけであるが、米中印をめぐる今次の権力の移行は、より長期にわたり、大きな不確実性によって難しいものとなるであろうとする[72]。他方、Berlin は、インド洋が注目されるのは、冷戦時代の米ソのこの地域での角逐以来であるとした。

　インド洋が今再び大国間の角逐の場となりつつあることは、ほぼ共通した認識になりつつある。また、広域地域を扱う制度整備が遅れ、非伝統的な安全保障問題を含めて最も危険な地域とも認識される。域内諸国にとっては、大国間の勢力争いを抑制し、安全で平和な海を構築していくことは共通の課題であり地域として取り組むモチベーションとなりうるであろう[73]。この意味で、近年、IORA が再活性化され、制度整備が進みつつある状況が注目される。インドネシアの Natalegawa 外相（当時）は、2013 年に、インド太平洋を対象としてではあるが、友好協力条約の締結を提唱した[74]。インドネシア現政権も東アジアにおける ASEAN 主導のメカニズムとインド洋の IORA を通じて、東アジアとインド洋で域外の大国に左右されない自主性を確保しようとする動きを示していることには変わりがないように見える[75]。また、IORA 加盟国とその対話国を合わせれば域外の主要な利害関係諸国をも巻き込んだ上で意見交換を行うことが可能であり[76]、IORA の意義を高めることになろう。

　一方、IORA は、もともとは、APEC に範をとって開かれた地域主義により貿易の自由化を進めることが当初の目的であったのであるが、この面での取り組みは必ずしも進んでいるとは言えない。経産省によれば、IORA 加盟国間（ただしソマリアを除く）の域内貿易比率は、2012 年に30％に迫るとのことであり[77]、ASEAN の域内貿易比率が 2015 年でも 24％[78]であることから、地域貿易協定がなく、かつ、途上国を中心とする加盟国という点を考えれば決して低い数字ではない。しかしながら、国別の域内貿易比率を見てみると、域内輸出比率、輸入比率何れにしても、ASEAN諸国間、南アと周辺国、対インドで域内貿易比率が著しく高く、それ以外

の諸国間と比べて大きく偏りが見られる。ジャカルタ協和宣言およびアクションプランにおいても、貿易・投資分野ではほとんどお題目が唱えられているに過ぎないように見える。

　その一方で、ブルーエコノミーについては、強い期待を寄せている様子がうかがえる。SDGs の第 14 目標として Oceans が採用され、海洋に注目が集まっていること、このため、域外国からの資金の活用も視野に置くことができること、域内の島嶼国にとっては地球温暖化による海面上昇への対処は何れにしても喫緊の課題であること、さらには、インド洋の「魚類と水生食糧源はすでに持続可能な最大漁獲水準に達しているか、超えている、あるいは、すぐに到達する、のいずれか」にあるとされ、今後とも人口の増加が見込まれる域内国の食糧安全保障にとって、公海を含めて国境を越えた生態系に基づく広域管理が喫緊の課題となりつつあることも挙げられよう。

　以上見てきたように、インド洋地域については、海洋を中心として、伝統的安全保障、非伝統的安全保障、環境保全、資源管理とどの面を取っても、差し迫るガバナンスの強化の必要性を指摘することが可能である。また、長期を見据えれば、これらに加え、貿易投資についても同様であろう。その意味で、地域主義の潜在的な基盤はあると考えられ、その場合唯一の汎インド洋の地域機構である IORA がその地域主義の担い手として有力な選択肢となろう。が、IORA が一定程度の実効的影響力を行使する準備ができているとは言い難い。当面は IORA の制度化と並行して、各部分地域や部分地域間、機能主義的な協力などアジア太平洋と同様に錯綜した「地図」が描かれ続けるであろうものと見込まれる。

❷ インド太平洋の地域としての政策的妥当性

2−1　東アジアと南アジアの一体化

　以上、地域主義と地域安全保障の両面から、インド太平洋ないしは拡大されたアジアにおける様々な地域の展開を見てきたわけだが、地域の政策的重要性の増大、中でも安全保障化の観点から一体化する東アジアと南アジアは、戦略的にも、また、経済的にも極めて重要な地域であることは間違いないであろう。そして、インド洋地域の地域としての戦略的、経済的、環境等の面からの重要性の増大、そしてこの地域のかかえる喫緊の課題を解決するためにも広域の取り組みが必要となっているのである。インド太平洋という枠組みは、あとでも述べるように、このような2つの重なり合う地域のある種の融合と考えられよう。

　さらに、東アジアと南アジアの一体化については、安全保障面のみならず、それを経済的に結び付けようとする多数のイニシアチブが存在する。[84]古くは、UNESCAP（国連アジア太平洋経済社会委員会）によるアジアハイウェイ、アジア横断鉄道がそうであるし、そして、インドのアクト・イースト政策や東アジア地域包括的経済連携（RCEP）、BIMSTEC[85]などももちろんその一部であり、それ以外にも、例えば、日本が主唱して設立された国際シンクタンク、東アジア・アセアン経済研究センター（ERIA）は、東アジアサミットの要請により、Comprehensive Asia Development Plan を二度にわたって提言しているが、[86]最初のレポートでは主に海路によって東南アジアとインドとを結びつけ、5年後の 2.0 レポートでは、海路以外にミャンマーとインド北東部およびバングラデシュを陸路でつなぐ提案を行っている。また、米国政府は、少なくとも 2013 年にインド太平洋経済回廊構想を打ち出しており、[87]これも、ミャンマーとバングラデシュ、インドの陸路での連結性の向上を狙いとしている。さらに、同様陸路を対

象として、中国が主唱する同国とミャンマー、バングラデシュ、インドを結ぶ関係国の頭文字をとった BCIM 回廊構想もある。[88]

　さらに、RCEP の実現によって東アジアの生産ネットワークがインドに波及する[89]、あるいは、東アジアの生産流通ネットワークが南アジアに波及するのは時間の問題であるとの指摘がある[90]。こうした指摘は重要であり、東アジアの生産流通ネットワークが南アジアまで延伸するのであれば、事実その可能性はバングラデシュ、インドの中所得国化によってこうしたネットワークに参加する準備が進んでいるように思われるが、戦略面のみならず経済的相互依存の面でも一体化することとなる。Buzan らにより規定されたアジア超地域安全保障複合体は、アジア安全保障複合体として、単一の複合体となるであろう[91]。そして、そこには、中国、インド、さらには日本が複数の大国として含まれる地域になると考えられる[92]。

2-1　インド太平洋の範囲

　それでは、関係各国は、インド太平洋をどのような地域として構想しているのであろうか。米国は、早くも 2010 年にヒラリー・クリントン国務長官がインド太平洋に言及しているが[93]、最新（2017 年）の国家安全保障戦略では、インド太平洋をインドの西岸から米国の西岸までと定義している[94]。これは、2018 年 3 月に名称が太平洋統合軍からインド太平洋統合軍に改められた米国の統合軍制度の守備範囲と同様である[95]。豪州は、Medcalf が世界で初めて公式にインド太平洋を定義したとする『2013 年防衛白書』では、「インドから東南アジアを通って、北東アジアまで」としていたが[96]、2017 年の外交白書では、「東インド洋から太平洋、それは東南アジアによって連結されており、インドと北アジア（北東アジア［筆者注］）、米国を含む」としており、米国の定義と同様になった[97]。中国は、インド太平洋という考え方に懐疑的であるともされるが、それを一帯一路イニシアチブの海のシルクロードの範囲と考えれば、東アジア大洋州からアフリカ東岸

までとなろう。そしてそれは、中国インドシナ半島回廊、BCIM 回廊、中国パキスタン回廊、地中海によって陸のシルクロードと連結されることになる。インドの場合、前述のとおりインド太平洋への言及は 2012 年ごろからである[(98)]が、モディ首相は、2018 年 6 月のシャングリラ・ダイアログのキーノート・スピーチで積極的にインド太平洋に触れ、インドの考えるインド太平洋地域のビジョン[(99)]を示すとともに、インド太平洋地域として、「アフリカの岸辺から南北アメリカ大陸の岸辺まで」と言及しており、米国を含めたインド太平洋地域との考えを示している[(100)]。

それでは、日本の場合にはどうであろうか。2007 年に安倍首相が 2 つの海の交わりと述べたときにはその対象を「拡大アジア」としており、続いてこの「拡大アジア」の両端に位置する両国（日本とインド）としているので、「拡大アジア」として南アジアを含むアジアを想定していたものと思われる[(101)]。そして、日本として 2016 年に公式に「自由で開かれたインド太平洋戦略[(102)]」として打ち出した際には、アジアと中東、アフリカ東岸との間の連携を主対象にした。また、この概念は 2017 年にトランプ米政権と共有されることによって、米国をも含む範囲となったであろう。その意味で、日本の描くインド太平洋の地図は、インドと同様にアフリカ東岸から太平洋東岸までと米豪あるいは中国などと比べてかなり広い地図となるかもしれない。

もっとも、環インド洋と環太平洋をカバーする地域としてインド太平洋を捉えるのはインドネシアも同様である。インドネシアは、前述のとおり2013 年に当時の Natalegawa 外相がインド太平洋に言及しているが、前掲の 2018 年外務大臣年頭プレス・ステートメントで Marsudi 外相は、前記のとおりのものとしてその範囲を明示し、インドネシアは、ASEAN とともにインド太平洋における積極的で強力な協力を促進することに貢献するとしている[(103)]。また、インドネシアのこうした意向をも反映して、ASEAN 外相会議の場でインド太平洋地域の地域アーキテクチャーの構築に向けて話し合うことに合意したとされている[(104)]。

このように、インド太平洋については、未だ複数の地理的範囲が構想されており、定まったものではない。また、その意図するところが、中国が懸念するように、中国の封じ込めにあるのか否かが1つの焦点となろう。それは、伝統的な地政学が信奉する「ハートランドを支配するものが世界島を支配し、世界島を支配するものが世界を支配する」というマッキンダーの言説から、かつてのユーラシアの中心地帯（ハートランド）を支配しようとするロシアを、一帯一路イニシアチブでユーラシアの情景を一変させた中国に置き換えて、あるいは、中国とロシアの連携に対して、それを封じ込めるためには、リムランド（ユーラシアの沿岸地帯）が重要であるとするスパイクマンに代表される地政学の言説にのっとったものであろう。[105]

　しかしながら、地域安全保障複合体論でいうように、それが敵対的関係であるのか、レジームであるのか、あるいは、コミュニティであるのかは別として、中国を含まない地域は考えられないであろう。それは、経済においても同様である。

2-3　超地域としてのインド太平洋

　他方、むしろ問われるべきは、米国が地域の一員であるかどうかである。Buzanは、地域という概念でインド太平洋を考えるのは、ナンセンスであると述べている。そしてそれは、長期にわたる米国の反地域的な外交戦術であるとする。[106] Buzanはアジア太平洋についても、それが広大な海洋をまたぐものであることから、地域として考えることに懐疑的であるが、[107] 地理的にはおよそ地域の一員とは考えられない米国が、アジア太平洋において、あるいは、大西洋において、あるいは、汎米主義においてあたかも地域の一員であるかのように見なされるのは、米国による地域超越プロジェクトを通じてその位置づけが制度化されているからであるとする。そして、このプロジェクトとは、地域超越経済統合と相互防衛・安全保障協

定の強力な合成によって成り立っているとする。そして、地域レベルとグローバル・レベルを曖昧にすることは、米国が唯一のスーパーパワーとしての地位を保つため（米の影響力の及びにくい地域統合が出現することを阻止するためなど）の重要なツールであるとするのである。[108][109]

　しかし、アクターとしての米の存在を抜きにしてインド太平洋を構想することも有意義とは思われない。Goh は、東アジアの地域秩序を階層的秩序とし、ヘゲモンとして関わる米、大国としての日中、その他の諸国という三層構造を提唱しているが[110]、米国をインド太平洋地域に位置付ける場合にも同様にスーパーパワー（ヘゲモン）として地域超越的に関わっていると考えるのが妥当であろう。他方、Medcalf は、多分に Buzan の議論を意識して、インド太平洋は、「超地域（super region）」として理解するのが最も分かりやすいとする。そして、「超地域」とは、外枠や明確な下位地域を定義することが困難だが間違いなくアジアを中核とすると述べる。また、地図の線より重要なことは、この地域をまとめ始めている制度化の原則が大国と新興国の経済的、戦略的相互作用にあるので、地理的に周辺にある諸国（マダガスカルなどをあげる）は、そうした諸国が、インド太平洋の主要な大国である中国、インド、米国の国益が交差する際にどの程度の役割を演ずるかによってインド太平洋のプレイヤーとしてカウントされうるであろうとの意見を述べるのである。[111]

　しかし、この「超地域」、あるいは、アジア（東アジア＋南アジア）を中核として広がる周辺の曖昧な拡大アジアとも呼べるであろうか、は、中国を封じ込めるのではないにしても、中国に部分的にしろエンゲージする場として構想されていることは間違いないであろう。それは、インド太平洋を主唱する各国首脳が、インド太平洋に冠して、自由で開かれた、民主義的な、法の支配、航行の自由といったキーワードを掲げており、これらは十分に中国を意識していると思わざるを得ないのである。

　なお、超地域という観点からは、インド太平洋に対抗するもう１つの超地域がある。それは、ユーラシアである。Kaplan は、分析的な観点から

は、ユーラシアの超大陸が流動的ではあるが1つのまとまった単位になるとする。そしてそのユーラシアは、緊密に連結されてはいるが弱体化する国家と衰退する帝国からなる地域であるとした。この場合衰退する帝国とは中国やトルコ、イラン、ロシアなどを指し、早晩、中国やロシアの中央によるコントロールは危機に陥るであろうとする。このユーラシアという構想は古典的な地政学と多分に中国の一帯一路イニシアチブによる膨大なインフラ構築の可能性に触発された議論であろう。しかし、中国にとって、最も重要な正面はどこかといえばそれは、米国や日本に相対する太平洋である。そして、次にインドとインド洋であろう。必ずしも西北の砂漠や平原にあるわけではない。⁽¹¹³⁾

ランド研究所のScobell等は、中国は「空城の計（Empty Fortress Strategy）」を発動しているとする。「空城の計」とは、実際には極めて脆弱な状況にあるのにも関わらず、敵対勢力には見せかけの強さをイメージさせる手練の戦略である。この古の中国の戦略で何を言い表そうとしているとかというと、中国の防衛力は太平洋沿岸に集まっており、中国の西方は、ほとんど防衛されておらず、国内の意見の相違や海外からの介入に対して脆弱である。そしてこの脆弱性を覆い隠すために中央アジアに対して自らの力強さのイメージを照射しているとする。さらに、ユーラシアには、前に述べたとおり、弱い結節点あるいは絶縁体としての中央アジアの問題も挙げられよう。⁽¹¹⁵⁾

そして、一帯一路イニシアチブについても、2017年12月にスリランカのHambantota港の経営権が99年間中国国営企業に引き渡されたことに端を発して、明らかに潮目が変わっているように見える。この移譲は、スリランカ前政権による中国債務の無計画あるいは政治的な意図による無謀な依存の結果（識者によっては、中国の「債務の罠」とも呼ぶ）、債務返済が困難となったためであった。この後、多くの国で中国との債務関係の再検討が報じられるようになったが、この出来事は関係国の領土主権にも関わるものであり、内政不干渉と領土主権に強いこだわりを有する途上国

にとっては中国債務への偏重に対する強い警鐘になったものとみられるのである[119]。

2−4　重なり合う複合的な地域空間としてのインド太平洋

振り返ってみると、アジア太平洋では、これまで、様々な地域構想、あるいは地図が提唱され、描かれてもきた。それらは錯綜するメンバー構成による極めて複雑で多層的な構造をもたらすものであった。また、それは、2つのアジアの問題を解決できるものでもなかった[120]。しかしながら、この地域システムは、域内諸国が複数の、メンバー構成の異なる地域制度に所属することによって各国に複数の交差するアイデンティティをもたらす。ある場合には、ASEAN+3の一員であり、ある時には、TPPのメンバーでもある。また、IORAのメンバーでもあるし、そして同時に、東アジア（＋南アジア）の生産・流通ネットワークの一員でもある。このようなメンバーを違えて交差するアイデンティティが、決定的な対立をもたらすような、例えば二陣営への深刻な亀裂を妨げてきたようにも思われるのである。インド太平洋も基本的にこのような状況を踏襲するであろう。

それは、ますます一体化するアジアが複数の大国によって影響力を競い合う地域となりつつも、交差する地域機構のメンバーシップ、地域機構を足がかりにしたミドルパワーの影響力行使、そして経済的一体化による経済の安全保障化によって、極端な不安定化に陥りにくいと考えられるからである。

そしてこの地域には、すでに、安全保障から経済まで首脳レベルで協議する東アジアサミットがある。Medcalfは、インドを含んだ時点でこの東アジアサミットはインド太平洋のサミットであるとしているが[121]、バングラデシュなど、いくつかの国をメンバーとして加え始めることによって、よりインド太平洋サミットしての正当性が高まるであろう。

なお、ASEAN諸国からの言説では、日米印豪の4カ国戦略対話[122]（通称

Quad）が将来的にアジアのNATOとなり中国と対峙するのではないか、また、ASEANの中心性が損なわれるのではないかとの懸念が示され、インド太平洋については静観すべきであるとの意見も述べられている[123]。しかしながら、インドの基本的な立場は、戦略的な自主性であり、必ずしも明示的な同盟には与しないであろう[124]。また、アジア太平洋においては、ASEANは、これまで、東アジアサミットに至る同心円的な地域制度の制度的な中心にあり、それにより国際関係において一定程度の発言権を確保していたのであるが、それが、Quadによって損なわれるというわけである。

翻って、ASEANを見てみると、誰もが気づくように、ASEANは、まさに、豪州の外交白書が指摘するように太平洋とインド洋の結節点にあり、その安定と帰趨は、インド太平洋の安定と発展にとって極めて重要である。ASEANは、これまでも数々の競合する地域機構に対して、地域統合体としての先進性を高め、統合を深化させることによって他との差異化を図り[125]、生き延びてきた。ASEANの中心性を維持しようとしてその場に静止することは、「真下の砂が激しく動こうとしている砂山に屹立しているようなもの以上のものではない」[126]。その面では、ASEANが前述の外相合意を受けて、2019年6月23日に開催された第34回ASEANサミットで「ASEAN Outlook on the Indo-Pacific」文書が採択されたことは特筆に値しよう[127]。また、このようなASEANのインド太平洋に対するイニシアチブを裏書きするものとしてQuadに「Outlook」採択に中心的な役割を果たしたインドネシアを招聘し、Quintet（クインテット）とすることも象徴的な意義があるのであろう[128]。

他方、白石は、ASEANそのものが抱える問題として、大陸ASEAN諸国（ベトナムを部分的であるが重要な例外として）と海洋ASEAN諸国の戦略的指向性に違いが生じていることを指摘する。経済面では、大陸部と海洋部で異なった開発戦略を採用しているとし、特に、大陸部では拡大メコン地域開発による急速なインフラ開発によって、開発戦略をこの拡大[129]

メコン地域の観点から捉えるようになっていることを指摘する⁽¹³⁰⁾。また、安全保障面では、ASEAN としてのまとまった安全保障フレームワーク構築にほとんど進捗がないことであり、これは、南シナ海における中国との領有権紛争に関わる国々とそうでない諸国との間で極めて重要な違いが生じているからであるとする。そして、今後については、地政学と国際政治経済の文脈の変化に対して ASEAN 諸国がその大戦略をどう調整するかによるとする⁽¹³¹⁾。

　仮に、ASEAN が分裂するような事態に至れば、まさに、陸のユーラシア対海のインド太平洋という構図が現実化する引き金となりかねない。東アジアの一体化を経てインド太平洋という超地域の出現、そして、南アジアと東アジアがさらに一体化すると見込まれる状況、すなわち、興隆するインド等南アジアとの連結性をも開発戦略に組み込む必要性が強まる状況に対する ASEAN 諸国の対応が問われているのであり、今後ともその動向を注視する必要があろう。

③ おわりに

　これまで世界は、米国が、唯一のスーパーパワーとして、国際的なルールや規範を設定し、あるいはグローバル公共財を提供し、地域の範囲を定義していたと考えられるわけであるが、その相対的パワーの衰退によって、多地域の世界、すなわち複数の地域世界が並存する世界に向かっているということは、極めて説得力のある見通しのように思われる⁽¹³³⁾。しかし、日本を取り巻くのは、地域として一体化しつつあるアジアという地域であるが、その地域は、ほかの地域にはない特色として、1つの地域に複数の大国が所属していることがある。日中そしてインドも今や大国としてカウントできるであろうが、その大国とは、定義からして、複数の地域に影響力を行使しうる能力を有する国であるので⁽¹³⁴⁾、その影響力の範囲は地域を超える。複数の域内大国の重複する影響力の行使によって近隣地域と地域間

レベルで強い相互関係が生ずる。さらに、相対的に衰退しつつあると見なされるとはいえ唯一のスーパーパワーが介入することによって、さらには、そのスーパーパワーにグローバルなレベルで挑戦しつつある中国の存在によって、グローバル・レベルとの境目も曖昧となり、これらが合わさって、超地域としてのインド太平洋地域があると考えられるのである。また、ASEANやミドルパワーの重要性もインド太平洋という枠組みを維持する上でも見落としてはならない。

　この超地域は、アジア地域と近隣地域との間の強い地域間レベルの連結によってもたらされる戦略的、政治経済的な結合体であり、アジア太平洋でもなく、東アジアでもなく、インド太平洋という枠組みが、今後の世界の趨勢を占う中心的な舞台として登場してきたのであり、それをどう具体的に構想するかは、この地域の主要な一員と考えられる我々の責務でもあろう。

　注
（1）本章は、豊嘉哲編『リレー講義　アジア共同体の可能性』芦書房（2019年）
　　　第3章「多地域の世界とインド太平洋（一）─政策単位としての地域を考える」、
　　　第4章「多地域の世界とインド太平洋（二）─インド太平洋における地域形成の
　　　系譜」とともに構想された筆者の「多地域の世界とインド太平洋」三部作の最
　　　終章をなしており、前掲書第3章では、地域概念としてのインド太平洋を考察
　　　する前提として、国境を超えた地域とは何かについての理論的展開を検討し、
　　　アジアを捉えるには地域主義論と地域安全保障複合体論の双方を総合して考察
　　　することが必要であることを提唱している。前掲書第4章では、地域を考える
　　　際の1つの基礎となる近隣国認識について日中印それぞれの近隣国認識の展開
　　　を検討した上で、地域安全保障複合体論で見た地域展開、地域主義論で見た地
　　　域展開のうちの環太平洋と東アジアにおける展開について議論している。これ
　　　ら議論の詳細については前掲書関連各章を参照されたい。なお、一連の拙著で、
　　　東アジアは、北東アジアと東南アジアからなる広義の東アジアを指すものとし
　　　ている。
（2）同連合の概要については後述。
（3）United Nations Division for Ocean Affairs and the Law of the Sea, "INDICA-

TIVE LIST OF REGIONAL TREATIES,"

　http://www.un.org/depts/los/biodiversity/prepcom_files/Indicative_list_of_
regional_treaties.pdf, Accessed: June 6, 2018 によれば太平洋地域を部分的にも
カバーする多国間協定数は 12、大西洋地域 11 に対してインド洋地域 2 条約と
なっている。なお、南北アメリカ周辺地域を包括的にカバーする協定や大西
洋・地中海、黒海をカバーする広域の協定については、それぞれ太平洋 1、大
西洋 2 協定としてカウントした。

（4）Berlin, Donald L. (2002), "Neglected no longer Strategic Rivalry in the Indi-
an Ocean," Harvard International Review, Summer 2002.

（5）Bouchard, Christian (2004), "Emergence of a New Geopolitical Era in the In-
dian Ocean: Characters, Issues and Limitations of the Indianoceanic Order,"
Manuscript proposed for chapter 4 (Dennis Rumley and Sanjay Chaturvedi
(Eds.), Geopolitical Orientations, Regionalism and Security in the Indian
Ocean), Bouchard, Christian and William Crumplin (2010), "Neglected no lon-
ger: the Indian Oean at the forefront of world geopolitics and global geostrate-
gy," Journal of Indian Ocean Region, Vol. 6 No. 1, June 2010 など

（6）Kaplan, Robert D. (2009), "Center Stage for the Twenty-first Century Power
Plays in the Indian Ocean," Foreign Affairs, Volume 88, Number 2, Kaplan,
Robert D. (2010), "Monsoon: The Indian Ocean and the Future of American
Power," Random House など。

（7）Bouchard and Crumplin (2010).

（8）なお、同じ定義を用いると太平洋地域は 48 カ国・地域（太平洋沿岸国 36 カ
国・地域、付属海沿岸国 10 カ国、太平洋内陸国 2 カ国）

（9）Bouchard and Crumplin (2010).

（10）Ministry of External Affairs of India 発表の資料 Population of Overseas Indi-
ans（2016 年 12 月基準）をもとに筆者算出。最も印僑の人口が多いのは、マ
レーシアの 274 万人、次いでミャンンマー 200 万人、スリランカ 160 万人、南
アフリカ 150 万人など。一時居住者は、サウジアラビア 305 万人、アラブ首長
国連邦 280 万、クェート 92 万人など。

（11）Mohan, C. R.(2010), "The Return of Raj", The American Interest, May–June
2010.

（12）石澤良昭、生田滋、『東南アジアの伝統と発展』世界の歴史 13、中公文庫、
2009 年。

（13）Pew Research Center(2012), "The Global Religious Landscape: A Report on

112

the Size and Distribution of the World's Major Religious Groups as of 2010,"

(14) Energy Information Administration of US Government（EIA）（2017），"World Oil Transit Chokepoints," によれば、「チョークポイントとは、広く利用されるグローバルな海洋交通路上の狭隘な水路で、……世界のエネルギー安全保障にとって決定的に重要な意味を持つ、なぜならば、これらの狭隘な水路を通って相当量の石油および液化燃料が輸送されているからである。」。インド洋のチョークポイントとしては、ペルシャ湾からアラビア海に抜けるホルムズ海峡、インド洋と南シナ海を結ぶマラッカ海峡、スエズ運河、紅海とアデン湾を分けるバブ・エル・マンデブ海峡など。それとチョークポイントではないが、スエズ運河の代替航路であり、海の難所である南アフリカの希望峰沖も戦略上の要所としてあげられることも多い。

(15) Bouchard and Crumplin（2010）．

(16) IORA ホームページによれば、インド洋のシーレーンは、世界の半分のコンテナ船、世界の 3 分の 1 のバラ積み貨物、世界の 3 分の 2 の石油搬送を行っているとされるが、後述の EIA の統計と一定程度整合的と見られる。

(17) BP Statistical Review of World Energy June 2017 から算出。なお、いずれもインド洋地域の中近東諸国がそのほとんどを占める。

(18) EIA（2017）．

(19) EIA（2017）．

(20) Albert, Eleanor（2016），"Competition in the Indian Ocean," Foreign Affairs, Backgrounder, https://www.cfr.org/backgrounder/competition-indian-ocean Accessed: May 14, 2018.

(21) 拙著前掲、2019 年、第 4 章のインドの近隣政策の節で見たとおり、これは、2040 年には 90％まで高まると予測されている。

(22) US Department of Defense（2017），"ANNUAL REPORT TO CONGRESS Military and Security Developments Involving the People's Republic of China 2017,"

(23) 豊田政和「激変するエネルギー情勢と『石油産業の発展の方向性』」一般財団法人日本エネルギー経済研究所、2016 年。

(24) Storey, Ian（2006），"China's "Malacca Dilemma"," China Brief Volume: 6 Issue: 8.

(25) Bouchard and Crumplin（2010），Bateman, Sam（2016），"Maritime security governance in the Indian Ocean region," Journal of the Indian Ocean, Vol. 12, No. 1, Brewster, David（2018），"The taming of the west," 30 April 2018, the in-

terpreter, Lowy Institute.

(26) Bateman（2016）.

(27) Bateman（2016）が指摘するのは、国法を執行する海洋法遂行能力、救難など
の海洋安全サービス、海洋環境保全（海洋汚染の予防除去、保護海域や海洋公
園の運営などを含む）、航行支援サービス、船舶船員保護サービス、海洋科学探
査および海洋測量、生物資源・非生物資源の探査・採掘などを含む海洋資源管
理などである。

(28) Bouchard and Crumplin（2010）, Rumley, Dennis（2015）, "The emerging In-
dian Ocean landscape: security challenges and evolving architecture of cooper-
ation-an Australian perspective," Journal of the Indian Ocean Region, Vol. 11,
No. 2.

(29) IORA ウェッブサイト参照。ただし、その前史として、1993 年の南ア外相のイ
ンド訪問の際に、環インド洋貿易圏構想を提示（須藤裕之（2002）「環インド洋
地域経済圏の形成とその意義について（1）」名古屋文理大学紀要 第 2 号）、1994
年にモーリシャスが「an Indian Ocean rim association」の設立を提案（The
Senate of Australia（2013）, "The importance of the Indian Ocean rim for Aus-
tralia's foreign, trade and defence policy," the Senate Printing Unit, Parliament
House, Canberra）などの経緯があったとみられる。

(30) Berlin（2002）.

(31) これと米を合わせた 3 カ国の動向がインド洋の安全保障環境を決定するであ
ろうとするのが大方の考え方である。

(32) Rudd, Kevin（2010）, "Speech at University of Western Australia: Australia's
foreign policy looking west," 12 November 2010, Minister for Foreign Affairs of
Australia.

(33) Witular, Rendi A.（2014）, "Presenting maritime doctrine," November 14,
2014, The Jakarta Post.

(34) 例えば、ソマリア沖海賊の場合には国連決議に基づく米を中心とする域外国
による有志連合軍などが対策に当たっている。

(35) 米の統合軍制度によると、インド洋は、太平洋とインドまでのインド洋をカ
バーするインド太平洋統合軍、パキスタンから中央アジア、アフガニスタン、
中近東と一部の北アフリカをカバーする中央統合軍、アフリカをカバーするア
フリカ統合軍によってカバーされている。

(36) Hastings, Justin（2011）, "The fractured geopolitics of the United States in the
Indian Ocean region," Journal the Indian Ocean Region, Vol. 7, No. 2.

(37) Eleanor（2016）によれば、海賊対策等のためほぼ恒久的に海軍がインド洋に
プレゼンスを示しているとされる。本書第4章サンジャイ・K・バールドワー
ジ「インドの東方への関与　アプローチと課題」をも参照。

(38) Rumley（2015）.

(39) Albert, Bateman（2016）, Rumley（2015）.

(40) ブルーエコノミーについては、World Bank and United Nations Department
of Economic and Social Affairs（2017）, "The Potential of the Blue Economy: In-
creasing Long-term Benefits of the Sustainable Use of Marine Resources for
Small Island Developing States and Coastal Least Developed Countries," World
Bank など参照。

(41) 例えば、インド洋のマグロの持続的な利用を図るには北インド洋全域をカ
バーする必要がある。

(42) Larik, Joris（2017）, "Blue Growth and Sustainable Development in Indian
Ocean Governance," Policy Brief 18, The Hague Institute for Global Justice.

(43) ちなみにインドは名目 GDP ですでに世界で7番目に大きい経済大国であり、
日本経済研究センターの中期予測によると、2028年までには日本を上回るとさ
れる（日本経済研究センター（2017）, "Medium-Term Forecast of Asian Econo-
mies: 2017-2030"）。また、2000 ～ 2016 年の実質年平均 GDP 成長率は、7.26％
（World Bank World Development Indicators Accessed: June 28, 2018 により算
出）。

(44) 世界銀行による所得分類。

(45) World Bank World Development Indicators Accessed: June 27, 2018. ただ
し、世銀の地域分類による。なお、国連統計によって、東アジアを北東アジア
と東南アジアに分けた場合には、1990 ～ 1995 年の期間のみ東南アジアが南アジ
アを上回る。

(46) 地域別名目 GDP 額（US ドル）による。ただし、UN の統計の場合、イランが
南アジアに分類されている。UN National Accounts main Aggregates Database
Accessed: June 27, 2018.

(47) UN Population Division, World Population Prospects: The 2017 Revision. た
だし、前出のとおり南アジアにイランが含まれている。

(48) 総人口に占める 15-64 歳人口の比率。UN Population Division, World Popula-
tion Prospects: The 2017 Revision の Medium fertility variant の推計結果（5 年
毎）を用いた。

(49) UN Population Division, World Population Prospects: The 2017 Revision の

Medium fertility variant の推計結果。

(50) UN Population Division の Medium fertility variant の推計結果をもとに計算

(51) 経済産業省（2014）「平成25年度 地球環境適応型・本邦技術活用型産業物流インフラ整備等事業（環インド洋経済圏の構築可能性検討事業）調査報告書」（委託先：株式会社日本総合研究所）も、長期的に見ると、インドを中心とした環インド洋諸国が経済成長の中心となる可能性が高いとしている。

(52) IORA のメンバーは付属海を含まない沿岸国であるのに対し、IONS は含んでいる。また、IORA に加盟していないパキスタンが含まれている。

(53) IORA Charter であるが、同様の名称の ASEAN Charter とは異なり国会の承認を要する条約ではない。Waidyatilake, Barana (2017), "The Indian Ocean Rim Association: Scaling Up?," ISAS Working Paper No. 262, Institute of South Asian Studies, National University of Singapore.

(54) Hirano, Akiko (1996), "Legal Aspects of the Institutionalization of APEC," IDE-APEC STUDY CENTER Working Paper Series 95/96-No. 6。また、外務省は、そのホームページにて「メンバーを法的に拘束しない、緩やかな政府間の協力の枠組み」として APEC を紹介。

(55) https://apec.org/ContactUs/APECSecretatriat

(56) Weigold, Auriol (2015), "The Future of IORA: Jakarta to Take the Lead," Associate Paper, Future Directions International.

(57) Prasetyo, Sigit Aris (2016), "INDONESIA'S CHAIRMANSHIP OF IORA 2015-2017 AND BEYOND," Vol 7, No 1, Jurnal Kajian Wilayah (Journal of Area Studies).

(58) IORA (2014a), "CHARTER OF THE INDIAN OCEAN RIM ASSOCIA-TION (IORA)," adopted in 2014.

(59) 設立当初の IOR-ARC は、APEC を見習って設立されたとされる。Kelegama, Saman (2002), "Indian Ocean Regionalism: Is There a Future?," Economic and Political Weekly, Vol. 37, No. 25.

(60) IORA (2013), "13th Meeting of the Council of Ministers of the Indian Ocean Rim Association Perth Communiqué,".

(61) Rumley (2015).

(62) IORA (2016), "Declaration on Gender Equality and Women's Economic Empowerment,"

(63) IORA (2014b), "Final Communiqué,"

(64) IORA (2017b), "Declaration of the Indian Ocean Rim Association on the

Blue Economy in the Indian Ocean Region,"

（65）ブルーエコノミーの優先分野としては、ジャカルタ宣言では、漁業および養殖、再生可能な海洋エネルギー、海港および海運、オフショア炭化水素および海底鉱物資源、深海探鉱、海洋観光、海洋バイオテクノロジー、海洋調査研究開発が挙げられている。

（66）IORA ウェブサイト。

（67）IORA (2017a), "JAKARTA CONCORD: THE INDIAN OCEAN RIM ASSO-CIATION: PROMOTING REGIONAL COOPERATION FOR A PEACEFUL, STABLE AND PROSPEROUS INDIAN OCEAN,"

（68）インドネシアの Marsudi 外相は、2018 年年頭プレス・ステートメントにおいて、ジャカルタ協和宣言の意図として、国連海洋法条約をインド洋地域の平和と安定を維持するための規範として加盟国のコミットメントの強化を図るため、としている。Marsudi, Retno LP (2018), "2018 ANNUAL PRESS STATEMENT OF THE MINISTER FOR FOREIGN AFFAIRS OF THE REPUBLIC OF IN-DONESIA," January 11, 2018,

（69）IORA (2017c), "IORA ACTION PLAN 2017-2021,"

（70）Brewster, David (2017), "IORA Summit: The challenge of building a region," 3 March 2017, the interpreter, Lowy Institute.

（71）Bouchard (2004)。ただし、括弧内は、筆者による。

（72）MOHAN, C. RAJA (2011), "India's new role in the Indian Ocean," INDIA 2010: a symposium on the year that was, http://www.india-seminar. com/2011/617/617_c_raja_mohan.htm
Accessed: July 2, 2018.

（73）Waidyatilake (2017).

（74）Natalegawa, Marty (2013), "An Indonesian perspective on the Indo-Pacific," Keynote address, at the Conference on Indonesia in Washington, D.C.

（75）Laksmana, Evan (2018), "An Indo-Pacific construct with 'Indonesian characteristics'," The Strategist, The Australian Strategic Policy Institute Blog, https://www.aspistrategist.org.au/indo-pacific-construct-indonesian-characteristics/, Accessed: June 10, 2018。Prasetyo (2016) も参照。

（76）Rumley (2015).

（77）経産省、2014 年。

（78）ASEAN, ASEAN Statistics Intra- and extra-ASEAN trade, 2015

（79）IORA (2017d), "THE STUDY ON BILATERAL AND REGIONAL TRADE

AND INVESTMENT RELATED AGREEMENTS AND DIALOGUES BE-
TWEEN MEMBERS STATES."

(80) やや具体的なのは、宣言本文におけるメンバー国間における製品規格標準化に言及している点、長期的なアクションとして IORA ビジネス・トラベル・カード導入の実現可能性を検討するとしていることぐらいであろうか。このほか、前掲の IORA（2017d）は IORA の 20 周年記念事業として 500 ページを超える貿易投資の実態調査の報告書として取りまとめられており、地域協力協定についてのなんらかの足がかりとしようとする意志があるのかもしれない。

(81) National Intelligence Council of US Government (2012), "The Fisheries-Food Security Nexus in the Indian Ocean and South China Sea: Impacts on Selected States and US Security Interests Out to 2020 and 2040," NATIONAL INTEL-LIGENCE COUNCIL REPORT.

(82) エジプト、マレーシア、モザンビーク、セイシェル、シンガポール、タンザニア、タイでは、動物性タンパクの 20％以上を魚から得ており、バングラデシュ、コモロ、インドネシア、モルディブ、スリランカでは 50％以上とされる。Michel, David and Russell Sticklor (2012), "Plenty of Fish in the Sea? Food Security in the Indian Ocean," August 24, 2012, The Diplomat.

(83) 規模はかなり異なるが、途上国をメンバーとする ASEAN が第一回首脳会談を開いたのが 1976 年であり、年次サミットが開催されるようになったのが 2001 年以降、条約としての ASEAN 憲章が発効したのが 2008 年 12 月である。

(84) 安全保障面での一体化については、拙著前掲 2019 年、第 4 章参照。

(85) The Bay of Bengal Initiative for Multi-Sectoral Technical and Economic Co-operation（ベンガル湾多分野技術経済協力のための構想）バングラデシュ、インド、スリランカ、タイ、ミャンマー、ネパール、ブータンの 7 カ国で構成する地域協力機関。

(86) Economic Research Institute for ASEAN and East Asia (ERIA) (2010), "The Comprehensive Asia Development Plan," および 2015, "The Comprehensive Asian Development Plan 2.0 (CADP 2.0) : Infrastructure for Connectivity and Innovation,"

(87) Kerry, John (2013), "Remarks on the U.S.-India Strategic Partnership," Remarks of the Secretary of State of United States, New Delhi, India, June 23, 2013.

(88) 日本は、バングラデシュと、同国を東・東南アジアと南アジアを結ぶハブとするベンガル湾産業成長地帯構想を推進することで合意しているが、これが二国間を超える枠組みとして展開されているかどうかは確認されていない。

(89) 山崎恭平 (2016)「新生インドの『モディノミクス』と FTA 戦略～アクト・イースト政策で東アジアと経済連携～」ITI 調査研究シリーズ No.33、国際貿易投資研究所。

(90) Nehru, Vikram (2013), "THE REBALANCE TO ASIA: WHY SOUTH ASIA MATTERS," Congressional Testimony, House Committee on Foreign Affairs, Subcommittee on Asia and the Pacific, US Congress, March 13, 2013. なお、インドは、2019 年 11 月 4 日 RCEP 首脳会合の後 RCEP からの撤退を表明したが、その真意は未だ不明である。しかしながら、これまでのアジア太平洋の地域経済統合がフォーマルな地域主義なしに進展したように RCEP あるなしに関わらず南アジアへの延伸が実現する可能性は高いであろう。

(91) 拙著前掲、2019 年、第 4 章参照。

(92) インド太平洋構想の主唱者の一人であるオーストラリアの政治学者 Medcalf は、当初日本をミドルパワーとしてのみみなしていたが、最近の論考では、必ずしもそうではなく、大国とみなしている記述が増えているように思われる。

(93) Clinton, Hillary Rodham (2010), "America's Engagement in the Asia-Pacific," Remarks of Secretary of State, Kahala Hotel, Honolulu, October 28, 2010

(94) The White House (2017), "National Security Strategy of the United States of America,"

(95) Medcalf, Rory (2016), "Australia's new strategic geography Making and sustaining an Indo-Pacific defence policy," (Chapter1, Chacko, Priya ed. (2016) "New Reqional Geopolitics in the Indo-Pacific Drivers, Dinamics and Consequense," Routledge)

(96) Department of Defence of Australia (2013), "Defence White Paper 2013,"

(97) Department of Foreign Affairs and Trade of Australia (2017), "The Commonwealth of Australia's 2017 Foreign Policy White Paper,"

(98) 拙著前掲、2019 年、第 4 章参照。

(99) インド太平洋のビジョンとして、7 つの点を指摘、それらは、(1) 自由で開かれたインクルーシブな地域、(2) ASEAN がその中央であり続ける、(3) 対話を通じた共通のルールに基づく秩序の形成、(4) 国際法のもとでの公海や空への平等なアクセスの確保と国際法に基づく紛争処理、(5) ルールに基づく、開かれた、均衡のとれた、安定的な貿易環境、(6) 連結性、(7) 大国間の競合の時代に戻ることなく、協力するアジア。

(100) Modi, Narendra (2018), "Prime Minister's Keynote Address at Shangri La Dialogue," June 01, 2018.

（101）安倍首相による 2007 年のインド国会での「二つの海の交わり」と題する演説、拙著前掲、2019 年、第 3 章参照。

（102）現在では「戦略」に代えて、「自由で開かれたインド太平洋」あるいは「同構想」とのみ公式には呼称されている。2018 年 11 月 13 日付『日本経済新聞』「インド太平洋、消えた「戦略」政府が「構想」に修正」参照。

（103）Marsudi（2018）.

（104）Sheany（2018）, "Asean to Discuss Indo-Pacific Regional Architecture," February 07, 2018, The Jakarta Globe.

（105）Kaplan（2018）.

（106）Buzan（2012 B）.

（107）Buzan（1998）.

（108）Buzan and Wæver（2003）.

（109）Mearsheimer も、米は、アメリカ大陸の地域ヘゲモンであり、力を行使することが困難な大洋を超えた先にある地域にライバルが出現するのを抑止しようとすると述べる。Mearsheimer, John J.（2014）, "The Tragedy of Great Power Politics," updated edition, W. W. Norton & Company.

（110）Goh, Evelyn（2013）, "The Struggle for Order Hegemoni, Hierarchy & Transition in Post-Cold War East Asia," Oxford University Press.

（111）Medcalf（2016）.

（112）Kaplan（2018）.

（113）ファイナンシャル・タイムズの首席外交政策コメンテーターである Gideon は、台頭する中国が直面する最大の戦略的な問題は、ユーラシアで起こることではなく、アジア太平洋地域における海と経済における権力闘争であるとし、ユーラシアでは、中国は、下降するロシアや分裂した EU との関係をマネージしなければならないが、アジア太平洋地域では、アメリカと日本という形の手強い潜在的な敵方に直面する、としている。Rachman, Gideon（2018）, "Does the rise of Eurasia herald a new world order?," January 17, 2018, Summer books of 2018: Politics, Financial Times.

（114）Scobell, Andrew, Ely Ratner, Michael Beckley（2014）, "China's Strategy Toward South and Central Asia An Empty Fortress," RAND Project AIR FORCE, the RAND Corporation.

（115）拙著前掲、2019 年、第 4 章参照。

（116）Betigeri, Aarti（2018）, "Hambantota: "the Chinese port"," 4 July 2018, the interpreter, Lowy Institute.

(117) Heydarian, Richard Javad (2017), "China's Silk Road project: A trap or an opportunity?," https://www.aljazeera.com/indepth/opinion/2017/05/china-silk-road-project-trap-opportunity-170514142652061.html, Accessed: July 25, 2018.

(118) Abi-Habib, Maria (2018), "How China Got Sri Lanka to Cough Up a Port," June 25, 2018, The New York Times.

(119) Hurley 等によれば、一帯一路イニシアチブのもとで計画されているプロジェクトによって債務危機に陥る危険性が特に高い国として、ジブチ、モルディブ、ラオス、モンテネグロ、モンゴル、タジキスタン、キルギスタン、パキスタンをあげる。Hurley, John, Scott Morris, and Gailyn Portelance (2018), "Examining the Debt Implications of the Belt and Road Initiative from a Policy Perspective," CGD Policy Paper 121, Center for Global Development.

(120) 経済のアジアと安全保障のアジア、拙著前掲 2019 年、第 3 章参照。

(121) MEDCALF, RORY (2017), "GOODBYE ASIA-PACIFIC. BUT WHY THE SUDDEN BUZZ OVER INDO-PACIFIC?," https://www.scmp.com/week-asia/geopolitics/article/2126210/goodbye-asia-pacific-why-sudden-buzz-over-indo-pacific, Accessed: July 21, 2018.

(122) 安倍首相のイニシアチブによるとされる最初の 4 カ国戦略対話は外交当局間で 2007 年に一度行われたが、中国から同国をターゲットとしたものではないかとの抗議を受け、オーストラリアが引き下がり、その後たち消えとなっていた。しかし、2017 年 11 月の東アジアサミットのサイドラインでインド太平洋に対する協議と称して再び開催され、再開後第 2 回目が 2018 年 6 月にシンガポールにおいて開催されており、今後も継続的に開催される見込みである。シンガポールでの開催については、Panda, Ankit (2018), "US, Japan, India, and Australia Hold Senior Official-Level Quadrilateral Meeting in Singapore," June 08, 2018, THE PULSE, The Diplomat 参照。

(123) Ng, Joel (2018), "The Quadrilateral Conundrum: Can ASEAN Be Persuaded?," RSIS Commentary, No. 120, Nanyang Technological University.

(124) Tan Ming Hui and Nazia Hussain (2018), "Quad 2.0: Facing China's Belt & Road?," RSIS Commentary, No. 033, Nanyang Technological University. 拙著前掲 2019 年、第 4 章も参照。

(125) 筆者が主として執筆した以下の文献参照。国際協力機構『東南アジア地域援助研究会報告書—地域統合と開発援助—総論』独立行政法人国際協力機構、国際協力総合研修所、2006 年。

(126) Kuok, Lynn (2018), "Shangri-La Dialogue: Negotiating the Indo-Pacific security landscape," Jun 1, 2018, OPINION, The Straits Times.

(127) 同 Outlook では、アジア太平洋とインド洋地域の見通しは、隣接する 2 つの領域的空間ではなく、密接に統合され、連結された 1 つの地域であるとし、その目的として、地域協力の指針、ルールに基づく地域の平和・安定・繁栄の環境醸成、ASAEAN の中心的戦略的な役割などをあげている。なお、日米印豪とも ASEAN の中心性を支持している。

(128) なお、インドネシアの立場も、戦略的自主性にあり、必ずしも一方に与するわけではないが、新興民主主義国であることを自らのアイデンティティとすることは記憶して良い。さらに、ウィドド大統領に最も近い一人とされる Pandjaitan 海洋調整大臣（当時）は、シンガポールのストレートタイムズ紙に寄稿し、「中国に対する認識が厳しさを増しているが、それは、同国の軍事化のみならず南シナ海の植民地化にもよるともされる」、「国際航路の問題は、中国の発展と国際平和との間に明らかに関連性がないことを表している」と極めて厳しい中国認識を示している。Pandjaitan, Luhut B. (2018), "Indonesia ready to take on bigger role in Indo-Pacific," FEB 15, 2018, The Straits Times. また、2018 年 5 月のモディ首相のインドネシア訪問の際にジョコ・ウィドド大統領との間でインド太平洋における海洋協力のビジョンを共有したとする共同声明が発表されている。Ministry of External Affairs of India (2018), "India-Indonesia Joint Statement during visit of Prime Minister to Indonesia, May 30, 2018.

(129) 拡大メコン地域開発は、ADB のイニシアチブで 1992 年に開始されたものであるが、対象国は、カンボジア、ラオス、ミャンマー、タイ、ベトナムの ASEAN 諸国と中国である。よって、中国の影響力の浸透を暗示しているものと思われる。

(130) 前掲の国際協力機構（2006）では、拡大メコン地域開発の及ぼすこうした可能性を示唆した上で、域内での格差是正とそのための開発援助実施を提言している。なお、中国は、同国のイニシアチブで拡大メコン地域開発と同じメンバーで構成される「ランカン・メコン協力」を 2016 年に新たにたちあげている。その意義と懸念については、拙著 Oiwa, Takaaki（近刊）"Deconstruction of Regions – Emerging role of subregional cooperation in Asia," (Bhardwaj, Sanjay K. ed. "Energy Security and the Chinese Shadow on India's Eastward Engagement," Routledge) 参照。

(131) Shiraishi, Takashi (2016), "Japan's Indo-Pacific Policy," Carnegie Endowment for International Peace, http://carnegieendowment.org/2016/03/01/ja-

pan-s-indo-pacific-policy-pub-62929, Accessed: July 22, 2018.

(132) Chacko (2016), Acharya, Amitav (2008), "Regional Worlds in a Post-Hege-
    monic Era," Keynote Speech, 3rd GARNET Annual Conference.
(133) 拙著前掲、2019 年、第 3 章参照。
(134) 大国の定義については、拙著前掲、2019 年、第 3 章を参照されたい。

大岩隆明

第**4**章
インドの東方への関与
アプローチと課題

1 はじめに

　本論文の目的は、インドの東方への関与における、特に「インドのアクト・イースト政策（AEP）」という広範なパラダイム下での、文化的、物理的、商業的側面を理解、分析することにある。インド—東南アジア関係という、変わりつつあるパラダイムにおける、ソフト・パワー外交の役割を検討している。さらに、「ロー・ポリティックス」が政治的、戦略的といった分野での協力をどれほど促進あるいは阻害しているのかを考察する。2014年にナレンドラ・モディ首相が政権を取った後、ルック・イースト政策はアクト・イースト政策へと格上げされ、東方地域の増大する重要性を浮き彫りにした。世界の重力の中心はいや応なくアジアへと移っている。東南、東アジアは、地経学的にも地政学的にも重要である。最も高い成長を遂げている地域であり、世界で最大かつ最速で拡大する市場を持ち、あらゆる意味において経済的に最もダイナミックであり、上位4つの経済大国のうちの3つがここに存在し、今後間違いなく世界経済を牽引する地域であろう。重要なこととして、域内経済協力が急速に進展しており、それはより広範な経済統合の助けとなっている。

　インドはしかしながら、西暦の始まり以前からでさえ、何世紀もの間、東に目を向け、東方の拡張近隣諸国に関与してきた。これら2つの政策の関連性と継続性は公式に認識されている。ジャイシャンカル外務大臣は、2019年9月3日にモルディブで開かれたインド洋会議の基調講演で、「ま

ず始めに、インド太平洋はアクト・イースト、ルック・イースト政策のさらなる外挿と認識されるべきである」と述べた（Muni & Mishra, 2019）。

2 外交政策と準地域主義

実際、国家はその存続と向上のため通常2つのタイプの政策を練り上げる。国内政策と外交政策である。国内政策の唯一の注目は、国内の国家問題に取り組むことにある一方、外交政策は、国際的・グローバルな土俵での国家利益の確保のために国内の範疇を超えていく。ドイツ宰相オットー・フォン・ビスマルクは非常に適切にも、外交政策を「国内政策の延長」と呼んだことがある（Halim, 1989:11 で引用）。

よって外交政策は、国家政策の複雑かつ動的な政治過程として扱われ、

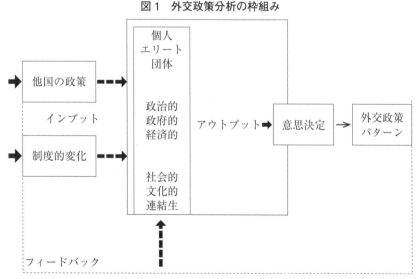

図1 外交政策分析の枠組み

（出所）McGowan, P.J. and H.B. Shapiro（1978）,*The Comparative Study of Foreign Policy*, Beverly Hills, CA : Sage.

それによって国家は他国家との関係を維持し、外的環境において自国の国家利益を保護する（Halim, 1989: 7; Haider, 2006: 11）。ホルスティ（Holsti, 1967:21）は外交政策を、「国際環境に対する国家行動およびそのような行動を形作る大抵は国内の実情への対処」とした。

　カーン（Khan, 2004:62）は外交政策を、「世界のその他の部分との交流の青写真」と定義した。おそらく外交政策の定義について最も結論的な発言は、「もっぱら外的刺激に対する反応」という短いが適切な表現であろう（Rosenau, 1966）。したがって外交政策は、国際的制度からの制約および刺激という圧力に対して自国の国家利益を守るために国家が取る一連の反応と言える。外交政策と東方へのアプローチという視点から、インドはルック・イーストおよびアクト・イースト政策を、二国間、多国間あるいは地域、準地域的枠組みの中で適用してきた。東南アジアの準地域は、強い歴史的、文化的繋がりや地理的近接のみならず、戦略的、経済的理由においてもより重要であるが、東アジア（訳注：東アジアは文脈に応じて北東アジアを指す場合と広義の東アジアを指す場合があるので留意されたい）全般が主な焦点となっている。

　実際、最初の高まりの終焉と次の新地域主義の到来により、地域統合に関する言説の焦点は「地域アイデンティティー」や「地域間協定」といった問題へと移行した。こうしたより新しい言説の中で、ヘトネとスデルバウム（Hettne and Söderbaum, 1998）は、地域は、地理的近接という決定要素を度々超える柔軟な構築物としてみなされるようにもなってきたと指摘する。この段階にきて、地域共同体構築という意識の重要性もまた、注目されるようになった。今や地域主義は、多次元性、複雑性、流動性、また古典的カテゴリーに適合していないことに特徴づけられる。

　多賀と五十嵐（Taga and Igarashi, 2018）は、こうした動きは世界中における準地域の形成に付随して起こっているとする。「ボトムアップ」アプローチとも呼ばれる準地域主義は、地域主義あるいは「トップダウン」アプローチを補完し、競合するものとみられている。ルイス・フォーセッ

ト（Louis Fawcett, 2005）は適切にも、「地域主義は、国家レベルの上でも下でも機能できる。準国家・超国家の地域活動は、国家レベルの活動に情報を与えることが出来る」としている。

それゆえ、近隣諸国の社会文化的近接が、特定の地域の諸国間でより深い経済および安全保障関係に資するのに対して、グローバル化は準地域主義という動向に向けての新たな推進力を与えてきた。巨大権力圏の分裂と経済グローバル化からの圧力への反応として、外国投資を引き付け、輸出促進を後押しするため、1980年代後半から地理的に連続する諸国間で準地域イニシアチブの増加動向がみられた（Vayrynen, 2003）。

メコン・ガンガ協力フォーラム（MGC）およびBIMSTEC（ベンガル湾多分野技術経済協力イニシアチブ）は、開放的な制度が、準地域アイデンティティーおよびより大きな経済協力を形成する上でどのように効果的な役割を果たすことができるのかを示す良い例だ。こうした準地域・地域間組織は、南アジアと東南アジアの2つの地域が相互に結び付くための架け橋として内々に機能している。これは準地域を、これら2つの地域の連結点として重要なものにしている。バングラデシュとミャンマーはインドと共に両組織の調印国で、二国間、多国間両レベルでの協力において鍵となる役割を果たすことに深く関与している。またこうした地域協定は、この二国が地域の他の諸国と共に、誠実な交流や問題の非暴力的解決の支援を通して効果的な外交を行い、繁栄の最大化と緊張の最小化を可能にしていることを強調することが重要である。さらに、バングラデシュとミャンマーは現在自由経済体制を推進しているため、集団的な地域プラットフォームが、最低限の国家統制主義的介入で、持続的に資源を配分するインフラを作り上げことを可能にしている。

当該地域のポテンシャルおよび活力を認識したうえで、インド、バングラデシュ、ミャンマーは、メンバー国間の連結性とインフラを改善する目的で幾つかのプロジェクトと政策を立ち上げた。それら主要プロジェクトには、カラダン・マルチモダル・トランジット・トランスポート・プロ

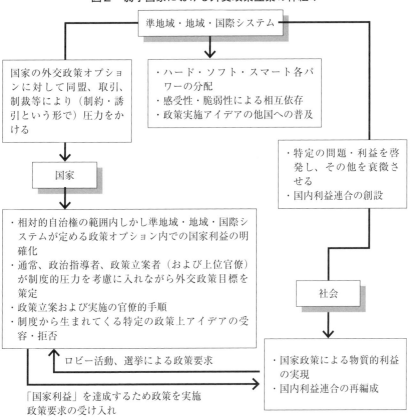

図2　弱小国家における外交政策立案の枠組み

準地域・地域・国際システム

国家の外交政策オプションに対して同盟、取引、制裁等により（制約・誘引という形で）圧力をかける

・ハード・ソフト・スマート各パワーの分配
・感受性・脆弱性による相互依存
・政策実施アイデアの他国への普及

・特定の問題・利益を啓発し、その他を衰微させる
・国内利益連合の創設

国家

・相対的自治権の範囲内しかし準地域・地域・国際システムが定める政策オプション内での国家利益の明確化
・通常、政治指導者、政策立案者（および上位官僚）が制度的圧力を考慮に入れながら外交政策目標を策定
・政策立案および実施の官僚的手順
・制度から生まれてくる特定の政策上アイデアの受容・拒否

社会

・国家政策による物質的利益の実現
・国内利益連合の再編成

ロビー活動、選挙による政策要求

「国家利益」を達成するため政策を実施
政策要求の受け入れ

（出所）'Okamoto, J. (1997), "Foreign Economic Policy Making in Australia: An Analytical Framework and the Role of the State, IDE APEC Centre Working Paper Series 96/97-No.3, Institute of Developing Economies.

ジェクト、インド・ミャンマー・タイを接続する3カ国ハイウェイ・プロジェクト、リー・ティディム道路プロジェクト、国境交易市場（Border Haats）、エネルギー貿易や投資などが含まれる。協力の対象・範囲は引き続き拡大している。

3 制度的圧力および国家間関係

　伝統、文化、言語といった顕著な共通の特徴があるにもかかわらず、インドの東および東南近隣諸国のほとんどは、各国間の政治的言説においては敵対的でかつ愛国主義的な基盤を築いてきた。このことは、各国の宗教文化的（バングラデシュ）、民族言語的（スリランカ）、民族人種的（ミャンマー）、世俗宗教的（インド）な、ますます声高になる主張やアイデンティティー構造のパターンから明らかである。世俗民主的なパターンも、域内のファシスト独裁的政権からの非難の的になっている。そうした構造については国内、域内で意見が対立し議論はされているが、領土や国境、移民に関する紛争や交戦がインドと東方諸国の健全な二国間関係に影響してきた。

　実際、独立後の支配的エリートたちが「自由・世俗・文化的」（インド寄り）か「宗教をコアとした宗教・国家主義的」（インド離れ）かという中で明確な国家主義的政治的言説を形作ってきた。こうした国家、政治的傾向が、民主、非民主勢力によりそれぞれの正当性のために幾度となく利用されてきた。例えばバングラデシュでは、バングラデシュのアワミ連盟（AL）と革新的左翼政党が政権を形成し、インドとは基本的に良好な関係を保っている。一方、バングラデシュ民族主義党（BNP）と宗教的右翼政党が政権を取る場合は、一般的にインドに対する不信的態度を表明し、対抗戦略として反インド的外交政策姿勢を一貫して採用している（Bhardwaj, 2014）。1971年の独立以降、この言説がインド・バングラデシュ関係を支配してきた。同様に、インドと（ミャンマーのような）直近近隣国の関係も、時の政権の種類に影響を受ける国内体系の圧力により決定させられてきた。こうした国々の国内勢力は、著しい特徴、機能性、特異性を持っている。

　これらの国家の支配的エリートの多くは、域内でのインドの圧倒的存在

を嫌い、時の経過と共に、インドの存在は、それらの国家の国内政策を左右する中心的問題の1つとなってきた。インドを揶揄することが、周辺国の国内政策において国家主義的資質を鮮明にする最も効果的な策となり、非民主主義勢力はこの策略をフルに活用してきた。支配的エリート集団は、自らの政治的利益および域内のインド勢力とバランスを保つため中国とのより緊密な同盟を提唱する。彼らは覇権主義的、原理主義者であり、民族人種、宗教的過激思想を推し進める。

しかし、穏健で発展重視の若い世代は、教育、貿易、医療、インフラ、経済自由化を政治、外交行動全てのコアと考えている。彼らはより良いライフスタイル、雇用機会を信じ、インドや世界の他の場所における IT/ITES（情報技術・情報技術関連サービス）産業などの目を見張る成長に感化されている。この世代は、経済成長と発展プロセスの一端を担うパートナーとなることに熱意がある。この集団は、支配的エリートの利益を推進する近視眼的な目的に反対している。よって今日の政治シナリオの中で彼らは、域内の勢力均衡の鍵となる決定要素となってきている。プラマー（Plummer）、モーガン（Morgan）、ガネシャン（Ganeshan）(2016) といった学者たちは、幾つかの国々の国内セクターにおける政治的、経済的変化がより重要であると考えている。2地域の鍵となる陸橋であるミャンマーの近年の政治、経済改革は、軍事政権下では実現不可能であった仕方で、より緊密な経済関係、文化協力、より優れた連結性に必要なインプットを提供してきた。

4 インドの東方へのアプローチ

相互関係における国家行為をお互いに理解し認識するために、その社会、文化、文明についての理解は計り知れない助けとなる。文化的、社会的背景は国家の価値観、展望、意図、内なる野心や関心事を反映する。驚くべきことに、国際関係における社会文化的構成要素はここ何十年もほぼ

無視されてきた。ここ近年やっと文化の持つ役割（例えば全体的に共有される感覚、常識、信条）が世界政治において注目されるようになってきた。研究によると、文化的アイデンティティーや関連性が、相当程度地域経済統合の成功に貢献することが分かっている。よって、人々が持つ文化の類似性が信頼や協力を促進するのである。

　文化的（ソフト）パワーとして存在するインドの東南アジアとの関係は独特であり、長きにわたる、途切れることのない、多面性のある繋がりは、世界の他の地域も認めるところである。宗教的、芸術的、知的表現という形態でのインドの強烈な文化の痕跡、あるいは東南アジア各地にある移民インド人コミュニティーの存在さえ、ボロブドゥール遺跡やアンコール・ワットにみられる建築様式やモチーフからラーマーヤナ、古代ブラフマン、仏教文化の深遠な影響にいたるまで、グローバル化や通信技術の時代のはるか昔に遡り、インドが東南アジア・東アジアに与えた文化間交流の物語をいまだ伝えているのである。これらを背景に、人は東南アジア・東アジアにおける、近年のインドのソフト・パワー外交の回復を見つけることができる。

　2世紀から12世紀までの間は、インドと東南アジア諸国間の文化的、商業的繋がりは非常に強かった。インド亜大陸からの特に香辛料、絹、ジュートの貿易といった商業的繋がりや、ヒンズー教・仏教、イスラム教の広まりのような文化的繋がりは、2つのアジア地域間を強く結びつけてきた。このことは用語体系の類似、古代のヒンズー教・仏教寺院の存在、（プランバナン寺院群とボロブドゥール遺跡）、言語（サンスクリット語とパーリ語）、舞踊劇、文学、精神性、また域内国におけるインド人の著しく大規模な移住で顕著に見られる。古代チョーラ帝国および近代のイギリス領インド帝国は、インド洋の戦略的水域を含む、ビルマ、マラヤから香港までの地域に影響を及ぼした。

　しかしながら、1947年のインド独立直前になると、インドの東南アジアとの接触とその記憶は、曖昧、空虚かつ不確かなものとなってしまった。

数少ない専門家あるいは域内インド移民と密接な関連がある人たちを除いては、近隣の東南アジア諸国のことを知るインド人はごく少数になった。独立後、東南アジア外交政策領域へのインドの最初の試みは、この地域の反植民地運動の支援であった。1947年のアジア関係会議の招集、1949年1月インドネシアで開催の特別会議、1948〜1949年のビルマ内戦の支援、1954年インドシナ国際管理委員会の議長、名高い1955年バンドン会議の共同開催は、インドの初代首相ジャワハルラール・ネルーが、東南、東アジアとのより良い関係のために実行した重要なイニシアチブである。

反植民地運動がインドと東南アジア双方を近づける刺激を与えたにもかかわらず、この様相は短期間で終わった。1955年バンドン会議は、2地域間のピークでもありかつ関心衰退の始まりとなった。またしても冷戦がインドと東南アジア双方が疎遠になるのを確実にする重要な役割を果たした。1990年代前半の期間になってはじめて、冷戦終結やインド自由化経済政策といった発展が、ニューデリーをもう一度東方へ向かせ、東南アジア向けの具体的政策イニシアチブを策定するようにさせたのである。

5 インドのルック・イースト政策

1990年代初頭、ナラシマ・ラオ首相はルック・イースト政策（LEP）をインド政策の根本的転換として策定した。これ以降、東南アジアとの特別な関係は、東方との密接な物理的、経済的連携を確立する政策の中心項目（MEA, 1992）として展開してきた。幾十年もの戦略的、経済的分野での西側への強制的依存の後、東南アジア諸国もインドとの良好的関係が、それぞれの外交政策目標追求のための多角的なオプションを提供しうることに気が付いた。新たな世紀が近づくにつれ、インドと東南アジア双方が二国間、多国間関係を強化することに新たな関心を持つようになっていった。

過去においては、インドの東南、東アジアを含むアジア大部分への関与

は、アジアの兄弟という考え、植民地主義という共通の経験、文化的繋がりの上に成り立っていた。しかし今日の地域のリズムは、多くを貿易、投資、商業活動によって決定づけられている。ラオ首相がインドにルック・イーストを促した時、彼は単にインドからの輸出強化だけに関心があったわけではない。彼の関心事は、貿易、投資、文化的、政治的、外交的、戦略的繋がりの領域全体にわたって地域全体とのより密接な関係を作り上げることであった（MEA, 1992）。よって、貿易、投資の増加とは別に、エネルギー、科学と技術、宇宙と通信、海洋経済、安全保障、文化など他の領域での協力にも関心が向けられてきた。

6 アクト・イースト政策——より大きな協力へのロードマップ

　相互利益に資する様々な分野での協力ポテンシャルにも関わらず、インドのルック・イースト政策の目標は完全には達成されていなかった。プラマー（Plummer）、モーガン（Morgan）、ガネシャン（Ganeshan）といった何人かの学者たちは（2016）、「二地域間の統合はそのポテンシャルよりもかなり低いレベルで進展し、物理的連結性（交通およびエネルギーインフラ）とそれに伴うソフトインフラ（関税、非関税措置、流通貿易制限、金融機関と資本移動の制限、制度上の欠陥など）を含む非常に多くの要因によって制限されてきた」ことに同意している。そのため、ナレンドラ・モディ首相政権は 2014 年にアクト・イースト政策（AEP）を発表した。それは既存のルック・イースト政策を改良したものである。ラジャ・モーハン（Raja Mohan, 2015）はこの変化を適切に表現し、「アクト・イースト政策はインドのアジア政策に新たな活力と目的を注入するものである」とした。

　チャクラバルティー（Chakravarty, 2018）は、「LEP のアクト・イースト政策への改名」はインドの貿易が東方にシフトした事実の認識によるものであると指摘した。論理的なプル要因には、バングラデシュ、ミャン

マー、ASEAN 諸国が含まれる。インドが AEP を選択したやむを得ない別の理由は、SAARC による南アジア経済連合の実現の失敗である。東方へと大きくプッシュした別の要因としては、インドが西方向けの経済、エネルギー連結性発展のため複数のプロジェクトに真剣な努力を傾けてきたものの、行き詰まっているという事実が挙げられる。パキスタンが連結性、貿易、エネルギー分野での提案に関して協力を妨げていることにより、インドは別の代替地域に協力を見出すことを余儀なくされている。アクト・イースト政策は経済に焦点を当てたルック・イースト政策から、文化、政治・戦略、エネルギー次元へとその範囲を拡大した。

　連結性は、アクト・イースト政策下での推進力の主要な分野の１つである。これは物理的連結性、デジタル連結性、人と人との連結性、制度上の連結性といった複数の次元を持つ。物理的連結性には道路、鉄道、空路、海上の連結、制度上の連結性には、二国間、地域レベル両面での様々な制度上の仕組みの固い連結を確立することが含まれる。今インドは、特にガスなどの炭化水素鉱床があるバングラデシュ、ミャンマーといった隣国とエネルギー連結性を確立しようとしている。エネルギー連結性とは、単にインドがその急速に拡大する経済のために大いに必要とする石油や天然ガスを輸入することだけではなく、可能な範囲で電力、ガス配管網を連結させることをも意味する。エネルギー連結性の別の一面は複雑な多国間スワップ協定の締結である。例えばインドは、ロシア、中国、ミャンマーと天然ガスに関するスワップ協定を試みている。エネルギー連結性は近隣諸国との相互利益関係の確立を助けることから、明らかに１つの強力な地政学的側面がある。このようにエネルギー連結性には複数の側面があり、モディ政権下では非常に重視されてきた。これはミャンマー、バングラデシュにとっては特に関連があり、それゆえ ONGC Videsh Ltd（訳注：インド国外の石油・天然ガスの探鉱開発活動を担当するインド石油天然ガス公社 ONGC の子会社）は炭化水素の探査に活発に関与している。

　連結性を向上させる真剣な試みは、ナレンドラ・モディ首相と彼の閣僚

たちの頻繁な訪問からも明らかなように、新たなレベルに前進している。東南アジア諸国の高官らによる定期的な訪問は、相手国からも意義ある互恵関係として認識されていることを示している。出現するコンセンサスは、インドと東南アジア間のとりわけ戦略的、政治的、経済的、エネルギー、文化的、教育的な側面の幅広い分野において相互利益連携を築くための好意的な動向が存在することを示すものである。

　アクト・イースト政策下でインドはさらに、インドネシア、ベトナム、マレーシア、日本、韓国、オーストラリア、シンガポール、そしてASEANとの戦略的パートナーシップ関係も改善させてきた。インドは、インド太平洋地域の全ての国との密接な繋がりを築くための政策の推進に熱意を傾けている。こうした変遷は、地域、グローバルの変わりゆく現実を反映している。今日、インド貿易の66％は東方と行われている。インドASEAN間のサービス貿易は急速に成長しており、この傾向は続いていくとみられている。交通、観光、航空業、商業、貿易インフラ等といった、インドASEAN間の様々なサービスにおける連携は、成長を続けている。インド東南アジア間のエネルギー、サービスにおける貿易、投資は相互発展の新たな活路を切り開くものである。

7 東方アプローチのため北東地域に橋を架ける

　インド北東地域はインドの東方諸国との物理的連結において重要な役割を担っている。長い間、ASEAN地域との連結を発展、強化させるための地道な努力を含む二国間、地域レベルの様々な計画は停滞していた（Anon, 2015）。東方近隣諸国との関係において、インドのアクト・イースト政策を推進する上で2つの主要な課題が特定されてきた。1つは、近隣諸国との協力に重要なインド北東地域は、内部での連結性もポテンシャル活用も未だ発展途上レベルであるという点である。この地域は、石油、水力発電、石炭やウランなどの天然資源が豊富である。こうしたポテンシャ

ルの開発は、近隣諸国とのエネルギー貿易を絶大に後押しするであろう。インドは、アクト・イースト政策の成功と北東地域の開発を関連付けている。

　ルック・イースト政策は当初、東南アジア諸国連合（ASEAN）との貿易、投資協力推進に焦点を合わせていたため、この地域の開発は考慮されていなかった。しかしその後2001年に北東地域開発（DoNER: Development of North-East region）を独立した政府部門として立ち上げ、2004年には1つの本格的な省として格上げし、これまでの対応を是正した。インドのアクト・イースト政策開始に伴い、北東地域開発はさらに強調された。この地域はASEAN近隣諸国との物理的、商業的両面での連結性を確立するために重要な意味を持つ（Muni & Mishra, 2015）。北東地域内部での連結性は向上しているものの、満足のいく結果を得るのにはまだ時間がかかるであろう。2番目の点は、バングラデシュの地理的配置が、北東地域が東方との開発機会を役立てる上で要となっているという点である。

8　バングラデシュ——東方アプローチの要

　自国の北東地域と東南アジア諸国を「アクト・イースト政策」によって連結しようとするインドの探求は、インドの政策形成においてバングラデシュを重要なものとしたのである。バングラデシュは、東においてはミャンマーを通じてASEAN諸国とつながり、南においてはベンガル湾が地域諸国にインド洋での海上利用機会を提供する。南アジアと東南アジアへの玄関口としてますます重要性が増しているバングラデシュは、地経学的、地政学的考慮から域外国家をも引き付けている。

　しかしながら、過去10年間両国は、相互利益のため、エネルギー、水資源、貿易、交通、連結性分野での準地域協力の数々の利点を認識してきた。こうした中、水資源管理、発電（水力）、貿易、交通、連結性の問題

に関してバングラデシュ、ブータン、インド、ネパール（BBIN）間の準地域協力の共同作業グループらによって実質的な進捗を遂げてきた。インド、バングラデシュ、ブータン間の水力発電分野やBBIN自動車協定での三国間・四ヵ国間協力は、準地域協力の新たなパラダイムの出現として歓迎された（MEA, 2017）。両国ともこうした多国間枠組みの中での二国間パートナーシップを認識している。この方向性の中で、二国間の鉄道、陸路、空路の連結性が改善され、人と人とのコンタクトと共に、観光、貿易、投資の流れが促進されている。

　他方、バングラデシュは、その三方、西、北、北東でインドと接している。「インドに封じ込められた」バングラデシュの立場は、暗黙のうちに、あるいは明示的にインドを同国の伝統的、非伝統的両面での安全保障課題における要因としてきた（Kodikara, 1984; Chakraborty, 2016）。この地理的な立置はバングラデシュ人の思考の中に、自分たちの経済的発展、政治的安定、宗教的アイデンティティーはインドに付随せざるをえないのではないかという不安をもたらしている。言い換えれば、バングラデシュの小国恐怖症的精神病が、敵対的有権者の政治的言説へと作用してきた。これらバングラデシュ有権者はインドの意図に懐疑的なだけでなく、その「開発イニシアチブ」すべてに批判的である。これは過去において、インド・バングラデシュ関係に悪影響を与えてきた。

⑨　インドの東方アプローチにおける中国

　歴史的にインド洋は、石油資源豊かな西アジアから東アジアの経済大国までを結ぶ、貿易とエネルギー資源両面での重要な回廊地帯と考えられてきた。経済からすれば、インド洋は、増大し続ける貿易量と伝統的な貿易ルートやチョークポイント沿いの非国家的行動主体からの脅威の同時発生と共にますます重要性を帯びている。さらに命運を左右するのは、インド洋主要国家間で起こりかけている海軍競争である。インド洋の戦略的重要

性を強調して、米海軍戦略家・海軍少将のアルフレッド・セイヤー・マハン（1840〜1914年）は、「インド洋を制する者はだれであれアジアを支配する。21世紀においてインド洋は七つの海の鍵となり、世界の運命はこの水域にて決定づけられるであろう」とかつて述べたことがある。ここ数十年で世界は、グローバルな勢力バランスの重要な変化を目の当たりにしてきた。

　インド洋地域（IOR）に照らして、今日の既存の世界秩序は変更されつつある。この背後にあるのは中国とインドという2つのグローバル大国の出現とこの地域のステージ中央に点在する戦略的に重要な島国である。戦略的意義のあるIORに対して影響力を行使すべく、グローバル大国は域内沿岸、島嶼国のインフラ開発や海軍のプレゼンスといった経済的ツールを利用してきた。インド洋シーレーン（Indian ocean sea-lines of communication）（海洋ハイウェイ）は、国際貿易とエネルギー供給の主要なベルトコンベアーとして機能し、よって地政学上の主要なグローバル交差点として出現している。この複雑な枠組みと、2つの鍵となる行動主体の域内島嶼国との絡み合いは、安定性にとって大変重要である。二国（インドと中国）間の軍事的紛争の可能性は低いものの、エスカレートする諸活動は当該地域の安定性を脅かしかねない。

　中国、インド両国はインド洋において自国の勢力圏を確立しようと競合しており、よって近年IORは戦略的敵対関係の高まりを目撃してきた。様々な要因が、インド洋でのさらに重要な役割と影響力を追及するこれらの大国を駆り立てている。これらのうちの1つは、特にエネルギー安全保障の観点からインド洋が戦略的に重要であるという点である。インドと中国を含む多くのアジア諸国が西アジアからの石油輸入に依存していることは事実である。世界のタンカーの約50%が、そして西アジアから東アジアへの石油輸送の80%以上がこの地域を通過する。こうした背景はホルムズ海峡、モザンビーク海峡、マラッカ海峡周辺のエネルギー、貿易回廊の安全保障を極めて重要なものとしている。

中国貿易の約90%は海で行われている。現時点で世界的なエネルギー需要の12%を占め、その成長率は世界平均の4~5倍である。中国の石油需要は10年間で1日当たり340〜680万バレルと倍増して、2030年までにその数値は1日あたり1,100万バレルに達するとみられている。天然ガス消費でも顕著な伸びが見られ、その多くは西アジアの海上ルートを通じて輸送されている。このエネルギー依存は、中国に緊急の国家的課題としてエネルギー安全保障問題をもたらしている。(Khuran, 2006)。したがって北京は、自国の戦略的利益を確保し、IORおよびインド太平洋地域における主要プレーヤーとしての役割を強化すべく絶え間なく働いている。中国は現在スリランカやモルディブといったインド洋上の島国との関係を改善し、その存在を高めようとしている (Baruah, 2015)。これを受けてインドは、米国、日本、オーストラリアなどとの関係を強化している。

歴史的に、中国はインド洋から距離を置いていた。しかしこの地域における中国の経済的関心は急速に高まっている(表1参照)。インド洋の重要な役割を強調し、中国の公式メディアの最近の報告では「中国向けオイルの5分の4」がインド洋のチョークポイントを通過して輸送されていると述べている。中国は一帯一路プロジェクトに投資しており、様々な輸入先からの途切れないエネルギー供給を確保するため、これらのチョークポイントを避けようとしている。

グワーダル港とカシュガル(中国)をつなぐ中国パキスタン経済回廊(CPEC)の開発はこうした観点から見られるべきである。この新たな輸送経路は、インド洋のチョークポイントを回避できるであろう。中国はさらに、ベンガル湾沿岸のミャンマーのチャウピューに深海港を整備する数

表1 バングラデシュ、インド、ミャンマーへの中国による
海外直接投資(FDI)の推移(単位:10,000米ドル)

	2008	2009	2010	2011	2012	2013	2014	2015	2016
バングラデシュ	450	1,075	724	1,032	3,303	4,137	2,502	3,119	4,080
インド	10,188	−2,488	4,761	18,008	27,681	14,857	31,718	70,525	9,293
ミャンマー	23,253	37,670	87,561	21,782	74,896	47,533	34,313	33,172	28,769

十億ドル規模の開発を行う予定である。チャウピューから中国雲南省まで天然ガスを供給する石油ガスパイプラインが建設されている。

またこの地域の最大貿易国である中国にとっては、インド太平洋の海洋安全保障はさらに重要となっていることに注目することもまた重要である。これらの戦略的懸案事項は、2013年に公表された350ページにわたる中国の「ブルーブック」に記録されている。この文献はインド洋における中国の関心を「商業的」としているが、それは紛争の可能性も考慮、つまり域内戦略的スペースにおける「大国」同士の争いを予見しているのである。この資料は「将来の世界ではどの単一の地域権力も自分たちのみでインド洋を支配することはできない」と述べている。中国はさらに、インド単独でインド洋安全保障を扱う能力はないと繰り返し述べている。

🔟 二国間と多国間の制度上の連携

南アジアは別にして、東アジア諸国もまたその対象範囲に含まれている。実際、「中国ファックター」は、インドとインド太平洋地域諸国間の当今の関係においても重要な役割を有する。その理由は明らかである。中国とASEAN諸国間の貿易における著しい急上昇が高く評価されている一方、南シナ海の領海問題における中国の増大する影響力と主張は、ほとんどの東南アジア諸国にとって懸念を引き起こしている。これは、それら諸国をインドへと後押ししている。インドは国際舞台において重要な経済、政治大国として出現してきており、この地域において中国へのある程度の対抗勢力になり得る。多くの点でこれはインドにとっても1つの機会を提供するものである。なぜならASEANとのより密接な関係は、今後必要に応じて必要な時に中国に対して対抗圧力をかける一助になるからである。例えば、デリーの継続的な海軍軍事演習、寄港、南シナ海沿岸諸国との海上安全保障に関する対話は、インドが域内において中国の単独主義に対抗するためのコストを増大させる能力と意欲を持つことを北京に再認

識させるものとなる（Mukherjee, 2018）。

　インド太平洋地域におけるインドの主要な課題は、エネルギーと貿易分野での中国との競争と対抗である（Chauhan, 2019）。中国は、ベトナム領海でのインドのエネルギー探査に深刻な異議申し立てを行っている。中国の反発にもかかわらず、ベトナムは探査用にインドに石油、ガスブロックを提供している（MEA, 2019）。インドもまた、ベトナムと戦略的パートナーシップを発展させてきている。ミャンマーでのエネルギー分野では中国が優位に立っており、中国は探査契約においてインドの応札をたびたび退けている（Hong, 2011）。この課題に対する解決策は、両国が現在取り組んでいるような相互協力にある。この点で、インドの石油大臣ダルメンドラ・プラダンによるバイヤーズクラブ（Buyers, Club）への提言が思い起こされるかもしれない。これらアジアの二大大国間の相互協力、協調は手に負えない仕事に見えるかもしれないが、双方のニーズの大きさが今後この分野における理解へと両国を共に少しずつ動かしていくことが望まれる。

　アクト・イースト政策下での商業的、文化的、物理的協力は、地域組織を通じても現在追及されている。地域レベルでは、ASEAN、ベンガル湾多分野技術経済協力イニシアチブ（BIMSTEC）、およびメコン・ガンガ協力フォーラム（MGC）が、これに関連する組織である。二国間協力は強化され検証されるべきである。このグローバル化された世界ではより良い連結性、貿易の展望、市場、情報共有があるため、アクト・イースト政策は勢いを増していくであろう。エネルギー余剰があり輸出を重視するASEANは、成長経済、新興市場、高品質サービスという理由でインドに着目している。ここに地域的および二国間のエネルギー、貿易、商業的協力分野を詳しく考察してみよう。

　二国間レベルでは、1990年代以降、全東南アジア諸国において関係の改善がみられている。ナラシマ・ラオ政権のルック・イースト政策策定以降、歴代政権は関係諸国との関係改善において等しく注意を払ってきた。

ルック・イースト政策を追求して、インドは、限定的な部門パートナーシップ (1992) からフルダイアローグ・パートナーシップ (1995) を経て、1996 年には ARF（ASEAN 地域フォーラム）の重要メンバー国となり、2002 年以降は最終段階となるインド・ASEAN 首脳会議へと展開してきた。2010 年には、インド・ASEAN 自由貿易協定（FTA）が締結された。それ以降、インドと ASEAN の関係改善においてかなりの進展がみられている。

　貿易は最初からインド・ASEAN 協力の中で登場していたが、協力の性質に関する構想は徐々に進化してきた。「平和、進歩、共有される繁栄」のためのパートナーシップを実行するため、2004 年にもたらされた最初の ASEAN・インド行動計画では、ガスと電力プロジェクトの貿易と投資、エネルギー効率、再生可能エネルギーに重きが置かれた（ASEAN Documents Series, 2004）。

　しかしなぜ、インド ASEAN 間の協力は期待したほど進展していないのか。最初に、再生可能な、代替エネルギーの調査プロジェクトに十分な予算が充てられては来なかったことがある。インドの科学技術のための ASEAN 基金（ASEAN Fund）がこれらのプロジェクトを支援しているが十分ではない。インドは太陽光、風力、バイオガスなどの再生可能エネルギー資源の改善に 100 億米ドル以上を投資してきた。ASEAN はドイツ、日本、カナダなどさらに多くの資金が豊富な国家と共同しているが、おそらくインドはこの部門では優先国ではないのであろう。この状況が、2016－2020 行動計画で明確に示されたように民間部門が参加・貢献するよう奨励する一つの理由かもしれない。

　ルック・イースト政策の別の再確認として、インドは東南アジアの五つの近隣国―ミャンマー、タイ、ラオス、カンボジア、ベトナムと 2000 年 11 月 10 日、ラオスの首都ヴィエンチャンで、メコン・ガンガ協力フォーラム（MGC）という新しい協力フォーラムを打ち出した。MGC の主要協力分野は、文化、教育、観光、運輸・通信である。インドは、連結性、能

力開発、国境経済圏（Border Economic Zones）の創設と総合的開発活動という分野においてMGC諸国、とりわけミャンマー、カンボジア、ラオス、ベトナムに対してかなりの支援を差し伸べてきた。外務省内の特別専用部署がこれらの国を担当している。メコン諸国でもミャンマーとベトナムは炭化水素の豊富な生産者であり、インドはこれらの国と二国間レベルでエネルギー輸入のための協力を行ってきた。ラオス、ミャンマー、カンボジア、ベトナムには水力発電資源もある。ラオスはその余剰電力の買い取りをタイに依存している。インドは水力発電プロジェクト、送電線、変電所の建設、地方電化プロジェクト支援のために、ラオス、ミャンマー、カンボジア、ベトナムへの融資限度額を拡大してきた（RIS, 2017）。

BIMSTECは1997年に、インドのルック・イースト政策とタイのルック・ウェスト・アプローチの同一性を反映して設立された。当初の参加国はバングラデシュ、インド、ミャンマー、スリランカ、タイの5カ国で、経済協力を目的にそれぞれの国名の最初のアルファベットを並べて名付けられた。2004年までには同じ頭字語でネパールとブータンが正式メンバー国となり、ベンガル湾多分野技術経済協力イニシアチブに改称された。グループは貿易、技術、エネルギー、輸送、観光、漁業の6つの協力分野に焦点を当て始めた。2008年までにはさらに9つの分野が加えられた。農業、公衆衛生、貧困削減、テロ対策、環境、文化、人と人とのコンタクト、気候変動である。最近では2017年以降、海洋安全保障を含む安全保障問題が議題に取り上げられている。BIMSTECは、インドのルック・イースト政策とアジア協力パラダイムに新たな側面を加えた。環ベンガル湾周辺の南アジアと東南アジア諸国を団結させ、さらにインドとASEAN関係のもう一つの連携点となった。インドはBIMSTECを、さらにもう1つの地経学的設定として、陸上・海上を連続的に捉える相乗効果を創造的に活用する1つの試みと見ている。BIMSTECはインドと4つの南アジア近隣諸国（バングラデシュ、スリランカ、ブータン、ネパール）関係およびミャンマーとタイとの連携強化を象徴する。インドがこれら全ての国々

と深く、不変の数々の文化的繋がりを持ってきたことは意義深い。それらはまたインドのパートナーたちの中にもあり、それらの諸国とのインドの貿易・投資関係は、生来のまた新たに出現した相補性による大きなダイナミズムを近年示してきた。

メンバー国は、ネパール、ブータン、インド北東地域は水力発電、インドは石炭、バングラデシュとミャンマーは天然ガスというように豊かなエネルギー資源に恵まれており、よってエネルギー協力は優先分野の1つである。ある試算によると BIMSTEC 地域のエネルギー・ポテンシャルは、石炭 650 億トン、原油 6.4 億トン、天然ガス 87 兆立方フィート、バイオマス 2 億 4,300 万トン、水力発電 390 ギガワットということである（BIMSTEC Energy Outlook, 2030）。2004 年ミャンマーで開催された第 1 回 BIMSTEC 首脳会議は、「新たな炭化水素、水力発電プロジェクト、電力と天然ガス配管網の相互接続、エネルギー技術の開発を通して持続可能かつ最適なエネルギー利用を促進する」ことで合意した。

インドはその無敵性ゆえ、その統合政策とアプローチによって BIMSTEC に対して重要な影響を与えている。ASEAN、メコン・ガンガプロジェクト、そして BIMSTEC はインドに対して、通信、インフラ、エネルギー、貿易、投資、観光、安全保障の分野で莫大なポテンシャルを提供していると言えるであろう。また信頼醸成措置、相互親善と安全保障の促進に関して、インドに多大な行動余地をもたらしている。最後に、BIMSTEC とアクト・イースト政策の目標が重複しているため、BIMSTEC の成功はインドのアクト・イースト政策の成功と言い換えることができるかもしれない。インド政府は BIMSTEC のポテンシャルに気付き、アクト・イーストや近隣ファースト（Neighborhood First）といった外交政策の目標を成功させるには BIMSTEC が自然な選択とみなしている。

しかしながら協力における BIMSTEC の業績は、当初の約束と期待からはずいぶんかけ離れている。インド外務大臣 S. ジャイシャンカルは、2019 年 7 月 24 日にニューデリーを訪れていた BIMSTEC 事務局長に対し

て、「BIMSTEC により多くのエネルギーを投ずる必要」があると伝えた。その前のカトマンズでの BIMSTEC の閣僚会議では、ホストであるネパールの外務大臣が全体的に乏しい進展を具体的に嘆く場面があった。タイは BIMSTEC を再度優先するとした文書を提出した。この文書は今の14 の協力分野を 5 に削減し、真剣に協力を推進するよう要請するものであった。新たに提案された分野は、連結性、貿易・投資、人と人とのコンタクト、テロ対策、越境犯罪と安全保障と科学技術である。上記はメンバー国の統一見解ではないものの、メンバーの間で抱えているフラストレーションの程度を明確に示すものである。

　メンバー国の参加が積極的でないのは、政治的意欲の欠如のためである。地域協力の核心は戦略の実践である。参加諸国の戦略的利害がまとまらない限り、誠実な意図と魅力的な美辞麗句があっても実質的協力は実現しない。政治的意欲とコミットメントの欠如は BIMSTEC 会議でも閣僚、首脳の両レベルで明確に取り上げられた。BIMSTEC メンバー 7 カ国のうち 5 つは SAARC のメンバーでもあり、もし SAARC の協力が満足のいくものでなければ、パキスタンがいないという理由だけで、どうして BIMSTEC がうまく行くのだろうか。このうち、ブータン、バングラデシュ、インド、ネパール（BBIN）の 4 ヵ国は、2014 年以降の準地域協力を望むように推進できていないという点もまた思い起こされる。BIMSTEC メンバー国に対しては、インドと競合関係にある中国も多大な影響力を行使している。

11 インド・ASEAN 経済協力

　インド ASEAN 間の経済協力についての統計を見ても、このことは適切に描写されている。ASEAN は、6 億 5,000 万人の人口を抱え、その GDP 合計は推定で 3 兆米ドルにも及ぶ。ASEAN からインドへの投資は過去 17 年間で 720 億米ドルにのぼり、これはインドによる合計の海外直接投資

（FDI）の 17％を上回る。同時期のインドから ASEAN への投資は 400 億米ドルを超える（Chakravarty, 2018）。

　下記の図 3 は、インドの ASEAN 諸国との貿易がどのようなものか示している。

　東南アジアとの経済関係におけるインドの実際の立場は、他の主要経済と比較してはじめて全体像をつかみ理解することができる。2017 年の日本・ASEAN 貿易額は 2,180 億米ドルであったが、日本の最大の強みは膨大な投資可能資本である。これまで日本は東南アジアに 4,000 億米ドル以上投資してきており、東南アジアにおける最大投資国である。インドの場合、2010 年の 560 億米ドルから 2017 年には 720 億米ドルへ増加している。中国の ASEAN との貿易は 2010 年の 2,130 億米ドルから 2018 年には 5,700 億米ドルへ伸びている。上記の数値は多くの面で、アジアの他の主要経済に対してインドがどこに位置するか示している。二国間投資にも進歩的な発展が見られ、2010 年の 107 億米ドルから、2015 年には 158 億米ドルへ増加した（CEIC, 2016; Ministry of Commerce, People's Republic of

図3　インドの ASEAN 諸国との貿易（1995 〜 2016 年）

表2　インドの ASEAN 諸国とのの貿易収支（単位：百万米ドル）

国　名	2008年	2009年	2010年	2001年	2012年	2013年	2014年	2015年	2016年	2017年
ブルネイ	-300	-462	-186	176	-725	-696	-900	-577	-424	-471
カンボジア	50	38	53	80	100	109	137	103	66	76
インドネシア	-3533	-4991	-5147	-7135	-8205	-10035	-10808	-10930	-9161	-12150
ラオス	4	20	-12	-52	-113	-66	4	-91	-148	-205
マレーシア	-4416	-1459	-2446	-5205	-6370	-4008	-6372	-4622	-4453	-3088
ミャンマー	-677	-985	-848	-791	-817	-699	-532	-160	70	329
フィリピン	523	383	407	561	624	960	1035	790	1016	901
シンガポール	365	674	1824	7917	7089	6482	2574	295	852	3855
タイ	-590	-1092	-1804	-1843	-2008	-1548	-2202	-2505	-2355	-2769
ベトナム	1612	1296	1488	1864	1677	2465	3729	2654	2849	3969
ASEAN	-6963	-6579	-6669	-4428	-8747	-7036	-13335	-15044	-11686	-9553

（出所）Direction of Trade Statistics, IMF, 2018

China, 2016)。

　ASEAN 投資報告（2017）によれば、インドの幾つかの多国籍企業と国営企業が、ASEAN の主にオイルとガスの探査と生産、そして石炭採掘関連の採取産業に投資している。これらの企業にはエッサール（Essar）、センチュリー・プライ（Century Ply）、ジュービラント・オイル＆ガス（Jubilant Oil and Gas）、ONGC Videsh、リライアンス・インダストリーズ（Reliance Industries）、オイル・インド（Oil India）が含まれ、ミャンマーで業務を行っている。パンジャ・ロイド（Punj Lloyd）はミャンマーでガス・オイルのパイプライン事業に参画している。タタ・パワー（Tata Power）は、インドネシアとミャンマーでは石炭採掘と発電活動に携わっており、エッサール・グローバル（Essar Global）とモネ・エスパト

表3　選抜 ASEAN 諸国からインドへの輸入額（単位：百万米ドル）

国　名	2013 年	2014 年	2015 年	2016 年	2017 年
インドネシア	15232.09	15260.84	13883.31	12303.98	16229.43
マレーシア	9061.16	10976.59	9563.19	8650.69	8898.34
ミャンマー	1372.73	1401.03	1023.70	1086.54	739.60
ベトナム	2838.08	2779.38	2683.83	3107.45	4147.51

表4　ASEANにおけるインドの海外直接投資（単位：百万米ドル）

産　業	2012年	2013年	2014年	2015年	2016年	2012～2016年
農林水産	8.7	4.6	4.7	3.5	4.4	25.8
採鉱・採石	(0.7)	0.4	(0.1)	0.2	2.9	2.7
製　造	109.4	66.2	34.2	(131.4)	20.2	98.6
サービス	7,193.7	2,036.9	1,177.4	1,089.3	1,021.1	12,518.4
うち，卸売り・小売り貿易：自動車・バイク修理	633.9	192.1	25.1	131.5	199.0	1,181.6
運輸・保管	(451.5)	(17.0)	36.6	0.4	41.0	(390.5)
金融・保険	5,619.6	1,067.6	771.5	525.7	(578.4)	7,405.9
不動産	9.1	1.3	428.7	296.0	276.2	1,011.4
合　計	7,311.1	2,108.1	1,216.2	961.6	1,048.6	12,645.5

（Monnet Ispat）はインドネシアの石炭採掘にかかわっている（ASEAN Investment Report, 2017）。

12 結　論

　世界の舞台においてインドを重要なプレーヤーにするという現代インドの創設者たちのビジョンは、新世紀において力強い現実となりつつある。現代インドの世界政治への進出は、ハード・ソフトパワーとしての複数の基準において明らかである。責任能力がある強国としてのインドの出現は、その宇宙開発、ミサイルとデュアル・ユース・テクノロジーにおける業績によって強化されており、大陸的、地域的安定性に尽力することによってその資質を高めていくであろう。インドはもはや援助を受ける国ではない。実際は、近隣諸国と拡張近隣諸国に対して技術、開発と人道支援を提供する立場である（AIIASC, 2019）。インドの企業は、バングラデシュ、ミャンマー、ベトナムに対して多額の投資をしている。

　民主主義が機能している最大の国家としてインドは、アジア諸国の好奇心を刺激し続けている。人口ボーナスは（意欲的な若者や中流階級の巨大

な人口層による）、グローバル化の時代に多大な経済的リターンをもたらしている。インドは常に規則に基づく世界秩序に寄り添い、法を遵守する国家として認識されている。

しかし北の大きな隣国である中国は、インドが米国、日本、オーストラリア等と戦略的・経済的関係を築く試みを、中国の優位性に対抗するものと受け止め、快く思ってはいない。逆にインドも中国のイニシアチブを自国の利益にとって好ましくないものと受け止めており、それゆえ、中国の一帯一路構想への参加を拒否している（AIIASC, 2019）。

しかしながら近年、インドは実際には自国の発展のために地域、地域間パートナーシップが必要不可欠であることを理解しており、地域、地域間レベルでその政策を大幅に転換してきた。つまり、「互恵主義から非互恵主義へ」、「二国間主義から多国間主義へ」、「単独行動主義から建設的単独行動主義へ」、「資源国家主義から資源共有主義へ」のシフトが認められている。

モディ政権が2014年に立ち上げた、東方地域との関与の再活性化を試みたアクト・イースト政策によって、インドの特に東南アジアとの関係を深め強化し得る幾つかの新しい側面が特定されてきた。ASEAN のほかに、東アジア諸国もまた AEP の範囲に含まれている。インドはこれまで経済的関係においては周辺的な存在にとどまっていることに気づき、また経済が東アジアの地政・地経学両面でのコアを成すため、ニューデリーにとっては、インドの経済連携を質的に向上させ、進展する東アジアの経済均衡を構成する主要プレーヤーとなるのをも助ける、新たな経済政策を策定することが不可欠のものとなっている。

インドの持続可能な経済成長は、妥当な価格での複数の供給源からの、長期的かつ中断することのないエネルギー供給に大いに依存している。過去数年間インドは、複数のエネルギー政策選択肢（国内・国外）、複数の燃料、複数のサプライヤーを開拓してきた。中央アジアやロシアを含む西側近隣諸国は豊かな炭化水素を保有するが、敵対的インド・パキスタン関

係が、インドがこれらの地域に陸路経由で近づくのを阻み、インドはそのような貿易からの恩恵を受けられていない。これら国内外の障壁および妨害と、地域の北東部には豊富なオイル＆天然ガス資源があることから、地域間政策は、現在の受入れ能力を管理し、東方の未開発のエネルギー資源ポテンシャルを利用する方法の1つとみなされる。バングラデシュ、ミャンマーを介した東南アジア諸国というのが、特に電力と天然ガスでのエネルギー貿易における可能性のある1つの代替手段である。

　こうした地域協力は、中国の野心的な一帯一路構想とそれに付随する経済的、地政学的、安全保障的懸念を背景にますます重要性を増している。よってインドは、多国間枠組みの下で地域協力モデルを開発する協調した取り組みを行うべきである。さらに、一帯一路構想の代替案を提供し、領土主権侵害、国内問題への干渉や債務トラップ外交といった欠点を排除するモデルが必要とされている。

参考文献

Abdin, M. J., (2016) Bangladesh's Potential as a Regional Economic Corridor, [Online Web] Accessed 25 April 2018, URL: https://papers.ssrn.com/sol3/papers.cfm?abstract_id=2782953

Act East Policy, (2015, December 23), Retrieved from Press Information Bureau: http://pib.nic.in/newsite/PrintRelease.aspx?relid=133837

Ahmad, S. (November 2013-2014), "The 'look east' policy of Bangladesh", [Online: web] Accessed 5 March 2018 URL: http://www.thedailystar.net/the-look-east-policy-of-bangladesh-50030.

Anon, (2017), "Sri Lanka-Bangladesh Relations: Room to Grow?", [Online Web] Accessed 26 October 2018, URL: http://www.lki.lk/publication/spotlight-sri-lanka-bangladesh-relations-room-grow-professor-rashed-uz-zaman/

All India International and Area Studies Convention (2019) School of International Studies, JNU, New Delhi.

ASEAN Documents Series 2004, 'PLAN OF ACTION TO IMPLEMENT THE ASEAN-INDIA PARTNERSHIP FOR PEACE, PROGRESS AND PROSPERI-

TY', Vientiane, Laos, 30 November 2004, p. 85, https://www3.nd.edu/~ggoertz/rei/reidevon.dtbase2/Files.noindex/pdf/d/ASEAN-treaties-2004.pdf

Baruah, Darshana M. (2015) The Small Islands Holding the Key to the Indian Ocean, the Diplomat, February 24, 2015

Batra, A. (2010). Asian Economic Integration and Sub-Regionalism: A Case Study of the BIMSTEC. *SAGE*, 1-25, Retrieved from https://journals.sagepub.com/doi/pdf/10.1177/002088171104700101

Bhardwaj S. (2003), "Bangladesh Foreign Policy vis-a-vis India', *Strategic Analysis*, 27 (2) : 263-278.

Bhatia, Rajiv 2016, A Review of Narendra Modi's Foreign Policy, News laundry, May 30, 2016.

Bhattacharyay B. N. (2006), "Towards Greater Economic Cooperation and Integration among BIMSTEC Countries and Japan in Money", Finance and Investment, CSIRD Discussion Paper, vol. 18, (2006), pp. 1-19.

BIMSTEC Energy Outlook 2030, A Report prepared by South Asian Regional Initiative for Energy Integration, December 2017, New Delhi, p. 106.

Björn Hettne and Fredrik Söderbaum, (2000) Theorising the Rise of Regionness, Contribution to New Political Economy, Vol 5, No 3 (December), pp. 457-473.

Chakravarty, P. R. (2018, April 25), *India's changing global priorities and the role of the act east policy*, Retrieved from ORF: https://www.orfonline.org/research/indias-changing-global-priorities-and-the-role-of-the-act-east-policy/

Chakravarty, P. R. (2018, June 1). *BIMSTEC and BBIN- India's highway to the east*, Retrieved from ORF: https://www.orfonline.org/research/bimstec-and-bbin-indias-highway-to-the-east/

De, Prabir. (2016). India: building connectivity under the Act East Policy, In M. G. Plummer, P. J. Morgan, & W. Ganeshan (Eds.), *Connecting Asia- Infrastructure for Integrating South and Soutn East Asia* (pp. 244-273), Edward Elgar Publishing Limited.

Energy Outlook on India by BP (2018) : Available at https://www.bp.com/content/dam/bp/en/corporate/pdf/energy-economics/energy-outlook/bp-energy-outlook-2018.pdf

ESCAP, United Nation (2017), enhancing regional economic cooperation and integration in Asia and Pacific, Enhancing Regional Economic Cooperation and Integration in Asia and the Pacific Bangkok.

Fawcett, L. (2004), "Exploring Regional Domains: A Comparative History of Regionalism", *International Affairs*, 80 (3) : 429-446.

Gilboy, George J. and Heginbotham, Eric (2012), *Chinese and Indian Strategic Behaviour: Growing Power and Alarm*, New Delhi: Cambridge University Press.

Gippner, Olivia. 2010. Energy Cooperation in South Asia: Prospects and Challenges. VIII+54. Kathmandu: South Asia Watch on Trade, Economics and Environment (SAWTEE).

Haider, Z. (2006), *The Changing Pattern of Bangladesh Foreign Policy: A Comparative Study of Mujib and Zia Regimes*, Dhaka: The University Press Limited.

Halim, M. A. (1989), "Foreign Policy of Bangladesh: Framework of Analysis", in Emajuddin Ahamed (ed.) *Foreign Policy of Bangladesh: A Small State's Imperatives*, Dhaka: The University Press Limited.

Holsti, K. J. (1967), *International Politics: A Framework of Analysis*, Englewood Cliffs: Prentice-Hall.

Joint Statements issued at the end of the Visits of India's President in November 2018 and the Vice-President in May 2019, to Vietnam. MEA Website.

Kabir, Ashik, "Indo-Bangladesh Relations: In the Context of North-East India", www.academic.edu.

Khan, M. M. (2004), "Foreign Policy Dimension: Issues, Options and Directions", in Abul Kalam (ed.) *Bangladesh in the New Millennium*, Dhaka: The University of Dhaka Press and The University Press Limited.

Khuran, Gurpreet Singh (2006) Securing the Maritime Silk Route: Is there a Sino-Indian Confluence, China and Eurasia Forum Quarterly, Vol 3, No. 3 (2006) pp-89-103.

Kodikara, S. (1984), Strategic Factors in Interstate Relations in South Asia, New Delhi: Heritage Publishers.

Lopez, Leslie (2016), "South China Sea-Part One: Fish Wars", *Straits Times*, Kota Kinabalu, March 3, 2016 (online: web) Accessed 5 March 2016 URL: http://www.straitstimes.com/asia/south-china-sea-fish-wars

Mohan, R. C. (2015, January 29). *From Looking East to Acting East*. Retrieved from Ministry of External Affairs: https://www.mea.gov.in/in-focus-article.htm?24714/From+Looking+East+to+Acting+East

Mukherjee, R. (2018, January 23). *East by Southeast: Three challenges for India's*

'*Act East' policy*. Retrieved from Business Standard: https://www.business-standard.com/article/economy-policy/east-by-southeast-three-challenges-for-india-s-act-east-policy-118012300197_1.html

Naidu, G.V.C., *India and Asean* (New Delhi, Institute for Defence And Strategic Analysis, 1998).

Nitin Sethi, "Pipped to Post: India loses Myanmar's gas to China, Well almost". *Down to Earth*, https://www.downtoearth.org.in/news/pipped-to-the-post-7808

Plummer, M. G., Morgan, P. J., & Ganeshan, W. (2016), *Connecting Asia-Infrastructure for Integrating South and South East Asia* (1st ed.). Edward Elgar Publishing Limited.

Plummer, M. G., Morgan, P. J., & Ganeshan, W. (2016), *Connecting Asia-Infrastructure for Integrating South and Southeast Asia* (1st ed.). Edward Elgar Publishing Limited.

Priyanshi Chauhan, "Cooperation Against Competition: India and China in Energy Sector", South Asian Voices, July 16 2019. https://southasianvoices.org/cooperation-against-competition-india-china-energy-sector/

Rahman M. M. and C. W. Kim (2015), "BIMSTEC Regional Integration: Prospects and Challenges", *Advanced Science and Technology Letters*, Business, vol. 114, pp. 90-95.

RIS, ASEAN-India Centre, Mekong-Ganga Cooperation: Breaking Barriers and Scaling New Heights, New Delhi, 2017, pp. 13-15.

Rosenau, J. N. (1966), "Pre-Theories and Theories of International Politics", in R. Barry Farell (ed.) *Approaches to Comparative and International Politics*, Evanston, IL: Northwestern University Press.

S.D. Muni and Rahul Mishra, India's eastward Engagement: From Antiquity to Act East Policy, Sage, New Delhi, 2019.

Taga and Igarashi, (2018) The New Internationalism of Sub-regionalism, Routledge, London

Vayryanen, Raima (2003) Regionalism: Old and New, *International Studies Review, Volume 5, Issue 1, March 2003, Pages 25–51.*

Viswanath, A. (2018, February 3), *Why 'Act East' will work when 'Look East' did not*, Retrieved from Financial Express: https://www.financialexpress.com/opinion/why-act-east-will-work-when-look-east-did-not/1048663/

Zhao Hong, "China-Myanmar Energy Cooperation and its regional implications",

Journal of Current Southeast Asian Affairs, Vol. 30, No.4, 2011, pp.89-109.

サンジャイ・K・バールドワージ
パヴィトラ・バールドワージ
（大岩隆明監訳）

第**5**章
ネパールの開発課題

1 はじめに

　本章では、南アジア地域協力連合（South Asian Association for Regional Cooperation、以下 SAARC）加盟国の位置を確認し、その中でも遅れた位置にあるネパールの発展条件を、M.E. ポーターの「ダイヤモンド理論」と拙稿馬田（「開発経済学序説」）（2018 年）を基に分析する。なお、拙稿馬田「ミャンマーの開発課題」（2019 年）では、ほぼ同様な理論的枠組みでミャンマーを、拙稿馬田「ラオスの開発課題」（2019 年）ではラオスを分析した。これは、そのネパール版でもある。

　本章の構成は、以下の通りである。2 節で SAARC におけるネパールの位置を確認する。3 節で要素条件についてネパールの現状を説明する。4 節でネパール発展のための課題について要素条件を基に分析し、最後に 5 節でまとめと今後の課題を述べる。

2 ネパールと南アジア地域協力連合

　SAARC は、南アジアにおける比較的緩やかな地域協力の枠組みで、南アジア諸国民の福祉の増進、経済社会開発および文化面での協力、協調等の促進を目的としている。原加盟国は、インド、パキスタン、バングラデシュ、スリランカ、ネパール、ブータン、モルディブの 7 カ国で、1985 年に正式に発足し、2007 年にアフガニスタンが正式に加盟した。常設事務局

は、1987 年以降ネパールのカトマンズに設置されている[1]。

2018 年の 1 人当たり名目 GDP は、高いほうから、モルディブの 14,500.528 ドル、スリランカの 4,067.853 ドル、ブータンの 3,215.476 ドル、インドの 2,036.204 ドル、バングラデシュの 1,744.512 ドル、パキスタンの 1,555.384 ドル、ネパールの 972.383 ドル、アフガニスタンの 543.724 ドルとなっている[2]。

2018 年、または 2017 年の GDP に占める農林水産業の比率は、低い順から、モルディブの 5.6％（2017 年）、スリランカの 7.9％（2018 年）、バングラデシュの 13.1％（2018 年）、インドの 14.5％（2018 年）、ブータンの 17.4％（2017 年）、アフガニスタンの 20.5％（2017 年）、パキスタンの 22.6％（2018 年）、ネパールの 25.0％（2018 年）となっている[3]。

順位の入れ替わりが多少あるが、農林水産業の比率が低いほど、1 人当たりの GDP は高くなる傾向があることが分かる。

3 ネパールの要素条件の検討

この節では、M.E. ポーターの要素条件を基にネパールについて分析する[4]。

まず、地理的条件をみる。総面積は 14.7 万平方キロメートルで、北海道の約 1.8 倍である[5]。南・東・西をインドに、北をチベット自治区に接する内陸国である。8,000 メートル以上の高山がある一方で、最低標高地は海抜 70 メートルである。熱帯から寒帯、乾燥地から多湿地と様々な気候をもつ。6 月〜9 月は雨期で、11 月〜1 月はほとんど雨が降らない。タライ平原と呼ばれる平野部は国土の 17％しかない。

降水量をみると、カトマンズの年間降水量は、1,476.2 ミリとなっている[6]。また、「低地の Kosi や Biratnagar では年平均で 1,270mm、山地にはいると 1,800mm となり、Mahabharat 山地からヒマラヤ南斜面では 2,500mm をこえる[7]。」

人的資源をみる。2017年の人口は2,930万人である[8]。

宗教をみると、ヒンドゥー教徒81.3％、仏教徒9.0％、イスラム教徒4.4％となっている[9]。

また、民族数は、100以上となっている。国語はネパール語である。

識字率をみると、2011～2016年の若者（15～24歳）の識字率は、男90％、女80％である。また、2011～2016年の、初等学校に入学した児童が最終学年まで残る割合は、男75％、女78％である。また、2011～2016年の、前期中等教育の純就学率は男55％、女53％であり、純出席率は男42％、女46％となっている[10]。

ネパールの教育制度は、1～8年生が基礎教育、9～12年生が中等教育、それ以上が高等教育となっていて、基礎教育が義務教育になっている。

国語の授業はネパール語で行われるが、それ以外は英語で行われている私立学校も多い。また、ネパール語と民族固有の言葉で授業を行うところもある。

都市部と地方で教育の格差は大きく、地方では学校まで徒歩で片道1時間以上かかることもある。また、慢性的に教員が不足している。

大学に関しては、国立トリブバン大学をはじめ、6つの大学と3つの準大学が存在する[11]。

次に、エネルギー資源をみてみる。森林資源があるが、薪が家庭用エネルギーとして使われているので、森林破壊が深刻になっている。発電のほとんどが水力発電であるが、乾季には雨量が少ないので計画停電が行われている。水力発電の開発可能包蔵水力は、42,000MWと見積もられている[12]。2017／18年度の発電量は1,045MWだった[13]。開発可能包蔵水力の約2.5％である。

次に、農作物についてみてみる。主要農作物の米、トウモロコシ、小麦、ヒエなどの他に、レンズマメ、キマメ等の豆類、サトウキビ、ナタネ等の油糧種子、ジュート、タバコ等の換金作物、カリフラワー、キャベツ、トマト、ナス、タマネギ、ダイコン、ニンジン、インゲン、ピーマ

ン、エンドウ、トウガラシ、オクラ、カブ、カラシナ、キュウリ、カボチャ等の野菜、マンゴー、グワバ、レイシ、バナナ、パインアップル等の熱帯果樹、ナシ、モモ、プラム等の温帯果樹、リンゴ、クルミ等の耐寒性の果樹が栽培されている[14]。

　家畜として、牛、水牛、羊、山羊、豚、鶏、アヒルが飼われている[15]。

　なお、食料自給率は92%である[16]。

　次に、森林資源についてみてみる。ネパールには森林資源があるが、農地への転用や薪等のエネルギー資源として利用され、森林資源は減少していて、大きな問題になっている。

　鉱物資源としては、鉛、亜鉛、石灰岩、マグネサイト、鉄、銅、トルマリン、ガーネット、輝石、角閃石、燐灰石、重晶石、金紅石、ジルコン、モナザイト、黄銅鉱等を産出する[17]。

　次に、資本資源についてみてみる。ネパールには2011年において、223の金融機関がある。また、2万3,301の協同組合があり、貯蓄・融資事業を行っている[18]。金融には、直接金融と間接金融がある。また、証券取引所が存在し、取引は活発に行われている[19]。

　次に、インフラストラクチャー（以下インフラ）についてみてみる。

　まず、交通インフラについてみてみる。

　主な道路として、マヘンドラ高速道路（路線距離1,030km）、トリブバン高速道路（路線距離189km）、カトマンズ・コダリ高速道路（路線距離113km）、日本が協力したシンズリ道路（路線距離160km）等がある。

　鉄道は、ジャナクプル鉄道しかない。

　空路では、国内空港が56ある[20]。国際空港は、トリブバン空港のみである。

　観光資源としては、世界文化遺産に登録された仏陀の生誕地ルンビニ、カトマンズ盆地、世界自然遺産に登録されたサガルマータ国立公園、チトワン国立公園等観光資源は多い。

4 ネパールの開発課題

3節で、ネパールの要素条件を確認した。それを踏まえて、開発課題について検討する。重要なことは、要素条件をどう活かし、伸ばし、不足を補うかということである。

経済は、第一次産業、第二次産業、第三次産業と発展していくようである。順に検討する。

経済発展のためには、まず、食料自給率をカロリーベースで100％にする必要があると思われる。食料は生きていくためには必要なものであるし、第二次産業、第三次産業と発展させていくためには、食料生産の生産効率を高めて、余剰労働力をそれらの産業に回す必要がある。また、第二次産業や第三次産業の生産物を輸出して農作物を輸入することも考えられるが、身土不二という言葉があるように、その土地で採れた農作物を食べるのが健康にもいいし、国の安全保障の面から考えても、自給率を100％にする方が望ましい。

ネパールの食料自給率は92％なので、100％は可能ではないだろうか。次のような政策が必要とされる。

ネパールは、気候が地域によりかなり異なっているので、地域ごとに、穀物、野菜、果樹、家畜等主要な農作物の生産を変える必要がある。作付けする品種を変えたら収穫量が増えたようである。ある地域でうまくいった品種が別の地域でもうまくいくとは限らない。地域ごとに、作付けする品種を細かくコントロールする必要があると思われる。

農作物の生産には水が必要だが、天水に頼らず、灌漑設備を整えることで、二期作、二毛作が可能になるので、灌漑設備を整えることが重要である。

山岳地帯が多く、流通が容易という理由でインドに「輸出」されている。国内の道路網を整備することによって、それが国内で消費される可能

性が出てくる。また、ある地域内で、必要とされる穀物、野菜、果樹、肉類等全ての農作物を生産することは難しいと思われる。地域の余剰な農作物を販売し、不足する農作物を購入するためにも道路網は必要とされる。

　化学肥料を用いれば、生産量は増えるかもしれないが、長い目で見て地力が弱まり生産力が減少してくる可能性もある。

　農業で必要とされる知識は、農作物の栽培技術や家畜の飼育技術であろう。将来の職業として農業を考え、必要な知識は学校に行かなくても農作業を通じて親から学ぶことができると考えれば、学校にいくインセンティブは高くはならないかもしれない。

　生産する農作物が換金作物であり、高く売るために高度な栽培技術が必要になれば、そのための教育が必要となる。また、販売方法等も工夫する必要があるので、農業経営やマーケティング等の知識も必要になる。

　エネルギー資源として、水力発電の発電量を増やすことが重要である。石炭や石油の産出はないので、火力発電は難しいと思われる。森林資源をうまく管理すればバイオマス発電は可能かもしれない。資源の観点から言うと水力発電が一番可能性が高い。水力発電は、発電だけではなく、森林資源を保護するためにも必要である。水力発電は、国内で不足する電気をまかなうとともに、インド等に輸出することができるので、外貨の獲得にもつながる。

　課題は、水力発電所を造るための費用であろう。多額の資金と技術者が必要となる。資金調達を考えるときに問題となるのは、どこの国から援助を受けるかである。完全な借り入れならば、返済の必要があり、返済できれば資金を借りた国と対等な関係でいられるので問題は少ないだろうが、返済できなければ、様々な問題が生じる。また、どこかの国から無償資金援助を受けるとなると、国を選ばなければならない。ネパールは、インドと中国に挟まれた小国である。全面的にどちらかの国に依存することになればもう一方の国との関係を悪化させかねない。外交上の微妙なかじ取りが要求される。

森林資源が急速に減少しているようなので、早急に対策が必要となる。森林減少の大きな理由は、農地への転用とエネルギー源の薪である。農地の単位面積当たりの収穫量を増やせば農地への転用は少なくなるだろう。また、水力発電の発電量が増えれば、薪の使用量も減っていくと考えられる。しかしながら、発電量を増やすには時間がかかるので、バイオエタノール等の新たなエネルギー源を開発することも視野に入れる必要があるだろうが、エネルギー用の農作物の増加は、食料用の農作物の生産の減少の可能性もあるので、微妙なバランスが必要とされる。

　第二次産業の発展を考える。その場合に考えなければならないことは、労働力の質と量、原材料の調達、生産物の販売、エネルギー資源、工業用水である。

　労働力の量としては、とりあえず、十分な量があると考えていいだろう。国内の産業が十分に発達していなくて雇用の機会が少ないので、多くのネパール人が海外で働き送金をしている。国内で雇用の機会があれば、国内で働きたいというネパール人は多くいると思われる。

　質としては、最低限、読み書きができ、与えられた仕事の内容を理解し、仕事ができることが必要とされる。識字率、中等教育の純就学率、純出席率等を高めることが必要となる。なお、英語の教育も行われているので、海外から企業が進出する場合は優位だろう。

　主な宗教はヒンズー教である。宗教的に工場労働が難しいという点はないと思われる。多くの民族やカーストから構成されているが、仕事によっては、他の民族やカーストと一緒に仕事ができないということがあれば、大規模な工場生産は難しいかもしれない。ある産業に従事できるのはある民族／カーストのみということがあると、産業によっては労働力の確保が難しいかもしれない。また、カーストは世襲のようでもある。生まれた時から職業が決まっているのは、伝統工芸等を継承したり、人がやりたがらない職業をやるのにはいいかもしれないが、職業選択の自由がないと、新しい産業を担う人材が不足したり、個人が持っている能力を最大限発揮で

きなかったり、経済格差が解消されず世代を超えて持続するといった問題も生じる。海外への出稼ぎ労働が多い原因は、国内産業が十分ではなく、雇用の機会が少ないのが一番の原因だと思われるが、カースト制が原因で、雇用の機会があっても職に就けない可能性もある。

　ネパールの仕事のやり方として気になるのは、途上国に多かれ少なかれみられることであるが、時間の感覚である。あらかじめ仕事等のスケジュールを確定し、決められたスケジュール通りに行動するということが難しいようである。経済発展は、様々な仕事を時間通りにこなすことによって可能になるという側面があるので、仕事のやり方として、スケジュール通りに仕事を行うという習慣を身に着けてもらわなければ、海外から企業が進出し、現地の企業と取引を行ったり、労働者を雇用する場合は困難な面に出会う可能性が高い。

　第二次産業に限ったことではないが、市場経済は、リスクを恐れず事業を始める企業家がいて初めて動き始める。今日の経済は、生産すれば必ず売れるような商品を考え出すのが難しくなってきている。ネパールの教育は暗記が中心になっている。このような教育は、未来が過去の延長である場合はある程度有効であるが、新しい商品、その販売方法等、新しいことを考え出さなければならないときは不十分である。想像力・創造力を高める教育に転換していく必要がある。何かを創造するときには、無から生じることは稀であろう。何かを少し修正したり、何かと何かを組み合わせたり、現実には不可能だと思われることを想像することによって、生み出されるのだと思われる。そのために必要なことは、必ずしも暗記をする必要はないが、可能な限り多くの知識をインプットすることと、テーマを設定したうえでのディスカッション、そして考え抜くことだと思われる。

　原材料の調達を考える場合、ネパール国内で調達可能なのは、農作物である。その他、鉱物資源を産出する。

　鉱物資源を原材料として使用する場合は、採掘、精錬のための工場が必要とされるが、地理的条件を考えると難しいのではないだろうか。高山に

工場を造るとなると、交通網も十分ではないので、建設は難しそうである。

　ネパール国内に自動車工場を建設することを考えると、関連する産業が多く、もし出来れば大きな雇用創出効果を持つと思われるが、産業を集積させるには、広大な土地も必要とされ、部品を輸送するための交通網、電力等ハードルは高そうである。

　マンゴー、バナナ、リンゴ、パイナップル等を産出するので、交通網が整備されれば、それらを原料としたジャムやジュース、ドライフルーツ等は、工場建設のために必要な土地もそれほど必要ではなく、工場自体もシンプルで小規模で済むのでそれほど難しくはないと思われる。いわゆる六次産業である。また、加工することにより、保存できるようになるので、農家等の所得増にもつながると思われる。

　もうひとつの可能性は、インドとのプラスワンではないだろうか。南部の平野部はインドとの国境で、インドとの鉄道や道路による交通網の建設は、北部の山岳地帯と比べれば、比較的容易である。家電製品等の一部の部品を製造し、インドに輸出するという方法である。交通網と電力が課題となるが、これらが解決されれば、可能性はあると思われる。

　ネパールの都市部では、英語で教育が行われている。インドは英語も話されているので、言葉の問題は少ないだろう。

　問題は、中国とのバランスだろう。インドとの経済的な関係が強くなれば、中国とのバランスを欠き、それが新たな問題になる可能性がある。微妙な外交バランスが必要になるかもしれない。

　生産物の販売に関しては、ネパールは発展途上国であるため、需要は飽和していないので、潜在的な需要は高いと思われる。また、南はインド、北は中国と大国に挟まれている。ネパール国内で生産できれば、販売はそれほど難しくはないのではないだろうか。問題は、交通網であると思われる。輸送費が高いと販売価格が高くなるので、交通網を整備して輸送費を安くする必要がある。

エネルギーとしては、水力発電を使った電力が有望であるが、建設費が高く、潜在的な電力をすべて実現するのはかなり困難だと思われる。

工業化には工業用水が必要とされる。ネパールには乾季があるので、その間の工業用水をどう確保するかが課題となる。ダムの建設が1つの解決策であるが、コストを考えると難しそうである。

第三次産業としては、豊かな自然資源や観光資源を活かすことだろう。ヒマラヤ、トレッキング、世界遺産と観光資源は多い。観光地は既に存在しているので、新たな開発は特に必要ではない。また、観光産業は、飲食業、交通業、ホテル業、土産物業と関連する産業も多いので、多くの雇用も見込まれる。

観光資源の主なものは、自然資源とヒンズー教と仏教の寺院が主なものであるが、100以上といわれる民族の文化や歴史を観光資源としてうまくいかせないだろうか。ネパール民族の文化・歴史・言語等を総合的に紹介するHPでもあればと思う。

様々な観光地を訪れるのに必要となるのは、交通網の整備である。国際空港がトリブバン国際空港だけなので、東部と西部に1つずつ国際空港が増えれば、海外からの観光客には便利だろう。

市内に入れば、主な移動手段はタクシーになる。メーターの使用が義務づけられているようであるが、メーターがない、使えない、使わないタクシーも多い。きちんとメーターが使用するタクシーが増えれば、観光客の利便性は増す。

電車が走るようになり、バスの使い勝手がよくなれば、利便性は増すであろう。

カトマンズ市内を歩いていて感じるのは、ダストの多さである。道路が舗装されていなくて、土ほこりが多いので、マスクが必須である。道路の舗装も必要である。

市内の土産物店では様々なお土産が売られているが、ごく一部の店を除いて値札がない。値段は交渉である。値段交渉が楽しいと思う人もいれ

ば、めんどくさいと思う人も多いだろう。値札をつけて、交渉次第では安くなるという売り方がいいのではないだろうか？

　カトマンズ市内のホテルの数とサービスの質は概ね満足できる水準にあると思われるが、問題なのは水だろう。水は出るが、時々、茶色に濁った水が出る。飲める水とまでは言わないが、濁っていない水が出ればと思う。

　その他に可能性のある第三次産業は、IT関連ではないだろうか？　インドはコンピュータのプログラムの作成で利益を出している企業も多い。ネパールもその可能性はないだろうか？

　観光に関する様々な情報をHP等で発信すれば、観光客は増え、広告収入が得られるかもしれない。

　観光客が増えれば、ゴミが問題になることが多い。新たなゴミの収集と処理のシステムが必要になるであろう。

　第三次産業で働くことを考えると、第二次産業とは違ったことが教育では必要とされる。

　観光産業での主な仕事は接客業であろう。観光客を相手にする仕事である。その場合に必要とされるのは、コミュニケーション能力である。ネパールでは英語で授業を行っている学校も多いのでその点は優位である。また、コミュニケーション能力には、言語能力だけではなく、相手の言いたいことを察する能力、つまり、高いEQが必要とされる。EQを高めるためには、小説を読む力や、芸術、自然に接して、感受性を育む教育が必要とされる。

　HP等で情報を発信するためには、HPのデザイン能力が必要とされる。ここでも求めらるのは、芸術的な能力を育むことである。

　IT関連産業を考えると、必要とされる教育は、プログラミング能力であろう。また、様々なアプリケーションソフトを考える場合は、プログラミングの能力だけではなく、対象とする分野での幅広く深い知識が必要とされる。さらには、使い勝手を良くするためには、使い手の立場に立って

開発する能力も必要とされる。

　第三次産業についていくつか例を出し、必要な能力について考察してきたが、今後、インターネットが高速になり、AIが普及してくると、今までにはなかった新しい財・サービスが生み出されてくる可能性は大きい。その際、最も必要となるのは、第二次産業のところでも言及したが、想像力・創造力だと思われる。

　将来の産業構造を予測し、それに合った教育制度をつくっていくことが重要になる。

　交通網の整備は、いづれの産業の発展にとっても重要である。交通機関として、飛行機、電車（汽車）、自動車が考えられる。飛行機はコストが高いが早い。電車（汽車）は、線路が固定されているが、大量の物資や乗客を一度に運ぶには有利である。道路は、一度に運べる物資や人は限られているが、様々なところに運ぶことができる。交通網の整備計画では、データを取るのが難しいが、費用・便益分析等で優先順位をつけることが必要である。

⑤ まとめと今後の課題

　本章では、要素条件を中心に、ネパールの要素の現状から経済発展の可能性と課題について論じてきた。

　重要なのは、水力発電、交通網の整備、農業・六次産業の発展、観光産業、IT産業、教育の格差の解消、創造力・想像力を育む教育への転換であろう。

　交通網の発展は、様々な産業発展の基礎である。交通手段の特性を踏まえ、費用便益分析等で、優先順位をつけ、計画的に整備していくことが重要である。

　エネルギーとして水力発電が有望である。水力発電量が増えれば、森林破壊を食い止めることに役立ち、電力を輸出して外貨を稼ぐことも可能に

なる。

　農業生産の増大が必要である。要素条件を考えると、製造業を発展させる場合は、大規模な工場生産よりも小規模なものが中心となるだろう。教育を想像力・想像力を育む教育に転換することにより、様々な第三次産業を発展させることが必要とされる。

　本稿では、開発の課題について、文献やインターネット上の情報に基づき、全般的に論じてきた。文献やインターネット上の情報が他国（ミャンマー、ラオス）に比べて少ないようである。それぞれの課題について、実態調査を踏まえて、詳細な分析をすることが今後の課題である。

参考文献

アジア経済研究所『アジア動向年報 2019』日本貿易振興機構アジア経済研究所、2019 年。

馬田哲次「開発経済学序説」山口経済学雑誌、第 66 巻第 6 号、2018 年。

馬田哲次「ミャンマーの開発課題」、豊嘉哲編『アジア共同体の可能性』芦書房、2019 年。

馬田哲次「ラオスの開発課題」山口経済学雑誌、第 68 巻第 3 号、2019 年。

ダニエル・ゴールマン『EQ ～こころの知能指数』（土屋京子訳）講談社、1996 年。

『地球の歩き方』編集室『地球の歩き方　ネパール　2013 ～ 2014 年版』ダイヤモンド社、2013 年。

M.E. ポーター『国の競争優位（上）』（土岐坤、中辻萬治、小野寺武夫、戸成富美子訳）ダイヤモンド社、1992 年。

M.E. ポーター『国の競争優位（下）』（土岐坤、中辻萬治、小野寺武夫、戸成富美子訳）ダイヤモンド社、1992 年。

参考ウェブサイト・資料

大角泰夫、花田敏雄、持田作（1994）「ネパールとラオスの農業と林業の特性」国際農林水産業研究センター研究資料. 6、1-122、1994 年。
https://www.jircas.go.jp/sites/default/files/publication/researchdoc/research-doc6-_1-122.pdf（2019 年 8 月 24 日アクセス）。

尾崎行義「ネパールの電力セクター事情」2018 年。

https://www.jica.go.jp/priv_partner/information/2018/ku57pq00002aw02r-att/
ku57pq00002d24lo.pdf（2019 年 11 月 3 日アクセス）。

浜田清彦「ネパールの教育・留学事情〜海外留学ブームの中で〜 current educa-
tional system and situation in Nepal: Booming trend of studying abroad」ウェ
ブマガジン『留学交流』2014 年 6 月号、vol. 39、2014 年。
https://www.jasso.go.jp/ryugaku/related/kouryu/2014/__icsFiles/afieldfile/
2015/11/18/201406hamadakiyohiko.pdf（2019 年 11 月 26 日アクセス）。

An Overview of Mining, Mines and Minerals in Nepal
https://www.imnepal.com/mining-mines-minerals-nepal/（2019 年 10 月 14 日ア
クセス）。

IMF「一人当たり GDP」
https://www.imf.org/external/pubs/ft/weo/2019/01/weodata/weorept.aspx-
?sy=2018&ey=2018&scsm=1&ssd=1&sort=country&ds=.&br=1&c=512%2C556
%2C513%2C514%2C558%2C564%2C524%2C534&s=NGDPDPC&grp=0&a=&pr.
x=93&pr.y=13（2019 年 10 月 12 日アクセス）。

外務省「南アジア地域協力連合（SAARC）」
https://www.mofa.go.jp/mofaj/area/saarc/index.html
https://www.mofa.go.jp/mofaj/area/saarc/gaiyo.html（2109 年 10 月 12 日アク
セス）。

外務省「ネパール連邦民主共和国　基礎データ」
https://www.mofa.go.jp/mofaj/area/nepal/data.html#section1（2019 年 10 月 13
日アクセス）。

外務省「世界の学校を見てみよう　ネパール」
https://www.mofa.go.jp/mofaj/kids/kuni/nepal.html（2019 年 10 月 13 日アクセ
ス）。

気象庁
http://www.data.jma.go.jp/gmd/cpd/monitor/climatview/graph_mkhtml.php?
n=44454&y=2014&m=1&e=0&r=1&s=5&k=0（2019 年 10 月 13 日アクセス）。

国土交通省
http://www.mlit.go.jp/kokusai/kokusai_tk3_000107.html（2019 年 10 月 14 日アク
セス）。

「世界経済のネタ帳」
https://ecodb.net/ranking/imf_ngdpdpc.html（2019 年 10 月 12 日アクセス）。

世界銀行「農林水産業の GDP に占める割合」

https://data.worldbank.org/indicator/NV.AGR.TOTL.ZS?name_desc=false
（2019 年 11 月 24 日アクセス）。

「世界子供白書 2017」
https://www.unicef.or.jp/sowc/pdf/UNICEF_SOWC_2017.pdf（2019 年 10 月
13 日アクセス）。

「世界の食料自給率」
http://www.maff.go.jp/j/zyukyu/zikyu_ritu/attach/pdf/013-1.pdf
（2019 年 11 月 24 日アクセス）。

「DTAC ネパール観光情報局」
http://www.dtac.jp/asia/nepal/data.php（2019 年 10 月 13 日アクセス）。

「日本企業にとっても魅力的なネパール」
http://www.tepia.co.jp/tepiamonthly/pdf/tepia-monthly20170316.pdf（2019 年
10 月 14 日アクセス）。

ネパール
http://atlas.cdx.jp/nations/asia/nepal.htm#TOP（2019 年 10 月 13 日アクセス）。

「ネパール基本情報」
https://www.hankyu-travel.com/guide/nepal/country.php（2019 年 10 月 13 日
アクセス）。

「ネパール空港一覧」
https://flyteam.jp/area/asia/nepal/airport（2019 年 10 月 14 日アクセス）。

「ネパール道路地図」
https://www.travel-zentech.jp/world/map/Nepal/Road_Map_of_Nepal.htm
（2019 年 10 月 14 日アクセス）。

「ネパールの地形」Embassy of Nepal, Tokyo
https://jp.nepalembassy.gov.np/ja/ ネパールの地形 /（2019 年 10 月 13 日アク
セス）。

「ネパールの学校制度！入学から卒業までの教育システムをご紹介」
https://nepajapa.com/nepal-school-system/（2019 年 10 月 13 日アクセス）。

「ネパールの悲願『シンズリ道路』が土木学会賞を受賞——高低差 1,300 メートル
を克服し、ネパールの経済発展に寄与」
https://www.jica.go.jp/topics/2016/20160617_01.html（2019 年 10 月 14 日アク
セス）。

「ネパールの投資環境（法制度及び市場の潜在性）」
https://www.np.emb-japan.go.jp/jp/pdf/investment.pdf（2019 年 10 月 14 日 ア

クセス）。

「密かに活況を呈するネパールの証券市場とその課題」

　https://www.dir.co.jp/report/asia/asian_insight/20140821_008875.htm（2019 年
　10 月 14 日アクセス）。

注

（ 1 ）外務省 HP 参照。

（ 2 ）IMF 参照。

（ 3 ）世界銀行 HP 参照。

（ 4 ）要素条件については、M.E. ポーター『国の競走優位（上）』1992 年を基に、拙
　　稿馬田、「開発経済学」2018 年、「ミャンマーの開発課題」2019 年、「ラオスの開
　　発課題」2019 年でも説明したので、本章では省略する。

（ 5 ）外務省 HP 参照。

（ 6 ）気象庁のデータを基に計算。

（ 7 ）大角泰夫、花田敏雄、持田作、1994 年、8 頁。

（ 8 ）外務省 HP 参照。

（ 9 ）外務省 HP 参照。

（10）『ユニセフ世界子供白書 2017』参照。

（11）浜田清彦、2014 年参照。

（12）尾崎行義、2018 年参照。

（13）アジア経済研究所、2019 年参照。

（14）大角泰夫、花田敏雄、持田作、1994 年参照。

（15）同上参照。

（16）農林水産省 HP 参照。

（17）An Overview of Mining, Mines and Minerals in Nepal 参照。

（18）「ネパールの投資環境（法制度及び市場の潜在性)」参照。

（19）「密かに活況を呈するネパールの証券市場とその課題」参照。

（20）「日本企業にとっても魅力的なネパール」参照。

馬田哲次

第6章

ネパールにおける公共政策
回顧と展望

1 はじめに

　南アジアの新興国であるネパールは、ヒマラヤのすそ野に位置し、100以上のカースト／民族や言語をもつ多民族・多言語国家である。これらの社会的、文化的多様性は国民のアイデンティティーの価値を高め、国家建設の基盤を成す。北の大国中国と南の大国インドに囲まれて、ネパールは近代国民国家へと移行しつつある。ネパールの人口は約3,000万人で面積は147,181平方キロメートルである。今日、ネパールの産業は、農業（29％）、工業（14.31％）、サービス業（57.03％）である（Central Bureau of Statistics［CBS］, 2019）。

　ネパールは南アジアで独特な政治史を描く。この国は18世紀にいくつかの散在する小さな地域を統一することで造られ、また、歴史を通して、国家の全体性を守り植民地支配から逃れるために、東インド会社や北のチベットと戦った。しかしながら、権力闘争のためのいくつかの陰謀と流血を何度か目撃した。結果としてネパールの政治システムはいつも論争の的となり不安定である。国土統一後の一族による寡頭政治はラナ政権と呼ばれる。この期間ネパール国家は主にラナ一族、高貴な一族や高官による君主国だった。「王位」、「首相」、「高官」は世襲で利己的であった（Jha, 2005）。当時政策形成過程は透明性を欠き、人々の利益を考えたものでもなかった。

　1951年に寡頭政治が廃止されたとき、ネパールは近代的な公共管理に

入った。それに従って、政策形成過程も改革された。本章は簡潔に現代ネパールの公共経営の問題と全体的な公共政策決定の実際を紹介する。

2 ネパールの公共管理

　一世紀にわたるラナ一族による専制政治を廃し民主国家となった1950年代以降ネパールの公共管理は組織されてきた。国家を代表して統治し、公共サービスを提供するための正式な制度として公務員制度を設立するために1956年に公務員法が施行された。その時以来、「公共」という言葉は、現物提供、資金調達、または経営を通して国家が公務にかかわることを反映するために使用される。しかしながら、今日、とりわけ、健康、教育、交通の分野で公と私の境が少なくなってくるのを目撃している。公共的な性質や公的な影響をもっているにも関わらず、これらの部門は私的な投資によって経営される。

　約70年にわたり、いくつかの段階を目撃することを通して、ネパールの公共管理は現在の構造に到達した。図1は1950年代以降のネパールの主要な段階を要約している。先述したとおり、公共管理に法的な地位を与えた最初の手段である1951年の公共サービス委員会の形成と1956年の公務員法の導入によって1950年代は近代的な公共管理の基礎を造った。公共管理改革のための委員会のような他のいくつかの努力に続くこれらの2つの手段はネパールの近代的な公共管理を創ることに貢献した。

　1950年代は、公務の全ての分野で不確実性を伴った政治的移行を目撃した。権力分担における政党と君主間の緊張はネパールの公共管理を不安定なままにした。1959年に行われた最初の総選挙は公共管理民主化の画期的な出来事として大事に思い出される。それにもかかわらず、選出された政府は、わずか18カ月後の1961年に君主によって処分された。それから1962年に君主は公共管理に「パンチャーヤット制度」[3]を導入した。このシステムは公共管理を君主に忠実にさせた。主要な政策の決定は国王の命

図1　ネパールの公共管理の発展（1950年代〜2015年）

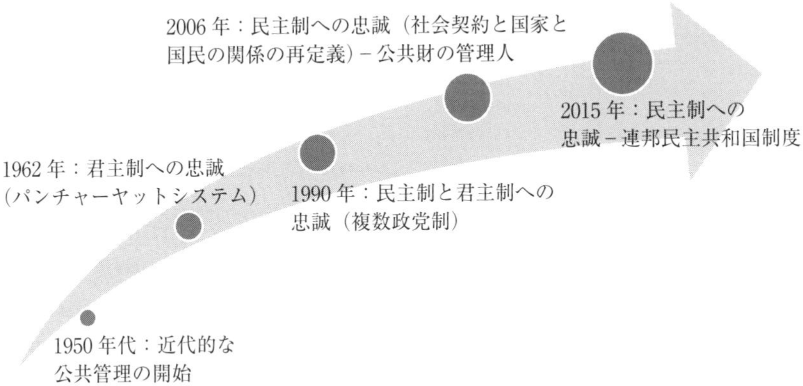

2006年：民主制への忠誠（社会契約と国家と
国民の関係の再定義）－公共財の管理人

2015年：民主制への
忠誠－連邦民主共和国制度

1962年：君主制への忠誠
（パンチャーヤットシステム）

1990年：民主制と君主制への
忠誠（複数政党制）

1950年代：近代的な
公共管理の開始

令か国王に忠誠を誓う閣僚会議に基づいていた。政策問題についての公的
な論議は限られていた。市民は彼らの声を表現する余地はなく、市民の利
益を反映する組織は殆どなかった。

　1990年に政党の統一されたグループに導かれた大衆抗議行動によって
君主と政党の間で、憲法の枠組みの中で、多党民主主義を回復し君主の権
限を制限することが合意された。新しい権力条約はネパールの公共管理を
民主制に、部分的に君主制に忠実にした。それは合憲ではあったが、公共
政策を命令する絶対的な地位をもった君主の独占的な力は影響力をもって
いた。しかしながら、いくつかの政策は選ばれた閣僚会議や国会で決定さ
れた。この時期、公共サービスの提供と開発活動の実施への市場の関与を
促進するために開放経済システムを採用した。

　政党内の内部権力闘争と政党・君主間の緊張により政府は期待通りの働
きをすることができず、国民の間に制度に対するいらだちが溜まっていっ
た。これらの理由で、ネパールは1996〜2006年の10年間、内部武力闘
争に突入した。その闘争は古典的な構造と国家の権力分担を疑問視した。
2006年に政府と反乱軍の間で和平協定が結ばれ、10年に亘る長い闘争が終
わり、新しい社会契約の流れに入っていった。伝統的な権力組織である君

主制は、憲法制定会議によって、2008 年に正式に共和制にとって代わられた（NIPS, 2013）。その合意によりネパールの国家と市民の関係は新しい時代に入ったと評価される。その後、公共管理は民主制に忠実になり公共財の管理人として責任をもつこととなった。

　2008 年の憲法制定議会の歴史的選挙は、ネパールの国家と社会の再生に関する議論を確立した。2008 ～ 2015 年の間はネパール国の政治的再構築について、社会的に気づき、討議し、目覚める期間だと考えられている。2015 年に憲法会議によってネパール憲法が制定され、数十年にわたる政治的混乱が終わり、安定への道を進んだ。ネパール国は憲法に、独立し、不可分な、主権を持ち、世俗的な、包括的な、民主的な、社会主義志向な連邦民主共和国と規定している（Government of Nepal, 2015）。

　2015 年のネパール憲法の発布後、憲法に描かれたように変容を制度化するプロセスの中にある。とりわけ主要な変容は、国家の権力を 3 段階 － 連邦、県、地方 － に分配することを含む。現在は、かつてのシステムと違って、諸問題についての政策形成は、憲法に排他的権威として列挙されている 3 段階の政府の機能である。これらの政府は、現在自身の公共管理システムを持ち自立していて、彼らの権限の下で諸問題についての政策形成を行う。この新しい形態のガバナンスはまだ完全には機能していない。

３ ネパールの公共サービス提供の発展

　ネパールにおいて計画的開発は、ラナ寡頭体制を廃し民主的なプロセスを導入した 1950 年代以降に始まった。暫定政府法は移行プロセスを管理するために 1952 年に施行された。その法律は公共管理の近代化を試み、生計権や差別なく公共サービスにアクセスできることを認めた。

　その後、多政党民主主義が復活する 1990 年に先立って、公共管理を改善するために、ネパールで一連の努力がなされた。すなわち、1951 年に設立された公共サービス委員会、1952 年の Buch 委員会、1956 年の行政再編

成計画委員会、1968 年の Veda Nanda Jha 委員会、1975 年の Bhesh Bha-daur Thapa 委員会、1956 〜 1961 年の第 1 次 5 カ年計画、1956 年の公務員法と規制。これらの全ての努力は公共サービスの質の向上に向けられた。

　政治のレベルでは、管理システムの改善は市民の生活への直接効果を示せるので、政府の高い優先事項であり続けた。それから、Tanka Prasad Achary 首相は行政再編成計画委員会をリードし、1956 年に公務員法と規制を準備した。最初に選出された政府が解散した後、1962 年に新しい憲法が導入された。1962 年の憲法は国家の目標を「人々の幸福と繁栄」と定義するパンチャーヤット制度を導入した。学者はこの憲法が「公共サービス」という語を使った最初の政治的文書だと指摘する。1962 年の憲法は、村役場や市役所を準国家レベルでサービス供給の最も下位の単位だと認識していた（Shrestha, 2005）。これらの地方組織は、とりわけ市民登録、飲料水、道路、衛生、農業発展のような行政サービスや地方の発展活動の提供に主に責任を持っていた。

　一方、第 4 次 5 カ年計画（1970 〜 75 年）は、公共サービス供給を効果的・効率的なやり方で促進するために、正式に行政改革を導入した。パンチャーヤット行政構造の間（1961 年以降）、公共管理改革の主な法律は 1982 年の地方分権法と 1984 年の規則だった。これらの法律は、パンチャーヤットが市民に供給する責任を持つ少なくとも 10 の分野（教育と文化、健康と人口、農業、灌漑と土地改革、建設と交通、飲料水と水力、森林、土壌浸食と環境バランス、工業、商業と観光、燃料、社会福祉、パンチャーヤット、行政、その他）を定義した。これらの機能は政府が供給すると思われている基礎的な公共サービスをカバーした。

　1990 年の民主制の復活の後、Girija Prasad Koirala 首相は民主制のゴールを実現し、開発ニーズに応えるために、行政改革の目的をもって、ハイレベル行政改革委員会をリードした。後の 1998 年に、公共管理の改善と政治的、社会的、経済的、科学的、技術的変化を伴った国内外の課題に取

り組むという目的を持って、政府は25年の長期の公共管理のマスタープランを導入した。同じ年に、公務員の倫理基準を改善するいくつかの手段を提案し腐敗を減らす腐敗防止勧告委員会が作られた（Shrestha, 2005）。後の1999年に、サービス供給を地方に譲り渡すために、政府は地方自治法を導入した。この法律は準国家ユニットが基礎的なサービスに責任をもつために権限を譲り渡すための法的な努力だと認識されている。しかしながら、選出された代表者の不在や内部武力紛争のようないくつかの政治的理由で、その法律は地方分権の真の精神で完全に具体化されることはなかった。

4 公共政策と2015年憲法の基盤

何を根拠に公共政策は作られるのか？　政策決定をするとき国家は何を考慮にいれるべきか常に論争がある（Kumar, Nyaupane, & Shah, 2012）。Stone（2012）は、公正、効率、福祉、自由、安全が基盤（目標）[4]だと説明する。近代的で繁栄した国民国家への途上にあるネパールは、これらの基盤を次のように取り入れてきている。

公正：社会の全ての部門が政策から正当な分け前を享受することを保障する。多様な社会であるネパール人が機会に参加しアクセスすることを保障することは、政策形成の基盤であると見なされる。

効率：有限で利用可能な公的な資源は社会のより多くの必要な分野で利用できるようより賢く使われるべきである。「資源の希少性」の原理に基づいて、政策成果を最大にするために公共政策は「効率」を考慮すべきである。しかしながら、市民が権利の享受のために耐える費用を無視してはいけない。

福祉：国家の役割は全ての市民に最低限の生活基準を保障することである。公共政策は社会の弱い階層を保護し彼らに基礎的な基準と発展する機会を保障しなければならないと認識すべきである。

自由：公共政策は個人と集団のレベルで「選択」を保護することを考慮しなければならない。これらの選択は一般的に相対的で社会的枠組みの中で共存する。不自由の理由から人々の自由を広げるべきである。しかしながら、これらの理由は人々の集団によって異なりうる。

安全：政策は公的な環境と社会的な安全を教えなければならない。人々が不安全を感じる理由は個人の身分や性格によって異なる。公共政策は安全な環境を強化するという原理に基づくべきである。

　2015年のネパール憲法、つまり長年の努力と熟慮の末に達成された新しいマクロ政治経済の枠組みは、政策形成過程の画期的な基盤であった。憲法は、市民の幸福はあらゆる政策決定の焦点であると認める。憲法は、その前文で、「民主的な規範と価値」に基づき、「あらゆる形態の差別と抑圧を終える」ことでネパール社会を「社会主義志向」にすることを確信する。憲法は、公共部門のガバナンスの手段と目的を、「永久の平和の実現、グッドガバナンス、連邦民主共和制という手段による発展と繁栄」と定義する。ガバナンスのシステムを期待する手段と目的であると市民がみなしている所は、全体的に社会的な発展でありよりよいガバナンスである。

5　ネパールの政策機関

　公共問題で議論される政策は多様な主体の相互作用の結果である。これらの主体は政策決定に影響を与える異なった利益と理由を持っている。図2のように、一般的にどの国でもみられるように、4つの機関がネパール

の政策プロセスに影響を及ぼしている。政治機関は、主に、政策プロセスの前線で運営し、選挙民の合法な信任や政綱を通して影響を及ぼす。ネパールは連邦化されて間もないので、政治機関は連邦、県、地方のレベルで重要な主体である。官僚は専門知識、情報基盤、施行規則を通して政策に影響を及ぼす力を持っている。官僚は2つの役割を果たす。すなわち、知識を通しての政策決定への影響と施行である。同様に、政治機関は政策決定を明確に述べ実際に施行する上で、官僚に依存する。

　民間部門と非政府主体も政策決定の助けになる。彼らは自分たちの利益になるように政策に影響を及ぼす力がある。ネパールは新興市場を持ち、彼らのビジネスに衝撃を与える政策が実施されることに益々関心を持っている。民間部門は繁栄への工程でのパートナーであり、従って、政策決定は彼らの利益に適合するだろうと政府は認識している。しかしながら、民

図２　ネパールの政策機関

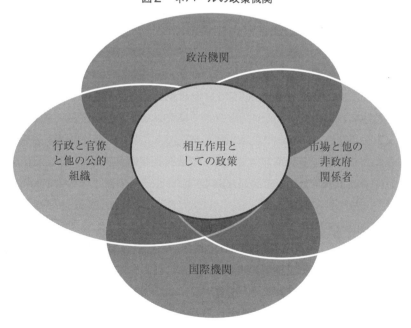

間部門は自分たちの利益になるように政策決定に影響を与えるように違った戦略を用いる。非政府主体、主に市民社会組織も、違ったやり方で政策決定に影響を及ぼす。彼らの主要な手段は社会キャンペーンとメディア動員である。彼らは公共の利益になるように政策決定をするよう政府に圧力をかけ続けている。

ネパールの政策決定プロセスにおいて、グローバル機関の役割も益々注目されている。国連、世界銀行、アジア開発銀行、その他の二国間および多国間機関などの機関は、さまざまな手段を使用してネパールの政策立案に影響を与える役割を果たしている。これらの機関は、さまざまな理由で、財政的および技術的サポートに条件を設けたり、政策改革のロビー活動を行ったりしている。

これらの機関は、必ずしも独立して行動する必要はなく、相互作用効果を形成し、政策に影響を与えるために、集まるかもしれない。ネパールの政策プロセスは、これらの関係者間の適切な相互作用のバランスをとるのに苦労している。相互作用の質は、ネパール市民により良いサービスを提供する政策決定の重要な要素である。ネパールの変化する政策プラットフォームについては、事業領域を理解する必要がある。すなわち、相互作用様式、対立または共謀の可能性、および公的な論争の場。これらはすべて、政策決定とその後の実施のための重要なインプットを示している。

6 ネパールの政策環境

ネパールの政策環境は、組織、機関、関係者の特性と相互作用様式の産物である。ネパールの政策形成の実際には、いくつかの興味深い特徴が見られる。意思決定プロセスに関与する機関のタイプごとにそれらを議論する。

6-1　政治機関／主体

　ネパールの政治機関／主体は、政策プロセスに影響を与えている。ただし、いくつかの矛盾する特性がある。これらの機関は政策の策定に深い関心を持っているが、一般的にポピュリストの決定を好む。彼らはマニフェストを通して選挙中に大衆向けの約束をし、政策決定を通してその約束を実行しようとする。異なる政治的イデオロギーと行動計画を持ついくつかの政党が存在するため、政策環境は、政治関係者間の相互作用の合計となる。政党は、公的機関への干渉と大衆向けの約束に寛容な意思決定プロセスを通じて影響範囲を拡大したいと考えている。また、多くの場合、取引態度を示し、意思決定において個人的な利益を求める。これらのポピュリストの約束は、時には人々の間で特定の影響力を持ち、人々の直接的な利益を満たすために資源を動員する。また、多くの政治経済分析なしでいくつかの迅速な決定を下し、政策決定能力があると主張するなど、物議を醸す傾向がある（Dahal, Upreti, & Subba, 2002）。しかし、対照的に、彼らは施行において説明責任をとることを避け、消滅傾向を示す。これにより、政策決定が放置されたままになる。

　政治機関の政策策定能力については広く批判されている。 政策策定は、単に大衆向けの決定を下すだけでなく、状況と資源の徹底的な分析に基づいて合理的な選択をすることであり、したがって、難しい選択をすることである。政治機関にとって、一般的に、資源の管理は利益があり魅力的だと思われ、それを通じて、彼らは投票者の忠誠心を保つことができると考えている。ただし、政治機関は市民の正当な声を表している。彼らは社会運動と国家変革をリードしている。政策立案は政治的プロセスであるため、政治機関の役割はより高度に予測することができる。

6-2 官僚制

　官僚制はネパールの政策プロセスの要である。一般的に、官僚は政策決定を行い、政策オプションに技術的なインプットを提供することになっている。しかしながら、前述のように政治機関が不足しているので、官僚制が政策プロセスを支配している。政策を立てている間、官僚は幾分矛盾した行動を示す。彼らは政策形成に関心を示しているが、必ずしもそれらを実行することに専念しているわけではなく（Acharya, 2002）、期待される結果を生み出すことに専念しているわけでもない。彼らは料金を求める傾向があると批判されており、アドホックな決定に頼りがちになり、即座の反応的な解決策を講じている。官僚制におけるシステムアプローチの欠如は、政策決定の全体的なプロセスを損なう。官僚の業績評価にも深刻な欠陥がある。一般的に、職員の業績は、業績結果の証拠なしに因果関係に基づいて評価される。これにより、業績に説明責任のギャップが生じるため、政策の施行は放置されている。

6-3 非政府関係者（市場およびその他の実在）

　非政府関係者は、彼らの利益に影響するという理由で政策決定に影響を及ぼす。彼らは、より大きな公共の利益よりも彼ら自身の利益を求めると批判される。市場は、弱いガバナンス状態の恩恵を受けていると非難され、弱い規制を維持することに影響を与える傾向がある。市民社会組織は、政策問題を公の議論に持ち込む際に役割を果たす。一方、民間部門は、自分たちの私的な利益のために政策決定に影響を与える。彼らは国家がうまく機能していないときに機会を見つけて、国家機関に影響を与えることによってそこから利益を得る。彼らは一般に厳しい政策条項について政府に助言するが、彼らは政策遵守を避ける傾向がある。

⑦ 政策決定の一般的特徴

　ネパールの政策決定プロセスは、政策提案の構成要素を記述する標準テンプレートである構造によって導かれる。しかしながら、これらの政策オプションがどのように導出され、どのようなプロセスに従うべきかについては説明していない。政策プロセスは、前の節で論じたように、さまざまな関係者間の相互作用の結果である。政策テンプレートには一般的な構造があり、専門家の入力が必要である。官僚が政策立案の専門知識をもっているので、プロセスを支配している。これは市民参加の余地をほとんど与えない。このゆえに、多くの審議なしに政策が制定される。

　ネパールが民主的ガバナンスに向かって進んでいるので、政策プロセスは過去と比較して、公共の利益に開かれている。人々の懸念は、政治的コミットメント、メディアの報道、市民の関与を通じて反映される。市民参加を確保するためのプロセスが定義されている参加型の政策策定などの慣行が採用されている。一般に、例えば、7段階の計画プロセスが地方レベルで採用されている。a）事前計画、b）資源の見積もりと予算の上限、c）地域レベルの計画、d）区レベルの計画、e）予算とプログラムの準備、f）地方自治体の幹部からの予算とプログラムの承認、およびg）地方自治体の議会からの予算とプログラムの承認（The Asia Foundation［TAF］, 2017）。同様に、中央レベルでは、いくつかの重要な問題において、さまざまなネットワークを動員し、公開協議を行うことにより、国民の参加が保証される。

　公共の要求に重点が置かれ、公共政策の範囲は増え続けている。民主的な政策実践を通じて統治および提供する傾向により、政策の対象範囲が拡大した。実践の増加に伴い、政策関係者の政策策定の能力も向上している。研究ベースのエビデンスの利用可能性が高まるにつれて、政策立案にエビデンスを使用する傾向もその間尊重されている。エビデンスは、公共

政策を安定化させ、予測可能かつ測定可能にする。研究に基づく知識の生成と社会問題の複雑さにより、政策立案者はエビデンスの使用に関心を持っている（Claudio, 1995）。

それにもかかわらず、政策プロセスの質にはいくつかの重要な反論がある。第一の批判は、政策立案者は自己強化し、自分の専門知識を信じているため、政策プロセスは一般的に独裁的であり、多くの場合、限られたグループによって決定されるというものである。意思決定者は、利害関係者と対話する必要性を感じない。彼らは、政策決定が機密プロセスを経て進むべきだと考えている。ただし、いったん政策決定が発表されれば、意思決定者は、実施時における利害関係者からの幅広いサポートを期待する。これにより、政策プロセス全体に矛盾が生じ、政策のパフォーマンスが低下する。一般に、政策立案プロセスは公益に対応するために民主的である必要があるが、実施中には何らかの強制が予想される。

次の批判は、公益の不十分な表出に関するものである。政策は、市民のニーズに取り組むのではなく、支配者の利益を保護するという理由で批判される。批判は、どの程度、政策が市民に力を与え、彼らの問題を認識し、市民が期待する方法でそれらを解決する決定を下すかについてである。政策は、人々の利益や要求ではなく、支配者の願いの単なる文書と見なされる。この批判は多くの場合に当てはまる。

政策操作は、ネパールの政策プロセスに対する一般的な批判である。これはおそらく3つの理由によるものである。第1に、政策言語は抽象的で政治的すぎるため、いくつかの解釈が可能である。このような巨視的で抽象的な声明には、特定の成果をあげることはない。第2に、政策決定は実施方法を特定しない。この場合、実施計画はさまざまなレベルで準備される。政策は非常に巨視的で抽象的であるため、政策の真の精神は実施されるときに操作される。第3に、政策決定におけるエビデンスの使用が少なく、主観的な議論の余地があり、個人の関心ごとに予測不可能な解釈がある。

8 政策決定の問題

8−1 政策の起源

　政策の問題はどこから来るか？ 主に、公共の利益から来る。多くの場合、政策は政策立案者の関心に基づいて構想されるため、「政策立案者の問題」に取り組むが、これは公益を代表するものではない。たとえそれが表されたとしても、その起源は、政策が「トップダウン」であり、政策立案者の利益がプロセス全体を決定することを示している。

8−2　問題のフレーミング

　フレーミングの問題は、政策プロセスにおいて非常に重要である。正しい問題と正しいフレームの間には矛盾がある。一般的に、正しい政策決定を行うには、正しいフレームに正しい問題が必要である。しかしながら、政策問題はどのようにフレーム化されるかという問題が常にある。問題は十分に分析されているか？ 問題を理解するために時間を費やしたか？ 政策問題をフレーム化するために、どのような観点を使用するか？ これらの質問は、政策問題の性質を理解し、それに応じて解決策を作成するのに関連している。ネパールの政策プロセスには、政策立案者が政策問題の性質に関する十分な知識があり、したがって解決策を提案するのに十分な専門知識があると想定しているという批判がある。多くの場合、そのような解決策は、政策問題の本質とその解決方法から離れている（Peters, 2018）。

8−3　説明責任

　政策決定における説明責任はとらえどころのない実践である。一般的に、政策策定は政治的プロセスであり、選出された幹部は政策プロセスと政策の結果について責任を負う。「道具」としての官僚制度は、政策オプションの技術分析を提供と、計画された目標を最高の効率で提供することに説明責任がある（Bayrakcl, Gokus & Taspinar, 2012）。しかしながら、ネパールの政策プロセスには、情報と実践プロセスへのアクセスと管理の理由で、官僚制度が政策決定において優先するという批判者がいる。

8−4　公共性と協議

　公共性は公共政策の基本的な質である。人々と利害関係者は、政策決定にどのようにして関心を表明するか？　市民が政策決定に懸念を表明する機会はあるか？　政策は市民の言語で公開されており、市民の利益は適切に伝えられているか？　政策立案者は、市民と利害関係者の政策条項についての見解を理解するために、彼らと協議しているか？　これらの質問への回答は疑わしい。過去と比較して、ネパールの政策プロセスは開かれており、市民の関心事が政策プロセスに反映されている。政策プロセスにおける公の協議、市民の参加、公の言説のような取り組みが行われている。市民の認識とかかわりの契機となるメディアは、重要な役割を果たしている。これらの改善にもかかわらず、ネパールの公共政策において「公共性」の質を確保することは依然として重要である。多くの場合、計画プロセスにおける市民参加はかなり低い。ネパール行政職員大学（Nepal Administrative Staff College）が実施した最近の調査では、地元の計画会議に参加した市民は 30％未満だった（Nepal Administrative Staff College [NASC], 2018）。市民の背景特性によって参加にはさらに違いがある。

⑨ 政策策定における重大なギャップ

　この章の最後の節では、政策プロセスで見られるいくつかのギャップについて論じる。ギャップは、政策プロセスの段階に基づいて6つの領域に編成される。

9－1　ギャップ1：問題の理解とフレーミング

　最初のギャップは、問題の理解とフレーミングに関するものである。社会問題の定義には複数の視点がある。市民と支配者は社会問題を異なる方法で考えるかもしれず、問題を定義するために彼らが使用する見え方は完全に異なるかもしれない。市民は資格を有するかという観点から見るが、国家は市民の需要を満たすために資源を一応（*prima-facie*）と見なす可能性のある問題もある。また、国家は政治的に動機付けられており、選挙区を守るという理由で措置を講じている。多くの場合、実際の問題を理解する努力をせずに、解決策を提供する傾向がある。そのような解決策は規範的であり、実際の問題に対処する能力に欠ける場合がある。したがって、事後対応型の短期的な処方箋を避け、政策問題を理解してフレーム化するための診断アプローチの必要性は、政策決定の質の向上に役立つ。

9－2　ギャップ2：状況と問題の区別

　政策は特定の条件で作成されるため、状況に応じて通知される。しかしながら、状況を問題と見なす傾向がある。これは、間違った根拠で政策問題をフレーム化する傾向をもつ。政策は、公共の問題を解決するものでありたい。そのような問題はある理由で発生する。与えられた根拠は、社会問題によって異なる。状況と問題を区別しないと、社会問題は複雑にな

り、人間の解釈から複雑さが増す。たとえば、資源に制限があることが分かっていて、このことは状況であるが、政策決定はこの制限を知らされるべきである。資源の制限を問題ととらえると、政策の決定に複雑さが加わり、政策が失敗するリスクが高まる。

9-3　ギャップ3：手段の選択

　政策問題がフレーム化されたら、政策問題を解決するための適切な行動手段を選択することが重要である。社会問題に対処するためのさまざまな手段が用意されている。特定のタイプの問題に対して特定の手段を選択する理由はいくつかある。情報、法律、財務、および社会的手段を併用すると、問題のあらゆる側面を解決できる可能性が高まるだろう。しかしながら、意思決定者は、法律に由来する強制的な手段にもっと関心があるかもしれない。行動手段は、結果を達成するためにさまざまな方法で作用することで、市民（個人、機関、コミュニティ）の行動に変化をもたらすのに役立つ。決定の影響を受ける市民の観点から合理的な枠組みを使用しない場合、問題を解決するために使用される手段は問題を明らかにするだろう。ネパールの政策策定者は、社会的手段の強みを無視し、命令によって機能する法的手段へ魅力を感じていると批判されている。

9-4　ギャップ4：実施計画

　実施計画を政策決定から分離する傾向がある。実際、実施計画は政策決定の一部である必要がある。政策文書の不可欠な部分である実施計画を無視する政策決定では、実施を保証できない。(Hill & Hupe, 2014)。ネパールの政策プロセスでは、一般に、実施計画は政策決定の第2段階で別々に考えられる。実施計画は、責任の定義、プログラムの特定化、人的資源の計画、実施費用の計算、および支出概略と活動の予定を含む、事前に計画

された一連の活動である。潜在的なリスクと軽減策も事前に計画する必要がある。さらに、実施計画では、定義済みの指標を使用して結果／成果を評価するための提案を提出し、公共資源の使用に関する帳簿をつけ、説明責任を守り、プログラムとサービスの管理方法を指示する。

9-5　ギャップ5：コミュニケーション

　政策決定における重大なギャップの1つは、政策提案に組み込まれたコミュニケーション計画の欠如である。このギャップは、情報の流れの歪みの可能性を高め、市民への誤った報告のリスクが生じる可能性がある。政策におけるコミュニケーション計画の用意は、公共および政府の両方への情報の縦および横の流れを持つ。しばしば、政府機関は、市民が理解できる言葉での、市民への情報伝達に十分な注意を払っていないことで批判されている。ネパール国民ガバナンス調査 2017/18 によると、政府が公共の問題について地域で定期的にコミュニケーションを行っていると感じているのは市民の4分の1だけである。政府のコミュニケーションについて聞いたことがある人のうち、約10分の4しかそのようなパブリックコミュニケーションを明確に理解していない（Nepal Administrative Staff College［NASC］, 2018）。これはまた、計画的な方法で公衆のコミュニケーションを改善する必要性を示している。したがって、コミュニケーション計画の作成は、政策文書の不可欠な部分である。コミュニケーションは、問題をどのようにフレーム化するか、どのように対処するか、どのように実施するか、そしてどのように監視および制御するかを考える上で貴重である。

9-6　ギャップ6：監視と評価

　政策計画の効果的な監視と評価の欠如は、常にネパールの政策成果の大

きな障害であり続けている。比較的、ネパールには適切な監視と評価の枠組みを採用するための制度的な手段が弱い（Reejal, 2003）。将来の参照のために実際の仕組みを必然的にフィードフォワードする指標さえも適切に定義されていない。政策の実施における警戒心を改善する努力にもかかわらず、効果的な監視と評価は、長年にわたって欠落している話である。監視と評価は、慎重に考えられ、事前に計画された健全な指標に基づいている。このような頑健な指標がないと、監視と評価が不十分になる。不適切な指標を設定し、慎重な分析なしで評価計画を設計することにもリスクがある。

　ネパールの政策プロセスでは、これらの6つのギャップは、政策遂行の課題として広く行きわたっている。これらのギャップはまとまって、公共政策の設計問題の集合体を形作っている。

10 ネパールの政策情勢の変化——新しい連邦構造の政策プロセス

　1950年代の民主化の最初の波以来、ネパールは上記のように政治統治におけるいくつかの騒動を目撃した。2006年に、ネパールは、民主的プロセスを回復し、統治プロセスと制度を民主化するために、武装反乱軍と政府との間の包括的平和協定（CPA）を結ぶことで民主運動の中で画期となった。 2015年の憲法会議の憲法は、国家の権限を3つのレベルの政府（連邦、県、および地方レベル）に委譲した。現在、これらの3つのレベルの政府は主権をもっているが、市民の共通の大望を満たすために「調整、協力、共存」に取り組んでいる。

　憲法は、連邦レベルで35の排他的権限を、連邦と県の間で25の共同権限を、連邦と県および地方レベルで15の共同権限を列挙している。同様に、県は25の排他的権限を、連邦と県の間で25の共同権限を、連邦と県と地方の間で15の共同権限を保持している。地方レベルでは、22の排他的権限と15の共同権限を保持している。現在、各レベルの政府は、憲法

で定められた権限の範囲内で政策枠組みを準備するのに自立している。

　政策の枠組みは、市民の基本的な権利にも対応している。すなわち、国家の指令、より広範な政策、持続可能な開発目標（SDGs）やその他のグローバルな枠組みなどの国際的なコミットメント。ネパールの政策の枠組みでは、政策策定が政府のあらゆるレベルで機能する憲法上の取り決めを考慮する必要がある。

11 結論──前進するために

　ネパールは、統治の連邦制を実施するプロセスにある。既存の法律、規制、計画、および政策を再検討する機会がある。専門的な公共サービスの提供を確保するために、政府は政策の枠組みと説明責任の枠組みを開発する必要がある。政策管理の全体的な品質を改善するには、以下の2つの介入が有効である。

実践的介入：以下に関する即座の行動計画
・説明責任の枠組みを含む政策枠組みの開発
・政府のすべてのレベルで政策権限の計画
・選出された幹部と官僚の政策能力の開発

戦略的介入：長期計画
・政策作成におけるエビデンスの使用－必要に応じてエビデンスを依頼する
・公的な論争のための場を設ける－地方政府は適切な場所になり得る
・政策評価の制度化－説明責任の枠組みの確保
・政策分析の実践と機関の強化

引用文献

Acharya, M. R. (2002). *Business of Bureaucracy* (Second ed.). Kathmandu, Nepal: Pulchki Enterprises.

Bayrakcl, E., Gokus, M., & Taspinar, Y. (2012). Accountability in Public Policies: A Comparative Study. *Proceedings of the Fifteenth International Conference of American Society of Business and Behavioural Sciences, 15*, pp. 3-13. Berlin.

Central Bureau of Statistics [CBS]. (2019, July 12). Retrieved from Central Bureau of Statistics: https://cbs.gov.np/province-statistics/

Claudio, R. (1995). The Role of Knowledge in the Policy Process. *Journal of European Public Policy, 2*, 159-183.

Dahal, D. R., Upreti, H., & Subba, P. (2002). *Good Governance and Decentralization in Nepal*. Kathmandu: Center for Governance and Development Studies.

Government of Nepal. (2015). *Constitution of Nepal*. Kathmandu: Government of Nepal.

Hill, M., & Hupe, P. (2014). *Implementing Public Policy: An Introduction to the Study of Operational Governance*. London: SAGE.

Jha, S. N. (2005). *Economic Development and Planning in Nepal: Process, Performance, and Perspective*. Banaras, India: Department of Political Science, Banaras Hindu University.

Kumar, D. S., Nyaupane, L. B., & Shah, B. K. (2012). *Essentials of Public Administration*. Putalisadak, Kathmandu, Nepal: Utsav Books Prakashan.

Nepal Administrative Staff College [NASC]. (2018). *Nepal National Governance Survey 2017/18*. Lalitpur, Nepal: Nepal Administrative Staff College.

NIPS. (2013, July 2). Nepal's Peace Process: A Brief Overview. *Policy Paper, 8*(1), p. 206.

Peters, B. G. (2018). *Policy Problems and Policy Design*. London: Edward Elgar Publishing.

Reejal, P. R. (2003). Implementation and Evaluation. In P. R. Reejal, *Fundamental of Public Policy Analysis* (Second ed., pp. 239-242). Kathmandu, Nepal: Pairavi Prakashan.

Shrestha, T. N. (2005). *Nepalese Administration: A Historical Perspective* (Second ed.). Kathmandu, Nepal: Ratna Pustak Bhandar.

Stone, D. (2012). *Policy Paradox: The Art of Political Decision Making*. New York: WW Norton & Company.

The Asia Foundation [TAF]. (2012). *A Guide to Government*. Kathmandu: TAF.

The Asia Foundation [TAF]. (2017). *Diagnostic Study of Local Governance in Federal Nepal*. Kathmandu: TAF.

注

（1）英国政府の植民地のインドを約2世紀にわたって支配していた英国企業。

（2）1846年に高官が虐殺された後、君主から権力を奪い、ネパールをほぼ104年間統治した一族。このシステムは、1951年に人々の動きによって廃止された。

（3）国家権力が国王と閣僚会議によって直接行使されたガバナンスの一形態。政党とその活動は禁止された。君主に忠実な候補者の間で選挙が行われた。

（4）デボラ（Deborah）はそれらを公共政策の目標として説明する。しかしながら、私たちはそれらを、政策決定の根拠と社会的利益の達成の両方を提供する基盤として使用する。

トリロチャン・ポカレル

ロシャーニ・ブジェル

（馬田哲次監訳）

第7章
グッド・シビルサービス・トレーニング
に向けての課題と改善の方向性
バングラデシュの BCSAA を踏まえて

1 はじめに

　本章では、バングラデシュの行政官に対する研修機関の1つである
BCSAA（Bangladesh Civil Service Administration Academy）に焦点を
あて、BCSAA が抱える課題と今後の行政官研修の方向性について考察す
る[1]。この BCSAA は特にバングラデシュ行政の中枢を占めている行政職
カドレ（Administration Cadre）行政官を対象とした研修機関であり、新
人から中堅レベル（課長級）の行政職カドレ行政官への研修を行う機関で
ある。BCSAA の前身は、バングラデシュ独立前にさかのぼると GOTA
（Gazetted Officers Training Academy）であり、1971 年に独立した後、
1977 年にその名称が COTA（Civil Officers Training Academy）に変わ
り、1987 年に当時の MoE（Ministry of Establishment）の付属研修機関と
して配置されると同時に、名称も BCSAA（Bangladesh Civil Service Ad-
ministration Academy）へと変わり[2]、現在に至る。

　Klingner and Nalbandian（1985）ら[3]は、行政に携わる職員において職務
遂行のために必要なスキル不足が生じている際、職員への研修が必要と指
摘している。しかし近年においては開発課題の多様化がさらに進み[4]、職務
遂行のために必要な基礎的、一般的なスキル習得のための研修だけで十分
なのかといったように、研修機関での研修内容の質も問われているといっ
て過言ではない。つまり行政官として働くために必要な法律、行政、経済
といった分野に関する制度、理論だけに特化した研修が、はたして行政官

のニーズ、その国における開発課題とどれだけ合致しているのかといった点について、研修機関の視点から再考する時期に差しかかっているのではなかろうか。

　Klingner and Nalbandian（1985）らは研修を評価するための指標として Reaction、Learning、Behavior、Results そして Cost-Effective を取り上げている。研修を受けた職員が、研修を通じてどのような事柄を学習・吸収し、その学習内容から受ける反応が、その職員のマインドセットの変化（意識変革）に結びつき、その結果として行政サービス供給、行政内部の変化にどれだけ寄与するか。また、そのような一連の効果を期待する研修のコストも問われる。一時的にせよ、研修のために日常の業務を離れる以上、行政官への研修内容が行政官のマインドセットに変化を与え、研修で得た事柄を現実の業務に可能な限り適用しようとする意欲を行政官が持てる研修－グッド・シビルサービス・トレーニング－であることが求められる。そこで本章では筆者が共同講義でかかわりのあった BCSAA に焦点をあて、その BCSAA の組織内部（職員配置、職場の構造）、研修プログラムにおける課題を指摘し、研修が上記のグッド・シビルサービス・トレーニングに至るためには，どのような改善の方向性が必要かについて論じることにする。

② BCSAA の職員配置と個室主義

　まず BCSAA 内において、行政職カドレ行政官が配置されることの多い職位を把握しておこう。BCSAA による Annual Report2018-19 によれば、BCSAA のマネージメントに関与する職位は Rector（1名）⇒ MDS（Member Directing Staff）（2名）⇒ Director（6名）⇒ Deputy Director（6名）⇒ Assistant Director（4名）といった形となっている。Rector は BCSAA の校長職である。2013年より前は次官補の行政職カドレ行政官、あるいは他のカドレ行政官でかつ次官補の行政官が校長職に就き、他の省

の次官（Secretary）として異動するケースもあった。しかし2013年に当時の校長が組織改編を行い、例えばそれまでの校長職位名であったDirector General を Rector とし、それ以降、次官（Secretary）が校長職を務めている。MDS には、次官補の行政官（行政職カドレ行政官がほとんど）が就いていて、副校長職（校長補佐）といった形で BCSAA 内の事務を行う。そして6名の Director（部長）が配置され、Administration、Information and Technology、Planning and Development、Training、Research and Publication、Documentation and Evaluation の6つの所掌事務をそれぞれ行なう。Director には局長級（Joint Secretary）から課長級（Deputy Secretary）の行政職カドレ行政官が就くことが多い。さらにその下に6名の Deputy Director（副部長）が配置され、Administration、Planning and Development、Training、Research and Publication、Documentation and Evaluation、Service といった6つの所掌事務をそれぞれ行なう。Deputy Director には課長級（Deputy Secretary）の行政職カドレ行政官から課長補佐級（Senior Assistant Secretary）の行政職カドレ行政官が就くことが多い。そしてその下に4名の Assistant Director（副部長補佐）が配置され、2020年4月1日時点で Service、Documentation and Evaluation の2つの所掌事務を行う2名と、特定の所掌事務を割り当てられていない2名がいる。Assistant Director には課長補佐級（Senior Assistant Secretary）の行政職カドレ行政官、あるいは課長補佐級以下の行政職カドレ行政官（Assistant　Secretary）が就くことが多い。

　最近では BCSAA の職員配置が大きく変化している。図1は BCSAA の Annual Report2016-17 に基づくものである。図2は BCSAA の Annual Report2018-19、BCSAA ホームページ（2020年4月1日閲覧）に基づくものである。図1から Administration と Training に限って Director、DD（Deputy Director）そして AD（Assistant Director）の3名が配置されているものの、他は Director、DD そして AD の3名体制になっていない。しかも DE（Documentation and Evaluation）については DD のみとなっ

図1 BCSAA の行政職カドレ行政官配置図

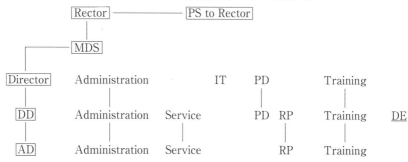

図2 最近の BCSAA の行政職カドレ行政官配置図

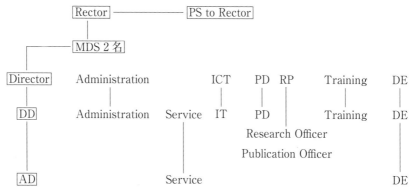

ている。DE は BCSAA の文書管理、研修者の評価事務を行う。研修者の公務員研修における成果を管理する評価事務であるため、研修者の評価の重要性を考慮するならば、DD の上に DE 担当の直属の上司である Director、部下である DE 担当の AD を配置する必要性が高いものと容易に考えられる。一方、図2を見ると最近では Director が6名配置され、Service 以外では Director-DD（Deputy Director 級職員）の2名体制が確立され、特に1名体制であった DE が Director-DD-AD の3名体制となったことは、BCSAA が文書管理、研修の評価を重要視しているものと考えられる。

　BCSAA の研修プログラムでは、研修者の評価を行うために、次のような評価方法を提示し、各科目にあった評価方法が講義担当者によって採用される。⑴研修プログラム内の各科目に関する筆記型の最終試験、⑵講義内での小テスト、⑶講義内でのグループ・個人プレゼンテーション、⑷外部での体験学習・見学に基づくレポート、⑸宿題。なお研修プログラムによっては、BCSAA の校長による直接評価が加わる場合もある。さらに研修者が講義担当者（BCSAA の職員・外部人材）を、以下のような点から紙面で評価することになっている。⒜担当科目に関する知識の高低、⒝講義内容・強調点を明確に伝えているか、⒞研修者と講義担当者との双方向型の講義となっているか、⒟研修者からの質疑応答の裁き方、⒠講義時間の配分能力（それぞれ1点〜10点配点。最低点5点、最高点50点）。BCSAA では複数の研修プログラムを同時期に平行運営するため、当然、評価事務の労度も高くなる。図1のように評価といった機密性の高い情報を DD である DE 1人に管理させることは、情報の集中管理といった効果を期待できる。しかし DE 担当である職員が、DD 1人であったという状態を踏まえるならば、各研修プログラムの各科目の講義担当者に対する受講者による評価を機械的に裁き、上へ報告するといった業務ですら厳しい業務であったとものと考えられる

　その点において、図2が示すように DE 担当の職員を Director、DD そ

図3　評価担当部門職員の充実

```
                    Director・DE
     ┌──────────────────┼──────────────────┐
DD（Deputy Director）A  DD（Deputy Director）B  DD（Deputy Director）C
     │                  │                  │
AD（Assistant Director）D  AD（Assistant Director）E  AD（Assistant Director）F
```

（注）Director（評価・文書管理全体を所掌、MDG・Rector への報告、DD への指示）
Deputy Director　A（評価：研修者による講義および講義担当者に対する評価実施とその
とりまとめ、Director への報告、AD D への指示）
Deputy Director　B（評価：評価結果に関して各科目担当者・研修者との調整・意思疎通、
Director への報告、AD E への指示）
Deputy Director　C（文書管理、評価手法の検討、Director への報告、AD F への指示）
Assistant　Director　D（評価：各科目担当者による評価結果・研修者による講義担当者に
対する評価のとりまとめ作業、DD A への報告）
Assistant　Director　E（評価：研修者による講義および講義担当者に対する評価結果の確
認、各科目担当者・研修者との調整・意思疎通の準備、DD B への報告）
Assistant　Director　F（文書管理、評価手法の検討、DD C への報告）

　して AD の 3 名体制へと職員数を拡充したことは、評価・文書管理事務
の強化を期待できる。さらに評価・文書管理事務の強化を追求するなら
ば、次のような 2 点をさらに考慮する必要が生じる。まず受講者による講
義および講義担当者の評価を行うための評価手法の研究と改善。次に講義
担当者と BCSAA 側そして研修参加者と BCSAA 側とのフィードバック
の強化。したがって評価・文書管理に関する所掌事務を複数の担当職員に
分散させる必要性が容易に見出される（図3）。なお BCSAA においては、
事務分掌を職員一人ずつに与えるため、評価・文書管理といった DE の業
務を拡充させる場合、現在と同様、評価・文書管理といった DE を部とし
て位置づけ、Director の下に評価と文書管理を分けて複数の DD、AD を
配置する方が望ましいと考えられる。
　図 2 から、BCSAA における評価・文書管理を扱う部署 DE では、西尾
（2001 年）が述べているアンドルー・ダンサイア（A.Dunsire）による「3

図4　縦と横のミクスト・ストラクチャー

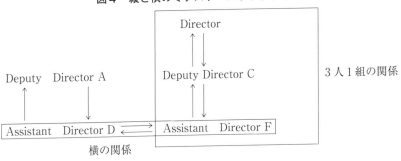

(出所) 筆者作成。

人1組」論に基づく上下関係が機能する余地があるものと考えられる。また評価・文書管理を扱う部署 DE の事務の細分化を提案した図3も、「3人1組」論を反映させた図に他ならない。[10] 例えば図3において Director-DD A-AD D あるいは Director-DD B-AD E といったつながりを活かし、DD A（DD B）が Director と AD D（AD E）との間で中間者としての役割を果たすことができる。DD A（DD B）は、AD D（AD E）から上がる情報の受信、提案事項の扱いについて判断をし、Director からの指示を AD D（AD E）に与える。さらに Director に対する提案、助言を行う役割が期待される。またこのような縦の関係だけではなく、図4のように、AD D が直属の上司である DD A からの了承を得た上で、評価を実施する現場の視点から評価手法に関する事項を AD F 側に伝えてゆく道筋も見いだせる。図1から以前の BCSAA では評価・文書管理を職員1人で対応していたため、図2や図3のような「3人1組」の体制、図4で示している「3人1組」の縦、そして横の関係の両者（ミクスト・ストラクチャー）すら機能していないといった欠陥があったものと考えられる。しかし最近の BCSAA の行政職カドレ職員配置（図2）を見る限り、評価・文書管理の部署では「3人1組」、図4で示した縦と横の関係を生かした事務遂行へと、BCSAA がシフトしているものと解釈できる。

次に、バングラデシュの政府庁舎内は大部屋主義ではなく、個室主義に基づくオフィス配置となっている。BCSAA も例外ではなく、行政職カドレ行政官らのオフィスは大小の差があるものの、全て個室（トイレ付個室も含む）である。大部屋主義に関する言及、特に日本の行政組織の文脈では大森（2006年）が詳しい。[11] 大森が指摘しているように大部屋主義の場合、同じ部屋の中に上司、部下がいることから、自身と複数名の職員との間で業務上のコミュニケーション、直接の相談をしやすい面がある。その一方、個室主義の場合、上司、部下のオフィスが全て分かれているため、自身と複数名の職員との間で、直接のコミュニケーションをすぐにとられない。しかしそのような個室主義を中心とする BCSAA ではあるものの、大部屋主義に近い状況を生み出す瞬間も兼ね備えている。

　BCSAA の行政職カドレ行政官の個室には、その職員の執務用の机があり、その机の前には2から6程度の背もたれ付きの椅子が配置されている（図5参照）。そしてその椅子の後ろには、長椅子が配置されている場合もある。例えば職員 A が職員 B に用事があり、職員 A が直接、職員 B の部屋を訪れる必要があったとしよう。職員 A は職員 B の執務机前の椅子に腰を掛ける。さらに職員 B の部屋にすでに職員 C が訪ねていて、もう1つの椅子に掛けていたとしよう。もし職員 A、職員 B、職員 C に共通する職務上の相談などがあったならば、その場で打ち合わせ、会議などが行われる。[12] このように BCSAA においても個室主義をとっているものの、個室は完全に個室ではなく、大部屋化するのである。もちろんその場合、職員 A、職員 B、職員 C は、BCSAA 内における同じラインの関係にあるとは限らない。BCSAA の場合、ある研修プログラムが実施される場合、その研修プログラムの統括役である Course Advisor1 名（MDS あるいは Director 級職員）、研修プログラムの実務責任者である Course Director1 名（Deputy Director 級職員）、毎日の研修プログラムを管理運営する Assistant Course Director 最低1名（Assistant Director 級職員）が必ず配置される。BCSAA では行政職カドレ行政官の職員数が限られているため、

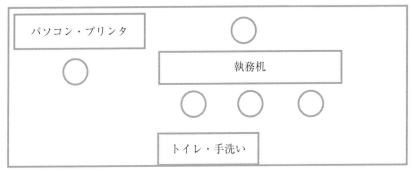

図5　BCSAAの個室（BCSAAのDirector、DD、AD級職員）

| パソコン・プリンタ |
| 執務机 |
| トイレ・手洗い |

出入り口側（ドア）

（出所）筆者作成。

図6　大部屋の一例（BCSAAのDirector、DD、AD級職員）

出入り口側（ドア）

| 執務机（Director） |
| 執務机（DD） |
| 執務机（AD） |

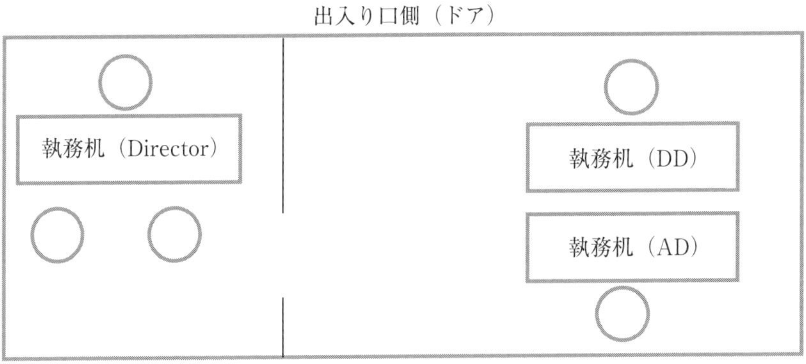

（出所）筆者作成。

Course Adviser から Assistant Course Director までの3名は、同じライ
ンに属することはほぼない。しかしその研修プログラムに特化するなら
ば、その3名は研修プログラム遂行という点で同じラインの関係にあり、
しかも BCSAA 内での職位の上下関係が明瞭であるため、縦の関係でそ

の3名の関係が保たれている。普段は異なるラインに位置し、それぞれの所掌をこなす3名が、ある研修プログラムの準備、実施という時間制約下でもう1つ別のラインの関係を保ち（複層ライン）、個室主義で仕事をしつつも、その研修プログラムといった共通の仕事において、個室が大部屋主義的な状況へと変化する場合がある。

　もちろん研修プログラムの統括役、実務責任者、日々の研修プログラムマネージメントを行う3名の行政職カドレ行政官が、定められた期間においてのみ実施される研修プログラムのためだけに、大部屋で仕事をすることは効率的ではない。しかし Rector や MDG の執務室については個室であったとしても、例えば Administration ならば、Administration の Director、DD、AD が同じ空間において仕事を行うといった大部屋主義をとる余地もある。図6で表しているように、同じ部に所属する Director から AD までが1つの部屋で仕事をする。ただし Director の執務領域だけは仕切りで覆われていて、その机の前に打ち合わせ用の椅子を設置しておく。このようにするだけで、職員の所在を直接あるいは電話で確認、現在行っているような部下（上司）から上司（部下）に決済書類等を送るためだけの、部屋から部屋へと文書を送る職員をわざわざ利用する必要もなくなり、また打ち合わせなどの会議も、机越しあるいは Director の執務領域で、すぐに行えるといったように、タイムコストの節約、意思決定の効率化に大きく寄与するものと考えられる。ただし大部屋を設けることには、それなりのハードルもある。それは行政職カドレ行政官のマインドにある。大部屋にすることは、職位の上下が明確な者同士が同じ空間で働くことへの抵抗感を高め、職位に比例する形で大きく変化する執務室での執務に対する満足感が、効率性の名のもとに消えてしまうことになりかねない。大部屋主義の効率性を体験した職員が多くならない限り、個室から大部屋主義への移行は心理的側面から困難を極めるものと予想される。ここでもマインドセットチェンジが要請されるのである。

3 BCSAA における研修——その強み、弱み、課題

　BCSAA での主要な研修プログラムについては、図7のようにまとめられる。

　図7から BCSAA の主要な研修プログラムとしては、行政職カドレ行政官の初任者研修プログラムに相当する図7の1から、課長級に昇進した行政職カドレ行政官を対象にした図7の2のように、初任者から中堅職員までの研修プログラムがある。BCSAA の研修プログラムの大きな特徴としては、課長級以上の行政職カドレ行政官を対象にした研修プログラム

図7　BCSAA の研修プログラム

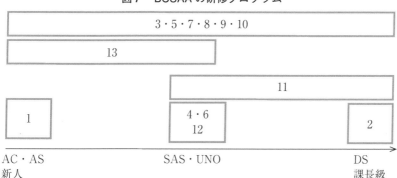

（注）略記号は AC（Assistant Commissioner）、AS（Assistant Secretary）、SAS（Senior Assistant Secretary）、UNO（Upazila Nirbahi Officer）、DS（Deputy Secretary）の略。図の1から13の研修プログラム名は以下のとおり。1:Law and Administration Course, 2:Development Administration and Management Course, 3:Public Procurement Management Course, 4:Orientation Course for Fit-listed UNOs, 5:Course on Negotiation Skills, 6:Course for Executive Magistrates, 7:Project Management Course, 8:Course on Budget Management and Audit Disposal, 9:Course on Etiquette and Manner, 10:Course on Innovation in Public Service, 11:Masters in Public Policy and Management, 12:Advanced Course on Law and Administration, 13:Refresher Course on Law and Administration。
（出所）BCSAA TRAINING CALENDER 2017-2018 をもとに筆者作成。

図8　BPATC の階層別研修プログラム（Core Courses）

FTC	ACAD	SSC	PPMC	Policy Dialogue
AS	DS	JS	AS	Senior Secretary、Secretary
新人	課長級	局長級	次官補級	次官級

（出所）筆者作成。

が、特殊な研修プログラムを除き配置されていない。[13] このことは行政職カ
ドレ行政官の研修機関である BCSAA にとって重要な事柄であり、
BCSAA における研修プログラムの提供範囲を拡大する余地が生まれる。

　そもそも BCSAA において幹部級行政職カドレ行政官に研修プログラ
ムを提供していない背景には、行政職を含むすべてのカドレを対象にした
研修機関である BPATC（Bangladesh Public Administration Centre）に
より、次官級、次官補級職員を対象にしたプログラムまで提供されている
ためと考えられる。[14] しかし特に幹部級の行政職カドレ行政官の場合、政策
立案に深く関与する機会が増えるだけではなく、最近の SDGs に代表され
るように、各省庁において SDGs の浸透そしてファシリテーターとしての
役を担う機会も増える。国内の政策課題のみならず国際的な課題、省内で
のマネージメントスキルを高める必要性が、より一層、幹部級の行政職カ
ドレ行政官に求められていることは言うまでもない。そこで BCSAA に
おいては、現在のように初任者から中堅職員までの研修提供で終わるので
はなく、幹部級の行政職カドレ行政官に至るまで、連続性のある形での研
修提供が求められる。

　図8は BPATC で提供されているコアコースの研修プログラムを、職
位別に配置したものである。まず行政職カドレ行政官を含むすべての新人
カドレ研修としての FTC（Foundation Training Course）である。これは
法律、行政、歴史・文化、経済といった幅広い分野の知識を身につけるこ
とが大きな目標となる。課長級職員に対する ACAD（Advanced Course

on Administration and Development）では、中堅職員として課題発見力、分析力、マネージメント能力を高める色彩が強くなる。局長級職員に対する SSC（Senior Staff Course）では政策立案者として必要な能力、問題解決力、意思決定力を高める色彩が強くなる。次官補級職員に対する PPMC（Policy Planning and Management Course）では、次官補として省内外で要請される政策立案・実行力、コミュニケーション能力を高める色彩が強くなる。次官級職員に対する Policy Dialogue for the Senior Secretaries and Secretaries to the Government は、次官級・中央銀行総裁級といった人材による政策課題に関する基調講演、その講演に基づくディスカッションを中心とした2日間のプログラムである。

　図7と図8を単純比較してみると、BPATC では新人から次官級まで一貫した研修プログラムを提供していることが明らかである。一方 BCSAA の場合、個別課題研修プログラムが多く配置されている。図7から、BCSAA の研修プログラムは職位ごとに縦割り配置されている傾向があるものの、1人の行政職カドレ行政官が初任者からスタートし、昇進してゆく中で、研修プログラム A の次は研修プログラム B、その次は研修プログラム C といったように、水平的かつ一貫性ある研修プログラムといった側面を必ずしも強く意識していない。新人として働きだした行政職カドレ行政官を、BCSAA での研修を通じて、新人から課長・局長級、そして次官補・次官級へと長期にわたり育成してゆくといった視点を、研修プログラム配置から見出すことが難しいのである。BCSAA が行政職カドレ行政官を中心とした研修機関である点、BCSAA が官庁街の1つであるセクレタリアート（Secretariat）から非常に近い点を考慮するならば、初任者から幹部級職員の行政職カドレ行政官への研修を BCSAA で提供することの方が、移動時間コスト、行政職カドレ行政官対象の研修機関といった点から望ましい。それではどのように BCSAA の研修プログラムをリフォームしたらよいだろうか。以下では BCSAA の研修対象者が現在と同様、新人から中堅職員までの研修機関であることを前提とした議論にと

どめる。

3-1　Core Course の創設

　すでに藤原（2011年）でも手短に指摘されているように、また図7からも分かるように、BCSAA の研修プログラムは必ずしも体系だったものとなっていない。[16]新人の行政職カドレ行政官（AC・AS）対象の Law and Administration Course と課長級職員（DS）に昇進した行政職カドレ行政官（ただし課長級の行政職カドレ行政官と同等の他のカドレ行政官も含む）を対象にした Development Administration and Management Course の間の包括的な研修プログラム、すなわち SAS（Senior Assistant Secretary）に対する包括的な研修プログラム（Core Course）が欠けている。地方に配属されない SAS 級の行政職カドレ行政官の場合、彼・彼女らは課長級職員の一歩手前の位置にあることから、DS により近いところで、あるいは次官付秘書として働く行政職カドレ行政官が出るように、SAS として知っておくべき行政、法律、組織運営に関する深い知識が求められる。DS に対する研修も同様である。そこで下の例で示しているように、Law and Administration Course と同様、座学、知識の吸収といったことを主眼としつつも、Law and Administration Course と Development Administration and Management Course の両者にまたがるトピックを学ぶといった機会が求められよう。そしてできるだけ研修プログラムの一貫性を保つためにも、SAS と DS への研修トピックはできる限り同一にしておき、その内容に差を設けた方が、一貫性ある階層別研修の性格を打ち出しやすい。つまり AC・AS の研修では幅広い分野に関する知識を吸収する。SAS はより特定化された分野に関する深い知識を吸収する。DS は意思決定者、政策形成者として必要な知識だけではなく、現場で生じうる出来事等をケーススタディとして活用しつつ、意思決定者、政策形成者として的確な判断、処理を下せるような訓練まで視野に入れる必要性がある。

例

Development Administration and Management Course for SAS (Theoretical Aspects)

Administrative Rules and Procedures for SAS

Development Plan and Administration for SAS

Office Management for SAS

Public Policy and Management for SAS

Project and Public Procurement Management for SAS

E-governance and Innovation in Public Service for SAS

　SAS の行政職カドレ行政官の場合、年齢も比較的若く、省内においても課長級職員の下での仕事が多い。そこで、公共政策、プロジェクト・マネジメント、公共調達、電子行政といった分野における先端の理論・概念を学ぶ。

Development Administration and Management Course for DS (Practical Aspects)

Administrative Rules and Procedures for DS

Development Plan and Administration for DS

Office Management for DS

Public Policy and Management for DS

Project and Public Procurement Management for DS

E-governance and Innovation in Public Service for DS

Important Laws and Acts

Financial Management

　DS の行政職カドレ行政官の研修の場合、上記の SAS での研修で得た知識を前提とするため、例えば公共政策、プロジェクト・マネジメント、公共調達、電子行政といった分野での理論・概念の学習割合を引き下げる。むしろ SAS での研修で得た理論を、どのように実際の行政に適用す

るかといったように、現実の行政への理論の適用について、ケーススタディを多用しながら学ぶ。そして中堅管理職として必要な法律の運用、開発計画の立て方、職場環境の提供について学ぶ。

3−2　Field Administration Course の創設

　バングラデシュの都市を除く地方行政体は8つの管区（Division）、64の県（District）、491の郡（Upazila）そして4554のユニオン（Union）として区分されている。行政職カドレ行政官は管区、県、郡の行政トップとして異動する機会があり、特に若手の行政職カドレ行政官は県、郡へ異動し、そこで地方行政経験を積む。地方で勤務する行政職カドレ行政官の数については、上述の県や郡の数を想起するならば、県や郡のトップDC（Deputy Commissioner）やUNO（Upazila Nilbahi Officer）として赴任する若手から中堅の行政職カドレ行政官が相当数になることは容易に予想がつく。しかしここに問題がある。Ahsan（2012）はバングラデシュの地方行政体のうち、特に郡そして行政職カドレ行政官以外の郡職員に焦点をあて、さまざまな郡行政遂行、郡の行政サービス供給において、どの程度、職員間、組織間のコーディネーションが機能しているか、インフォーマルな形でのコミュニケーションの重要性等をアンケート調査、聞き取り調査から明らかにしている。そこでは行政職カドレ行政官（特に郡長であるUNO）と、他のカドレ職員との間におけるコミュニケーションの欠如、（行政職カドレと他のカドレの待遇の差等から生じる）職員の士気の低下等といったように、郡行政サービスそのものというよりは、郡組織を担う職員、組織のあり方が問題視されている。例えば以下のような、ヘルス＆ファミリープランニングを担当する郡職員のコメントが紹介されている。

"When I entered the civil service, the current UNO did not even finish secondary school. Many of my batch mates from the administration cadre are now joint secretaries, while I am still work under the leadership of the UNO at the Upazila level. How can things be done smoothly in this circumstance?" A.H.M. Kamrul Ahsan (2012) *Local Administration in Bangladesh Problems of Coordination*, AH Development Publishing House, pp.116 より引用。

また農業を担当する郡職員は、上司である UNO について以下のようにコメントしている。

"The UNO is neither our commanding boss nor the one who has the power to write our ACR. Thus, our courtesy to him is only grounded on the provisions of the system." A.H.M. Kamrul Ahsan (2012) *Local Administration in Bangladesh Problems of Coordination*, AH Development Publishing House, pp.112 より引用。

（注）ACR とは Annual Confidential Report（人事評価票）の略称。

　もちろん Ahsan（2012）の分析では、UNO と他の郡職員との関係性の一部分を評価したに過ぎない。そして UNO の視点からの分析が相当欠けていることも否めない。しかし UNO として郡行政トップとして働く、若手である主に SAS 級の行政職カドレ行政官と、その UNO よりも年上の他のカドレ職員との間に生じる意思疎通の困難さ、UNO に対して他のカドレ職員が全幅の信頼を置くことができないといった、行政サービス供給以前の問題を見てとれる。バングラデシュ行政を理解するためには、そのようなこと自体を考慮し、憂慮する必要があることを Ahsan（2012）の分析は示唆している。

　また若手の行政職カドレ行政官だけではなく、県令である DC であっても上記の2つの引用例とは異なる問題、すなわち政治との距離の取り方が浮上してくる。Kahn and Haque（2013）では、パブナ県の DC が、ある与党関係者から与党寄りの人材を公的部門の職員として雇うよう繰り返し

圧力をかけられたものの、そのDCはそのような要求を退け、公明正大な形での採用（採用試験）を行う手筈を整えた。一方、その与党関係者は試験会場を壊す、DCに対する暴力を振るうなどの妨害工作を行った。しかし政府は、そのDCだけではなく、その部下であるADC（Additional Deputy Commissioner）や、パブナ警察署長らをそれぞれの職務から退かせ、（行政官としての身分は保証されているものの、仕事を与えられていない行政官である）OSD（Officers on Special Duties）としたことを紹介している。つまり地方で勤務する行政職カドレ行政官は、若手であれば他のカドレである郡職員との意思疎通の問題、そして中堅であるならば国会議員を含む政治家、政治との関係をどのように保つかといったように、行政サービスの効率的な供給そのものだけではなく、その外側の問題にうまく対応してゆくことも、行政サービスのスムーズな提供に至る経路の1つとして把握できる。もちろんこのような問題を一朝一夕に解決することは難しいが、事前の研修を工夫して配置し、準備をした上で職員を地方に異動させる余地はある。

　図9のField Administration Courseの新設については、行政実務に直結した研修が図9の1、3、5であり、フォーマルあるいはインフォーマルなコミュニケーション、地元住民・地元有力者、NGO、ドナー関係者、政治関係者まで含めたコミュニケーション、交渉の技術を4と6-a・6-bで学ぶといった構成となる。DCより若手であるUNOでさえもUpazila議会の議長、そのアドバイザーとしての地位を与えられている国会議員との政治的なコミュニケーションをとる必要があり、そして自身の属する県の長であるDCとの行政面でのコミュニケーション、地元住民とのコミュニケーションといったように3方向のコミュニケーション技術がすぐに求められる。したがってUNO、DCとなる前に地方行政そのものだけではなく、組織運営、コミュニケーション・交渉能力を学んだ上で、実際の現場に出てゆく必要性が常にある。しかしBCSAAの現状の研修プログラムでは、ここで指摘した視点が欠如している。中央で勤務する行政職カドレ

行政官と同様、地方行政に携わる行政職カドレ行政官に対しても、体系的
な研修プログラムを用意する余地がある。

3−3　専属職員の配置

　すでに述べたように、BCSAA の職員のうち Rector から Assistant Di-
rector までの主要な BCSAA 職員は行政職カドレ行政官で占められ、し
かもその行政職カドレ行政官の異動が頻繁である。そのため研修プログラ
ム、BCSAA のマネージメント業務を長期にわたり支える職員が育たない
ことは、BCSAA の構造的な欠陥と考えられる。本来であれば、Rector や
MDG といった職位は、異動の頻繁な次官級職員、次官補級職員が就いた
としても、それ以下の職員は極力 BCSAA の専属職員によって支えられ
る方が、研修機関業務の継続性という観点から、また研修機関といった専

図9　BCSAA における Core Course と Field Administration Course の新設

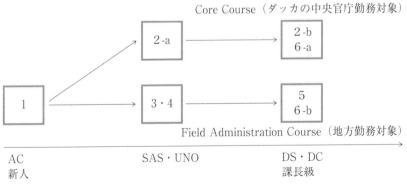

（出所）筆者作成。
1:Law and Administration Course, 2-a: Development Administration and Management
Course for SAS, 2-b: Development Administration and Management Course for DCs
3:Orientation Course for Fit-listed UNOs, 4:Course on Negotiation Skills for UNOs, 5:
Orientation Course for Fit-listed DCs, 6-a:Course on Negotiation Skills for DSs, 6-b:Course
on Negotiation Skills for DCs

門的な場でのスペシャリストを育成する意味でも望ましいと考えられる。現在の BCSAA の組織を踏まえつつも、このようなタイプへの組織へと近づけることは、はたして可能だろうか。

　まず専属の講師の必要性である。研修機関として行政職カドレ行政官である BCSAA 職員が講義を行う、あるいは外部人材（主に退職した幹部級行政官、現役の幹部級の行政官）に偏った講義提供ではなく、専門知識を持った講師を揃える方が望ましい。そのためには公務員採用試験の区分において、例えば BCS（Trainer）といったように BCSAA だけではなく、希望するバングラデシュの公務員研修機関のみに勤務する公務員を採用する。この場合、カドレ職員を新設することになるため、公務員試験など公務員人事を管轄する PSC（Public Service Commission）までを巻き込む取り組みとなる。あるいは BCSAA を統括する MOPA（Ministry of Public Administration）が BCSAA に対して専属職員採用の権限を与え、BCSAA が専属職員（ノン・カドレ職員）をもつといった可能性も考えられる。[19]

　次に BCSAA において、それぞれの部署における Director、Deputy Director、Assistant Director らは現行どおり行政職カドレ行政官が就くものの、Director、Deputy Director、Assistant Director のそれぞれに専属職員を配置する。このような形にするならば、たとえ行政職カドレ行政官の異動が頻繁であっても、それぞれの部署のそれぞれの職位における業務を把握している職員がいるため、業務の継続性は相当保たれるものと考えられる。また行政職カドレ行政官の異動後、後任の行政職カドレ行政官が赴任するまでの間も、業務が滞ることも考えにくい。もちろん、このような専属職員と行政職カドレ行政官との職務の違いを明らかにする必要がある。あくまで専属職員はロジスティクス全般、日々の研修プログラムのマネージメントを行うものとする。行政職カドレ行政官は研修プログラムの企画、運営、評価、研修プログラム全体の監督を中心に行う。このような行政職カドレ行政官と専門職員との間での職務分業の余地をここに見出せる

4 おわりに

　本章では、バングラデシュの行政職カドレ行政官に対する研修機関である BCSAA に焦点をあて、その組織、研修プログラムに内在する課題そしてグッド・シビルサービス・トレーニングに向けての基本的な BCSAA の検討課題について言及した。まず行政職カドレ行政官の職位、キャリアに対応した、誰の目からも見ても明確な階層別研修プログラム構造が確立されていない点は、研修プログラムの構築という点で大きな課題である。そして研修プログラムを提供する側の BCSAA 職員の配置と職場環境の課題、異動の頻繁な行政職カドレ行政官が BCSAA のマネージメントを行うことによる、継続性を要する業務の脆弱性について指摘した。その上で、BCSAA の研修プログラムや職員配置について改善の方向性を示した。

　いうまでもなく本章で指摘した事柄、示した改善の方向性は、BCSAA によるグッド・シビルサービス・トレーニングへの入り口に過ぎない。本章を踏まえ BCSAA の組織や研修プログラムが抱える課題、研修プログラムに対する評価が抱える問題を個別に分析するといった取り組みがさらに求められる。

注
（1）以下 BCSAA と略する。筆者は 2009 年から 2018 年まで、山口大学大学院経済学研究科と BCSAA による共同講義である "The Intermediate Course of Public Administration and Public Finance" の講義計画から運営を BCSAA とともに担い、その講義も行ってきた。もちろん残されているかもしれない誤りは、筆者の責めに帰すべきものである。
（2）現在の MOPA（Ministry of Public Administration）のこと。
（3）Klingner, D.E. and Nalbandian, J.（1985）*Public Personnel Management Contexts and Strategies Second Edition*, Prentice-Hall, Inc.
（4）例えば MDGs（Millennium Development Goals）を前身とする SDGs（Sustainable Development Goals）といったように、17 の国際目標の下に 169 のターゲッ

ト、232 の指標が決められている。その SDGs を反映した開発課題などが生じうる。

（5）もちろん、ここでは行政職カドレ行政官を中心とした行政官が職員として配置されている部分にのみ焦点をあてている。そのため BCSAA 全職員・職種を網羅しているわけではない。BCSAA 全職種・職員の定足数、空席数、主要な役職の所掌事務紹介などについては、BCSAA による Annual Report 2018-19 に全て記載されている。

（6）すでに述べているように 2013 年より以前は、BCSAA の校長職は DG（Director General）という名称であり、例えば次官補の行政職カドレ行政官が DG として赴任し、DG 在職中に昇進し、次官となるケースもあった。これをその当時の DG が、バングラデシュの全カドレ行政官を対象とする公務員研修機関である BPATC（Bangladesh Public Administration Training Centre）と同様、DG を Rector に、Additional Director General を Member Directing Staff とするよう職位名称の変更を行った。

（7）次官補である行政職カドレ行政官が Director を務めるケースもあった。

（8）DE については、DD の上に Director（Documentation and Evaluation）といった直属の上司、Assistant Director（Documentation and Evaluation）といった直属の部下がいない時期があった。そのため研修の評価文書に関する決裁については、筆者が知りうる限りではあるが、DE を担当する DD が持ってきた各研修者の評価文書を MDS が直接決済を行っていた研修プログラムがあった。

（9）実際、筆者が BCSAA の "The Intermediate Course of Public Administration and Public Finance" で毎年講義を行っていた際、研修者による筆者の講義評価があったことを一度だけ、インフォーマルな形で耳にしたことがあった。BCSAA 側から筆者に対し公的に、研修者による筆者の講義に対する評価があることの事前通告を含め、評価結果に関するフィードバックを受けたことがなかった。ただし "The Intermediate Course of Public Administration and Public Finance" の終了後、筆者は BCSAA 側の講義コーディネーター、校長と毎回、共同講義全般に関する意見交換を行ってきた。しかしこれは BCSAA 側で義務付けているものではない。特に校長による講師を含め講義全体の口頭での評価内容の充実度については、校長に依存していた。このような面からも、評価の実施、評価内容の通知、講義後の講義コーディネーター、校長による評価内容の画一化、次回に向けての評価結果の活用を含め、BCSAA における評価分野の改善部分は多岐に渡るものと考えられる。

（10）西尾勝『行政学　新版』有斐閣、2001 年。

(11) 大森彌『行政学叢書4 官のシステム』東京大学出版会、2006年。

(12) もちろんBCSAAには会議室がある。しかしそこはセレモニー的な要素の強いプログラム（海外からの訪問団との意見交換・懇談など）のために使われることが多い。

(13) 例えばBCSAAでの研修プログラムにTOT Couse on Sustainable Development Goals（SDGs）といった研修プログラムがある。これはSDGsに関する10のモジュールから構成される研修プログラムである。各省庁内でSDGsに関する研修を行える職員を育成するためのTraining of Trainers（TOT）プログラムである。この研修プログラムの参加対象となる職位はAS（Assistant Secretary）からJS（Joint Secretary）までで、DS（Deputy Secretary）よりも1つ上の行政職カドレ行政官までが参加対象となっている。

(14) そのためBPATCでは、ドナーとの連携による研修プログラムなどが実施され、そのような研修プログラムをもとにした研究論文もある。例えばバングラデシュ政府とDFIDによる行政官のキャパシティ・ビルディングを目的とした研修で、2006年から13年にかけて実施されたMATT2（Managing at the Top Stage 2）を扱ったJacobs,C. (2009) "How to bring about change in the Bangladesh Civil Service? Attempts to Change Mindsets, Behaviours and Practice" *Public Administration and Development*, Vol.29, pp.218-227. Hossain, F., Kumasey, A.S., Eldridge, D., Kravariti, F. and Bawole, J.N. (2018) "Paradox of Public Sector Capacity Building: Lessons from MATT2 UK-Bangladesh Co-operation" *Development Policy Review*, Vol.36, pp.689-702. など。

(15) 現時点では、BCSAAが新人から課長級の行政職カドレ行政官を対象とした研修機関であることを踏まえるならば、ここでの事柄はBPATCとBCSAAの関係性などを含め検討すべき事柄は多岐にわたる。

(16) 藤原洋二郎「Discussion PaperNo.184 バングラデシュにおける行政サービス提供の改善」名古屋大学大学院国際開発研究科、2011年。https://www.gsid.nagoya-u.ac.jp/bpub/research/public/paper/article/184.pdf#search=%27%E8%97%A4%E5%8E%9F%E6%B4%8B%E4%BA%8C%E9%83%8E+%E3%83%90%E3%83%B3%E3%82%B0%E3%83%A9%E3%83%87%E3%82%B7%E3%83%A5%27

(17) Khan, M.M. and Haque, M.A. (2013) "Civil Service System and Reforms in Bangladesh" Sabharwal, M. and Berman, E.M. (eds) *Public Administration in South Asia India, Bangladesh, and Pakistan*, CRC Press, pp.297-315.

(18) 筆者が知る限りBCSAAに長年にわたり勤務し、Rector、MDS、Director、そ

の他行政職カドレ行政官とすぐに意思疎通可能であり、しかも研修プログラム
のコーディネーター、研修プログラム内の講義まで行っていた職員は1名存在
した。もともと、その職員の BCSAA での職位は Librarian であり、後に Se-
nior Librarian と職位がかわり、すでに退職している。この職員は、自身の本
来の職務である BCSAA の図書館運営のみならず、BCSAA の研修プログラムの
企画、運営などにも深くかかわり、研修内での講義まで担当していた。もちろ
んこの職員は、長年異動することなく BCSAA に勤務していたため、BCSAA の
専属職員的な立場であった。このような形での BCSAA への関わり方（本来の
所掌を超えた事務を行う）は相当特殊なものと考えられる。

(19) ただしこのような専門職員の配置については、専門職員の士気を高く保つ動
機づけが必要となる。そのためには BCSAA が独自に専門職員を採用するより
も、公務員研修機関の専属職員としてのカドレがあり、そのカドレ職員として
の自身の職務といった動機づけが重要になるかもしれない。さらに専門とする
分野、領域に関する講義能力を含め、専門職員の質を高めるための研修、教育
機会、待遇を与えてゆくこと、専門職員としてのプロフェッショナリズムを高
めてゆく必要が BCSAA に新たに生じる。

仲間　瑞樹

第**8**章

インドの水資源管理・水ガバナンス改革の検討

総合水管理指数 CWMI を通じて

1 はじめに

　世界には、現在の全人類を養うに足る十分な水資源約 14 億k㎡が総量として存在する。しかし、このうち淡水（氷河等を除く）は約 0.8％と限られ、そのほとんどが地下水として存在し、かつ偏在している。河川や湖沼などの表層水は全体の 0.01％に過ぎない。そしてこのように存在する水は生態系内部で循環しているが、この水循環は人類の膨大な水需要に撹乱されており、その影響は地下水の涵養におよび、地下水面の低下や井戸の枯渇を引き起こしている。さらに処理の不十分な排水を原因とする水源の汚染は安全な飲料水の入手を困難にする一因となっている。

　日本は比較的降水量の多い地域であるが、世界全体からみれば保有する水資源量は少ない部類に属している。これを補っているのは、利水や治水においてこの降水を河川やダム・湖沼に留めることで、直ちに海に流れ出ることを防ぎ、必要な水を確保してきた先人たちの知恵と実践である。そして、世界に誇る水道インフラを作り上げ、主に各自治体がこれを運営し、人々への安全な飲料水等の確保を補償している。

　しかし、本書が注目する南アジアに目を転じれば、この様相は一変する。南アジアはガンジス川、インダス川など大河を擁するが、この地域の河川は乾季になれば水量が減少し、汚染のひどい河川では悪臭を放つようになるものもある。これは降水量の少ない乾季には上流での取水によって下流ほど流量が減少するためである。その結果、下流地域において水のな

くなる河川すらある。重要な水源として利用される地下水も、上述のように、その枯渇や地下水面の低下が懸念されている。加えて、気候変動によるヒマラヤ山系の氷河後退は、これに水源を依存する河川流域の潜在的な水利用を脅かしている。

　水は人間の生存に不可欠なものであると同時に、人類の文化や生活にも密着し、これを大きく規定するものである。この水の利用可能性への危機は、われわれの生活や経済のあり方にも大きな影響を与えずにはおかない。こうした水問題に対して世界的な取り組みによって適切に対応するため、2016 年に新たなスローガンとなった持続可能な開発目標（Sustainable Development Goals：SDGs）は 17 の主要な目標のうち、目標 6 に安全な飲料水と衛生施設（トイレ）へのアクセス確保を謳っている。しかし、2019 年に発行された目標達成状況に関する報告書によれば、安全に管理された飲料水や衛生施設（トイレ）へのアクセスについて進捗度があまりに遅く、期限とされる 2030 年までには到達できない見通しとなっている。[1]かつて、当時の世界銀行副総裁が 20 世紀の石油を巡る争いに代わって、21 世紀は水をめぐる争いが主要な問題となると予言した。世界は水に関する目標を SDGs に設定して水問題の解決に奮闘しているが、この予言が現実のものとなる可能性が高まっている。

　そこで本章では、南アジアの中でもインドにおける水資源管理・水ガバナンスの近年の改革について、特に総合水管理指数（Composite Water Management Index：CWMI）の取り組みを中心に内容を整理し、その問題点や今後の課題について考察する。

② インド水問題の現状

　南アジアにおいて、インド、パキスタン、バングラデシュ、ネパールの位置するインド亜大陸は 17 億人の人口を擁するが、この地域は世界で最も 1 人当たりの利用可能な水資源量が少ない地域の 1 つである。水ストレ

ス（水需給が逼迫している状態）の程度として、「人口一人あたりの利用可能水資源量」が用いられるが、南アジアは今後水ストレスから水不足へと移行するといわれる。生活、農業、工業、エネルギー及び環境に要する水資源量として年間一人当たり 1,700㎥ が最低水準である。これを下回ると水ストレス下にあり、1,000㎥ を下回ると水不足、500㎥ を下回れば絶対的な水不足、とされる。

　本節では、インドの水問題の現状について概観する。まず、全体的な降水量に関わる問題として、近年のモンスーンシーズンの到来の遅れがある。インドでは通常6月から9月が南西モンスーンによる雨季である。このモンスーンの遅れは直前の乾季の長期化を意味し、特にこの乾季の終わりにひどい旱魃をもたらしている。これは地球全体の気候変動と関連しており、北半球に位置するインドでの南西モンスーンの遅れが南半球のオーストラリアでのモンスーンの遅れを引き起こすことが、オーストラリア気象庁によって指摘されている。これによれば、インドでのモンスーン終了が遅れることで、オーストラリアのモンスーン開始が遅れる事態になっており、これはオーストラリア中南部での旱魃を引き起こしている[2]。

　また、インドはその水供給の 40% を地下水で賄っているが、地下水位の低下ならびに井戸の枯渇に対する懸念が深刻である。環境問題への提言で著名なレスター・ブラウンによれば、インドの穀物生産の5分の3が地下水に依存し、無制約な地下水汲み上げや汲み上げポンプの動力としての電力利用への補助金などのために、地下水の汲み上げが急増しており、インド国内 22 州において深刻な地下水の減少が生じている[3]。

　農村部での旱魃や水不足に加えて、地下水位の低下は都市部での生活用水需要にも影響を与える。急速な人口増加が農村からの都市への人口移動を促しており、こうして人口の膨れ上がった大都市では、水道インフラの未整備のもとで、水需要に応えるために地下水に依存する事態となっている。

　増大する水需要に対して、インド南部のタミル・ナードゥ州チェンナイ

あるいはカルナータカ州ベンガルールなどでは、タンク車による周辺地域からの水売り業者による給水も見られるが、こうしたサービスは都市部の住民に対して非常に高い支払いを要求することになっている。The Wire の記事によれば、2019年チェンナイの水不足に対処するために、チェンナイ市水道当局は50両編成の水列車により近郊の貯水池から日量1,100万リットルを運搬し供給することが計画されたが、これにかかる費用は1リットルあたり3.17ルピーとされ、通常のプラスチック製容器の場合に比べて3倍のコストであるという。この水列車による輸送は、同年10月までモンスーンが十分な降水をもたらさなかった事態への対処として行われたものである。

　FAO（国連食糧農業機関）の統計によれば、インドは中国、米国に並ぶ穀物生産大国であり、インドでの水需要の8割は農業が占めている。生活用水はもとより農業用水の確保は、約13億の人口を養う上でも必要不可欠なものである。1965年からの干ばつを契機として、インドではいわゆる「緑の革命」が進められ、この結果高収量品種の導入・栽培によって単位面積当たり収量の著しい増加が達成された。しかし他方で、灌漑設備を必要とする近代農法の普及は大量の農業用水を地下水に依存する事態をも引き起こし、地下水位の低下を引き起こす主因となっている。

　さらに、複数の州を跨がって流れる河川での取水争いも常態化している。こうした上流と下流での取水争いに対しては、水利権調整に関する河川管理機関が中央政府によって設置されている。

　後述するNITI Aayog（インド政策委員会）によれば、インドでは安全な飲み水へのアクセスが不十分であるために毎年約20万人が死亡するうえに、約6億人が高い水ストレス下に置かれている。さらには、インドの井戸の約54%において水位の低下が観察され、21の主要都市ではその地下水をまもなく使い果たすことになり、食糧安全保障にとっての重大な脅威になると警告している。

③ 水資源管理・水ガバナンス改善への 取り組みと総合水管理指数（CWMI）の導入

　このようなインドの現状に対して、インド政府は水資源関係の法律改正や行政組織の再編などの取り組みを行ってきた。次に、これまでの施策について確認する。

　まず、インド政府全体に関わる行政組織上の重要な改組として、2015年にインド政府は独立以来インド経済計画に対して重要な役割を果たしてきた国家計画委員会を廃止し、これに代わってNational Institution for Transforming India Commission（NITI Aayog：インド政策委員会）を設立した。NITI Aayogはインド政府の最重要のシンクタンクとして設置され、インド政府向けに戦略的かつ長期的な政策・プロジェクトを立案すると同時に、中央政府・州政府・連邦直轄領に対して適切な技術的アドバイスを行うものとされる。また、NITI Aayogはインド政府が国家的関心事に対して各州政府と協調して行動するためのプラットフォームを提供するものとなっている。この意味で、NITI Aayogはインドが長年課題としてきた中央政府と州政府の関係において「協調的連邦主義（cooperative federalism）」を促進するものと位置づけられている[7]。

　水ガバナンス改革として大きなものは、2019年5月に水関連の行政省庁の統廃合がなされたことである。それまでの水資源・河川開発・ガンジス河再生省と飲料水・公衆衛生省を統合し、ジャル・シャクティ省（the Ministry of Jal Shakti[8]）とし、この内部に水資源・河川開発・ガンジス河再生庁と飲料水・公衆衛生庁を設置した[9]。さらに、2019年6月15日、NITI Aayog運営評議会（the Governing Council[10]）において、モディ首相は2024年までにインド農村部の全世帯に水道を接続することを宣言した。これは2018年のモンスーンシーズンにおける降水量が平均を下回り、イ

ンド西部と南部地域において特に厳しい状況に陥ったことを受けて、イン
ドにおける水資源確保が重要との認識を再度示したものである。Swachh
Bharat Mission の公表によれば、1期目を終えた時点でトイレ普及率を
38％から99％へと引き上げることに成功したモディだが、この時チェッ
クダムや堤防を作り、貯水池を作ることを各村のリーダーに訴えている[11]。
その後、「水の力キャンペーン（Jal Shakti Abhiyan）」を展開し、2019年
7月1日時点で、256県の1592地区で水資源保護と安全な水のためのキャ
ンペーンを実施している。

　そして NITI Aayog は 2018 年から、継続的な水資源や水供給の改善状
況を把握し、目標達成への進捗度を評価するために、総合水管理指数
（CWMI）を作成し、これに沿ったデータ収集を行い、水ガバナンスの状
況を評価、公表を行なっている。2019年8月には2度目の評価報告書が提
出され、インドの水資源保全状況や飲料水供給の状況等が測定、評価され
ている。その報告書の序文によれば、NITI Aayog は従来型の大規模なイ
ンフラ投資計画から地域コミュニティで進行中の草の根レベルの活動を重
視することへ政策シフトすることを提案しており、また、インドにおける
水資源の効率的管理のためにエビデンスとデータに基づいた政策決定を根
付かせることも目的とされており、水セクター改革を確実にするものとし
て期待されている[12]。

　この CWMI 作成の目的として、データに基づく意思決定と「競争的か
つ協調的連邦制（competitive and cooperative federalism）」を目指して
いる点を確認しておきたい。データに基づく意思決定とは、これまでの水
分野における政策対応を反省し、選定した指標を用いてインドの水資源や
政策・ガバナンスの改善・進捗状況を指数化し、これを基準として更なる
改善のための政策を決定することを目指すものである。また「競争的かつ
協調的連邦制」とはこうして指数化され、可視化された現状を各州・連邦
直轄領ごとに公表することで、それぞれの改善・進捗状況を明らかにし、
またこれまでの改善策のベスト・プラクティスを共有するなど、水資源管

224

理のあり方について州間の競争を促進することを目指している。

　以下、2019年版報告書（以下、報告書とする）にしたがって、この報告書が指摘するインド水問題とCWMIについて整理する。

　まずインドにおける水問題について、報告書では約8億2,000万人が水不足の状態（1人当たりの水利用可能量1,000㎥）に近い、あるいはそれ以下の状態にあることが指摘されている。また、インドの農村部では、約82％の世帯で個別の水道を利用しておらず、また1億6,300万人が自宅近くにおいて清潔な水を利用できないままに暮らしているとする。さらには、このままの状態が続けば、2030年までにインドの水需要はその供給量を2倍も上回り、何百万人もが深刻な水不足に悩まされることになると予測している。そうした水不足への危機にもかかわらず、インドが仮想水（ヴァーチャル・ウォーター）貿易において地下水輸出を行う世界第3位の国であり、国内の52％の井戸が水面低下に直面していると指摘している。

　こうした状況を受けて、NITI AayogはCWMIの作成に踏み切り、国内各州の水分野での成果を監視し、その情報の透明性を向上させ、中央政府が水ガバナンス改善の筋道を示しつつ、州間競争を促進する「競争的かつ協調的連邦制」を推進することで、国内の水分野での成果を高めることを目指している。この点について補足しておけば、水は州の管轄下にあり、その適切な利用と管理は州の管轄事項となっている。中央政府は、州の協力によるデータ収集によって成果を測定するだけでなく、目標達成につながる協力を提供する必要があり、「競争的かつ協調的連邦制」の精神の重要性が強調されている。

　報告書では、2017年度の成果と、以前の2年度（2015年度と2016年度）の成果を掲載し、その3年間の進捗状況とその傾向を報告している（1年度は4月～3月）。CWMIでは、28の指標が設定されている。これらの指標は、地表水・地下水の回復、大規模・中規模灌漑、流域開発、参加型灌漑管理、農業での水利用、農村・都市への水供給、政策・ガバナンスと

表1　CWMIのための9つのテーマとウェイト

	テーマ	ウェイト
1	水域の水源増強と回復	5
2	水源増強（地下水）	15
3	大規模・中規模灌漑―供給面の管理	15
4	流域開発―供給面の管理	10
5	参加型灌漑―需要面の管理	10
6	持続可能な農業用水使用―需要面の管理	10
7	農村部の飲料水	10
8	都市部の水供給と衛生施設	10
9	政策とガバナンス	15
	合計	100

（出所）NITI Aayog（2019）より。

表2　CWMIのための指標一覧

水域の水源増強と回復	
1	a. 2016会計年度中に回復された水域によって灌漑された面積が、回復の対象となった水域全体での灌漑可能な面積に占める割合（％）
	b. 2017会計年度中に回復された水域によって灌漑された面積が、回復の対象となった水域全体での灌漑可能な面積に占める割合（％）
水源増強（地下水）	
2	a. 過剰開発や危機的との評価を受けた場所のなかで2017年のモンスーン前に2016年の同時期と比較して地下水位が上昇したものの割合（％）
	b. 過剰開発や危機的との評価を受けた場所のなかで2018年のモンスーン前に2017年の同時期と比較して地下水位が上昇したものの割合（％）
3	a. 2017年3月31日時点で、当該州で確認され、地図上に記載された主な地下水涵養地域の割合（％）
	b. 同じく、2018年3月31日時点での割合（％）
4	a. 地図に記載された地域のうち、地下水を涵養するためのインフラが設置された地域の割合（2017年3月31日時点）（％）
	b. 同じく、2018年3月31日時点での割合（％）
5	当該州が地下水の利用・管理を規制する法律や枠組みを周知しているか？
大規模・中規模灌漑	
6	a. 開発された灌漑能力に対する利用された灌漑能力の割合（2017年3月31日時点）（％）
	b. 同上（2018年3月31日時点）（％）
7	a. 当該州での大規模・中規模の灌漑計画の総数
	b. 当該州で開発された灌漑能力と利用された灌漑能力とに差があると評価・確認された計画数
8	灌漑資産の維持補修のための2017会計年度中の支出額（建設費用を除く、1ha当たりルピー）
9	a. 実際の用水路と分水網の総延長が、運搬効率改善のために適切とされる総延長に対して占める割合（2017年3月31日時点）（％）
	b. 同上（2018年3月31日時点）（％）
流域開発	
10	純耕作面積に占める天水農業面積の割合（2017年3月31日あるいは前年時点）（％）
11	統合的水管理計画（IWMP）などによって認可された計画の対象となった施設のうち、2017会計年度中に建設あるいは再建された雨水貯留施設の割合（％）
12	a. IWMPにしたがって作られた設備資産の数
	b. IWMPにしたがって作られた設備資産のうち、位置情報付き設備資産の割合（2017年3月31日時点）（％）
	c. 同上（2018年3月31日時点）（％）

	参加型灌漑
13	当該州が、水利組合を通じて参加型灌漑管理を促進するための法律あるいは法的枠組みを周知しているか？
14	a. 当該州の管轄下にある灌漑地域（2017年3月31日時点）（ha）
	b. 当該州管轄下の灌漑地域のうち、灌漑設備の運営管理に関与する水利組合がある地域の割合（2017年3月31日時点）（%）
	c. 当該州の管轄下にある灌漑地域（2018年3月31日時点）（ha）
	d. 当該州管轄下の灌漑地域のうち、灌漑設備の運営管理に関与する水利組合がある地域の割合（2018年3月31日時点）（%）
15	a. 2016会計年度中に回収された灌漑料金の総額（ルピー）
	b. 2016会計年度中に水利組合が回収した灌漑料金のうち、その組合が内部に留保した料金の割合（%）
	c. 2017会計年度中に回収された灌漑料金の総額（ルピー）
	d. 2017会計年度中に水利組合が回収した灌漑料金のうち、その組合が内部に留保した料金の割合（%）
	持続可能な農業用水使用
16	a. 農業気候区分（Agro-climatic Zone：国際半乾燥熱帯農業作物研究所による地域区分）にしたがった標準的な作付けパターンで耕作された面積が耕作地総面積に占める割合（2017年3月31日時点）（%）
	b. 同上（2018年3月31日時点）（%）
17	a. 当該州に農業用に分離された電力供給事業者が存在するか？
	b. 2016会計年度における電力供給を伴う耕作総面積に対して、農業用に分離された電力供給事業者によってカバーされる地域の割合（%）
	c. 同じく、2017会計年度における割合（%）
18	a. その州では管井戸あるいは水汲み上げポンプへの電力が課金されているか？
	b. イエスの場合、固定料金として課金されているか？
	c. イエスの場合、メーターによって課金されているか？
19	a. 当該州における総灌漑面積（2017年3月31日時点）（ha）
	b. 総灌漑面積のうちマイクロ灌漑システムがカバーする面積の割合（2017年3月31日時点）（%）
	c. 当該州における総灌漑面積（2018年3月31日時点）（ha）
	d. 総灌漑面積のうちマイクロ灌漑システムがカバーする面積の割合（2018年3月31日時点）（%）
	農村部の飲料水
20	a. 飲料水供給が完全に行われている農村部住民総数の割合（2017年3月31日時点）（%）
	b. 同上（2018年3月31日時点）（%）
	c. 毎日24時間の水道サービスが供給されている村落数（2017年3月31日時点）
	d. 同上（2018年3月31日時点）
	e. 各世帯に水道メーターが設置されている村落数（2017年3月31日時点）（%）
	f. 同上（2018年3月31日時点）（%）
21	a. 2016会計年度中に水質に問題が生じた農村部住民の減少率（%）
	b. 同じく、2017会計年度中の減少率（%）
	都市部の水供給と衛生施設
22	a. 飲料水供給がなされている都市人口の割合（2017年3月31日時点）（%）
	b. 同上（2018年3月31日時点）（%）
23	a. 都市部における排水総量の見込み（2017年3月31日時点）（1日当たり、100万ℓ）
	b. 当該州の都市部における排水総量見込みに対する、実際に設置された都市排水処理能力の割合（2017年3月31日時点）（%）
24	a. 2016会計年度中の排水処理率（%）
	b. 2017会計年度中の排水処理率（%）
	政策とガバナンス
25	当該州が水域と給水路の保護およびそれらの侵食防止のための法律を制定しているか？
26	当該州に公共及び民間の建物において雨水収集を行うための枠組みがあるか？
27	a. 給水を受け、かつこれに対して課金されている都市部世帯の割合（2017年3月31日時点）（%）
	b. 同上（2018年3月31日時点）（%）
28	a. 水資源のために分離された総合データセンターを当該州が持っているか？
	b. そのデータが定期的に総合データセンターで更新されているかどうか？

（出所）NITI Aayog（2019）より筆者作成。

表 3　州の分類

非ヒマラヤ諸州	アンドラ・プラデーシュ、ビハール、チャッティースガル、ゴア、グジャラート、ハリヤーナー、ジャールカンド、カルナータカ、ケララ、マディヤ・プラデーシュ、マハラシュトラ、オーディシャー、パンジャブ、ラジャスタン、タミル・ナードゥ、テランガーナ、ウッタル・プラデーシュ
北東部ならびにヒマラヤ諸州	アルナチャル・プラデーシュ、アッサム、ヒマーチャル・プラデーシュ、メガラヤ、ナガランド、シッキム、トリプラ、ウッタラカンド
連邦直轄地	デリー、プドゥチェリー

（出所）NITI Aayog（2019）より。

いった 9 つのテーマに沿って分類されており、またこれらのテーマごとに重み付けがなされている（表 1 参照）。これらの指標は 0 から 1 の範囲で数値化され、それぞれ分類されたテーマの重み付けにしたがって加重平均され、最終的に総合指数が生成される。

　また、今回の報告書では、25 の州と 2 つの連邦直轄領が調査報告の対象となっている。これらの州・連邦直轄領は表 3 のように分類されている。

　先の 28 の指標に関するデータは、州政府の協力のもとに、完全性、一貫性、妥当性に留意したうえで、NITI Aayog ポータルサイトにおいてオンラインで入力・収集され、これらのデータは独立検証機関（IPE Global）によって複数のデータソース（中央政府の作成したデータ、一般公開されている年次報告書など）を参照し、それぞれのデータと照合して検証されている。

　報告書において指摘されている評価を確認すれば、以下の通りである。データの制約なく 3 カ年にわたって比較可能な 24 州のうち 19 州が水管理における改善を見せている。グジャラート、アンドラ・プラデーシュ、マディヤ・プラデーシュ、ヒマーチャル・プラデーシュが上位に位置する州であり（表 4 参照）、特にグジャラートは 3 年連続で首位の座に位置している。他方、ウッタル・プラデーシュ、マハラシュトラ、チャッティースガル、オーディシャー、トリプラの 5 州において水管理の状況が悪化して

表4　各州のCWMIスコア（2017会計年度）

非ヒマラヤ諸州	スコア	北東部ならびにヒマラヤ諸州	スコア
グジャラート	75	ヒマーチャル・プラデーシュ	67
アンドラ・プラデーシュ	74	ウッタラカンド	49
マディヤ・プラデーシュ	70	トリプラ	47
ゴア	60	アッサム	44
カルナータカ	59	シッキム	42
タミル・ナードゥ	58	ナガランド	30
ハリヤーナー	58	メガラヤ	26
マハラシュトラ	56	アルナチャル・プラデシュ	22
パンジャブ	52	連邦直轄領	スコア
テランガーナ	50	プドゥチェリー	39
ラジャスタン	47	デリー	20
ケララ	45		
チャッティースガル	45		
オーディシャー	39		
ウッタル・プラデーシュ	39		
ビハール	38		
ジャールカンド	34		

（出所）NITI Aayog（2019）より、筆者作成。

いる。好調を維持している州は持続的に改善を見せているが、テーマごとにみれば、その改善はテーマ全般にわたって一貫しているわけではなく、テーマごとにまばらな状況となっている。例えば、政策とガバナンス、水源増強（地下水）のテーマでは顕著な改善が見られる一方で、水域の水源増強と回復、参加型灌漑、農村部の飲料水、都市部の水供給と衛生施設の4テーマにおいて3年間に指標の低下が見られる。他方、州によるデータ入力がなされない事案が前年に比較して70％減少するなど、データに関する規律では改善がみられている（ハリヤーナー、ゴア、ウッタラカンドはデータ報告の改善によってスコアが大幅に改善している）。しかし表4を眺めればわかるように、全体の状況は十分に改善されているとはいえな

い。16 の州・連邦直轄領が総合スコアにおいて 50 ポイントを下回ってお
り、成果の低い結果となっている。2015 年度において低位に位置した
ジャールカンド、ウッタル・プラデーシュ、オーディシャー、ビハール、
ナガランド、メガラヤは依然として 40 ポイントを下回ったままである。
首都であるデリーが最も低いスコアとなっており、深刻な水管理の状況を
浮き彫りにしている。

　さらに問題なのは、低スコアである 16 の州・連邦直轄領がインド人口
の約 48％、農業生産の約 40％、国内純生産の約 35％を占めている点であ
る。これはインド経済社会を支える規模の州において水管理の改善が急務
であることを再確認させる。またインド農業生産における上位 10 州のう
ち、グジャラートとマディヤ・プラデーシュを除いた 8 州において
CWMI スコアが 60 を超えていないことは、今後の人口や経済社会を支え
る食糧生産において大きな懸念を抱かせるものとなっている。

　テーマ別に概観しておくと、水域の水源増強と回復では 2017 年度に
2016 年度にくらべてスコアが低下している。地下水の回復については、
全体的にスコアは改善しているが、その中央値は達成可能なスコアの
50％を下回ったままである。大規模中規模灌漑は北東部ならびにヒマラヤ
諸州で非ヒマラヤ諸州よりも高いスコアとなっている。流域開発では中程
度のスコアとなっていて、長期的には草の根の協同的アプローチによる流
域開発と管理が必要であることを指摘している。参加型灌漑ではスコアの
わずかな低下となっており、水利組合の関与を促進する法的枠組みは存在
するが、この組合の責任（灌漑施設の運営や管理への関与など）について
実際の実施が未だ低水準にとどまっている。水需要の多くを占める農業用
水利用では国が強力にマイクロ灌漑の推進を行っているにもかかわらず、
各州の水利用効率の大きな改善が未だみられない。農村部の飲料水につい
ては前年度よりも低下しているが、これは今年度新たに導入された新しい
指標のパフォーマンスが低かったためと考えられる。都市上下水道では、
平均的に水へのアクセスは高いが、排水処理に大きな格差がある。排水処

理能力面での改善はあるが、この利用率が低いままとなっている。

　報告書は考察として、今後は全ての地域が協力・連携して課題に対応することではじめて水危機に対処することができるとする。全体的には改善されている各州の水管理状況も、上述の通り深刻な州間あるいはテーマ間の格差が残されている。この解消のために、報告書は高い成果を上げている州の事例をベスト・プラクティスとして参照し、これに学ぶことで、水管理をより強固にすることを勧めている。最後に、各国が積極的に互いにアドバイスや解決策を求めて交流し、国境を超えた知識の普及（科学者や行政官の交流による）を促進すべきだと提案する。

④ 水管理・ガバナンス改革に対する検討

　これまで NITI Aayog による CWMI 報告書 2019 年版に主に依拠しながら、水分野に関わる行政組織上の改組・改革や CWMI の取り組みについて確認してきた。これ以降は、これらに対する若干の検討を試みたい。

　表 2 に基づいて CWMI を構成する指標をみれば、流域開発のテーマでは雨水貯留施設の設置状況や統合的水管理計画（IWMP）に基づいた設備状況が、また参加型灌漑のテーマでは水利組合の状況が、持続可能な農業用水使用のテーマではマイクロ灌漑システムの採用状況がそれぞれ取り上げられている。雨水をいかに貯留し、あるいは地下水の涵養に役立てるかはインドが長らく取り組んできていることであり、この進捗状況が明らかになることは望ましい。また統合的水管理も生態系の中で水循環をとらえて、これを管理しようとする姿勢であり、この水資源管理の基本理念の普及・実践の程度が反映されている。またマイクロ灌漑については NITI Aayog の下で強力に推し進められている灌漑技術であり、農業用水の効率的な利用に資するものとして期待されている。これらの点が CWMI に含まれていることは肯定的に評価できる。

　しかし、不十分な点も残されている。インド・エネルギー資源研究所

（TERI）の特別研究員で、元インド水資源省次官のS. K.サルカール（Sarkar）は、水は州の管轄にあり、中央政府の役割は限られているなかで、州が持つ水に関するデータを公開する仕組みがなかった状況に対して、CWMIはこの公開への動きを促進することになると一定の評価をしつつも、来るべき水不足への危機に対して至急の行動が必要にもかかわらず、CWMIではこの点について十分に扱われていないと批判している。[13]

　The Wireに投稿されたサルカールの論考によれば、飲料水について、都市部や農村部で継続的に飲料水が供給されている世帯の割合をCWMIは指標にしているが、これがSDGsの目標6に対応していない点、またモディ首相の「2024年までに全ての農村世帯に水道を接続する」という目標についても指標として扱われていない点をサルカールは指摘している。さらに、①政策とガバナンスのテーマにおいて、州の水政策策定、州の水規制当局の設置、地下水規制法の改正・制定について指標として扱われていない点、②中央政府レベルでの立法・政策（国家水枠組み法案や河川流域管理法案など）、州政府と中央政府レベルでの制度改革（中央水委員会（Central Water Commission：CWC）や中央地下水委員会（Central Ground Water Board：CGWB）の再編など）が議論されず、指標にも反映されていない点、③家庭や産業部門での水利用の効率性を高めるために行われている取り組みに関する指標が欠けている点を上げながら、サルカールはCWMIは必要ではあるが、効果的な水管理のために十分でないと結論している。

　CWMIに採用された指標を改めて表2で確認すると、農村部の飲料水のテーマでは指標20や22において農村・都市それぞれでの飲料水供給の割合が採用されている。これに対してSDGsの目標6のなかのターゲット6.1「2030までにすべての人が安全かつ安価な飲料水へ普遍的かつ公平にアクセスできる」に対応して採用される指標は「安全に管理された飲料水サービスを利用できる人口の割合」である。[14]この意味でCWMIの指標はSDGs達成のために十分対応したものとなっていない。また、指標21に

は 24 時間 365 日水道供給がなされている村落数が採用されているが、これはモディ首相の目指している「全ての農村世帯に水道を接続する」という目標に対応したものではないことは明らかである。また政策とガバナンスのテーマは、各州の取り組みをモニターする指標が採用されているが、州政府の水政策や地下水保全などに関する指標はない。さらには、中央政府レベルでの水ガバナンスに関する取り組みをモニターする指標も含まれてはいない。こうした点を考えれば、サルカールによる指標に対する批判は妥当と言える。

　また、サルカールの指摘する上記②の論点については、かつて旧国家計画委員会委員であったミヒル・シャー（Mihir Shah）の率いる委員会（以下、シャー委員会とする）が 2016 年に中央政府レベルで「国家水枠組み法案（National Water Framework Bill：NWFB）」や「地下水の保全・保護・規制・管理のためのモデル法案（Model Bill for the Conservation, Protection, Regulation and Management of Groundwater）」を提出したが、強い反発を受けて行き詰まった。また同年に CWC や CGWB を再編・統合し、新たに国家水委員会（National Water Commission：NWC）を設立することも同じくシャー委員会によって提案されたが、これも実現していない[15]。

　こうした提案の頓挫は、シャー委員会の提案があまりに急進的な改革であるという批判による。シャー委員会がこうした提案を行ったことには、長らくインドの水ガバナンスを司ってきた行政機関の旧態依然たる状況があった。CWC も CGWB も設立されて以降改革されず温存されてきた機関であり、両機関が高度に専門的で狭いスキルに特化してしまった結果、多くの異なる選任や限られた資格、責任に対する狭い考え方に支配された機能不全の官僚組織となり、身動きの取れない状況にあった[16]。

　「ダム・河川・人々に関する南アジアネットワーク（SANDRP）のコーディネーターであるヒマンシュ・タッカル（Himanshu Thakkar）も CWC については、あまりに多くの任務に関わるがゆえに、それぞれの任

務が矛盾する場合があることを指摘している。そのため、タッカルは、水に関する情報を日々収集して即座に公開する独立の機関を設置することを提案しており、同時にこの水情報の収集・公開機関は水資源の開発や管理には関わってはならないと主張している。[17]

　シャー委員会の提案は、この状況を打破し、土木工学（CWC を圧倒的に占める分野）や水文地質学（CGWB を主に占める分野）以外の専門分野、つまり経営学を含めた社会科学、農学、生態学といった分野にも両機関を開放し、インドの水ガバナンスをより効率的かつ効果的なものにすることを目指していた。特に、生態系の視点を水ガバナンスに持ち込むことを意図したことは注目するべきである。これは水が単なる経済的価値を持つ財であるというだけでなく、自然の中で循環し、過剰に採取されたり汚染されたりすることで利用可能性が減少していく有限なものであるという認識に基づいている。そして、この循環する水を共有物と捉え、全ての人間が公平にこれを共有すべきであると考えたのである。

　2016 年の提案は頓挫したとはいえ、シャー委員会の目指した改革は今後の可能性へと引き継がれている。2019 年にジャル・シャクティ省によって新たな国家水政策策定のために委員会が設置され、ミヒル・シャーが再度このトップに就任している。シャー委員会の改革理念はどのように新たな国家水政策に反映され、実施されていくのか。ここで策定された新たな国家水政策については、稿を改めて検討したい。

5　おわりに

　以上、インドにおいて行われている水資源管理・水ガバナンス改革に関わる CWMI の取り組みを中心に検討を進めてきた。水資源管理に関する目標を設定し、CWMI 導入によってその進捗状況を可視化することは、大きな進展であるといえる。ただし、現在の CWMI とインド政府の目指す水管理や水政策の目標とは整合性が取れておらず、未だ十分ではない。さ

らに最終的な目標はSDGsに示された「すべての人の水と衛生の利用可能性と持続可能な管理を確保する」であり、これを達成するためにCWMIを継続的に改善していく必要がある。

　また報告書が最後に提案するように、国境を超えた知識の普及が水問題解決には肝要である。この点、日本はOECDにおいて水と衛生分野でのトップドナーであり、さらなる積極的な関与が求められる。日本の蓄積してきた治水・利水、水道システム、排水処理に関する知識と技術を、インドの風土的特徴を加味しつつ移転する努力がこの分野での国際協力として求められる。生態系維持の根幹をなす水の利用をいかに持続可能にしていくかという問題は気候変動危機とも関係する喫緊の課題であり、解決には一刻の猶予もない。

　また、ダムや河川改修などの大規模な給水計画のみに水問題の解決を頼ることはできず、水需要の管理に関する対策も必須である。マイクロ灌漑や雨水の利用、使用電力への課金はもとより、水利組合をより有効に機能させることが求められる。水利組合が十分な権限と財源のもとに灌漑システムを管理運営できるような能力開発が求められるし、これによってはじめて草の根の住民参加による水管理が実現する。こうした能力開発には政府以外にもNGOなど民間組織レベルでの支援が必要であり、この点は政府と民間との連携が必要である。

　水はあらゆる生命の源であり、水へのアクセスは人々の権利として尊重され、保障されなければならない。2010年7月、国連総会は「安全かつ清潔な飲料水と衛生に対する権利」を認めた。気候変動という未曾有の危機のなかで、限りある水を必要十分にすべての人々に届け、この権利を有効に保障するために、国家・政府はあらゆる努力を払わなければならない。そして、この水への権利に基づいて住民が自ら参加し、管理運営できる仕組みを構築するために更なる知見を蓄積していくことが求められている。

注

（ 1 ） United Nations（2019）*Global Sustainable Development Report 2019: The Future is Now - Science for Achieving Sustainable Development*, pp.10-11, https://sustainabledevelopment.un.org/globalsdreport/2019

（ 2 ） Vinson, K（2019）"How the monsoon's delayed withdrawal from India may cause havoc in Australia", The Hindu Business Line: https://www.thehindubusinessline.com/economy/agri-business/how-blessings-from-a-delayed-weather-event-turns-a-curse-half-a-world-away/article29697315.ece

（ 3 ） ブラウン，レスター（2020）『カウントダウン　世界の水が消える時代へ』（枝廣淳子監訳）海象社。

（ 4 ） Jayaraman, Nityanand（2019）"Quick Fixes Are Worsening Chennai's Water Crisis", *The Wire*, https://thewire.in/urban/chennai-water-crisis-metrowater
ちなみに、他の水源の場合と価格を比較すると、自分で井戸を持っていれば1キロリットルあたり3ルピー（水列車の1,000分の1）、レッドヒルズにある貯水池なら同4ルピー、ベーラナム貯水池では同22ルピー、海水の脱塩処理による造水の場合は同45ルピーとされる。

（ 5 ） The New Indian Express（2019）"Water wagons stop ferrying Cauvery water to Chennai city", *The New Indian Express* website, https://www.newindianexpress.com/states/tamil-nadu/2019/oct/08/water-wagons-stop-ferrying-cauvery-water-to-chennai-city-2044726.html

（ 6 ） NITI Aayog（2018）"Composite Water Management Index: A Tool for Water Management", June 2018, https://bit.ly/2HTNonZ

（ 7 ） NITI Aayog（2020）"Annual Report 2019-20", p.8, NITI Aayog website, https://niti.gov.in/sites/default/files/2020-02/Annual_Report_2019-20.pdf

（ 8 ） ジャル・シャクティとは、ヒンディー語で「水の力」の意。他では、水力省や水資源省と訳されている場合もあるが、本稿ではジャル・シャクティ省と表記する。

（ 9 ） the Department of Water Resources, River Development and Ganga Rejuvenation, "History", the Department of Water Resources, River Development and Ganga Rejuvenation, the Ministry of Jal Shakti, http://mowr.gov.in/about-us/history

（10） NITI Aayog 運営評議会は全ての州・連邦直轄領の首席大臣（chief minister）、そして連邦直轄領の準知事（lieutenant governor）からなる。NITI Aayog（2020），p.49 参照。

(11) Reuters (2019) "India aims to provide clean water to all rural houses by 2024", 16th June 2019, Reuters website, https://jp.reuters.com/article/us-water-india/india-aims-to-provide-clean-water-to-all-rural-houses-by-2024-idUSKCN1TG0IW

(12) NITI Aayog (2019) "Composite Water Management Index", August 2019, NITI Aayog website, https://niti.gov.in/sites/default/files/2019-08/CWMI-2.0-latest.pdf

(13) Sarkar, S. K. (2019) "NITI Aayog Isn't Doing Enough to Make India More Water-Use Efficient", the Wire, 2nd December 2019, https://thewire.in/government/niti-aayog-isnt-doing-enough-to-make-india-more-water-use-efficient

(14) United Nations, "Sustainable Development Goal 6", Department of Economic and social affairs, https://sdgs.un.org/goals/goal6

(15) EPW Engage (2020), "De-bureaucratising Water Governance Policy: Mihir Shah Committee Report 2016 and the Way Forward", Economic and Political Weekly, 27th March 2020, https://www.epw.in/engage/article/de-bureaucratising-water-governance-policy-mihir

　なお、「国家水枠組み法案」については http://www.mowr.gov.in/national-water-framework-bill より、「地下水の保全・保護・規制・管理のためのモデル法案」については http://jalshakti-dowr.gov.in/sites/default/files/Model_Bill_Groundwater_May_2016_0.pdf より、また新しい国家水委員会設立を提案した報告書 "A 21st Century Institutional Architecture for India's Water Reforms" は、http://cgwb.gov.in/INTRA-CGWB/Circulars/Report_on_Restructuring_CWC_CGWB.pdf より、それぞれ入手できる。

(16) ジャーナリストのガルジ・パルサイ (Gargi Parsai) は、CWC の土木技術者たちが水需要管理の重要性を認めつつも、インドの水問題はダム建設によってのみ解決可能と主張し、組織改革に反対している様子を伝えている。Parsai, Gargi (2016) "Central Water Commission Up in Arms Over Report Calling for its Restructuring", The Wire, 10th August 2016, https://thewire.in/agriculture/cwc-restructuring

(17) Thakkar, Himanshu (2019) "The Four Ways in Which India's Water Blessings Are Turning Into Disasters", *The Wire*, 4th July 2019, https://thewire.in/environment/the-four-ways-in-which-indias-water-blessings-are-turning-into-disasters

山本勝也

編者あとがき

　本書は、一般社団法人ユーラシア財団 from Asia（旧ワンアジア財団）の助成に基づいて、山口大学経済学部において実施されている寄附講座「アジア共同体の可能性」に関連して、南アジアの経済発展とその地域協力の行方について学内外の研究者の論考をまとめたものである。

　山口大学経済学部・経済学研究科には 2002 年より修士課程として公共管理コースが設置されており、これまでに東アジア、東南アジア、南アジアおよびアフリカの諸国から多くの留学生を受け入れ、研究教育をおこなってきた。帰国後、修了生はそれぞれの母国において経済社会の発展のために尽力している。冒頭の寄附講座に関わる学内研究者の多くはこの公共管理コースの運営にも深く関わっており、本書はこれらに関係する研究成果の一部として、寄附講座へ出講いただいた海外研究者の寄稿も得て、出版に至ったものである。本書の内容が南アジアに関する幅広い論考からなっているのも、このような事情を反映しており、本研究科の国際連携の広さとその研究水準の高さを示すものとなっている。ただし、それぞれの論考については各執筆者の責任のもとで執筆されている。編者も微力ながら寄附講座に協力させていただいており、今回本書に関わらせていただくこととなった。しかし、思うに任せず編者としての作業が十分に果たせぬままに出版時期が遅れ、関係の皆様には甚大なるご迷惑をおかけした。ここにお詫びを申し上げます。

　関連する前書『リレー講義　アジア共同体の可能性』（豊嘉哲編、芦書房、2019 年）に続けて、こうして本書の出版が叶ったのも、ひとえに佐藤洋治理事長をはじめユーラシア財団の皆様、そして芦書房の中山元春氏、

佐藤隆光氏のおかげである。心より感謝を申し上げます。特に、佐藤氏には編集作業に関連して忍耐強く暖かいご支援と多大なご助力をいただいた。また、関係部署の職員各位をはじめ、ここではお一人ずつお名前を列挙することができないほど多くの支えがあり、ここに至っている。重ねて感謝申し上げたい。

　来し方を顧みれば、未だ終わりの見えない新型コロナウイルス感染症（COVID-19）の爆発的感染拡大（パンデミック）、カブール陥落に続くアフガニスタンの混乱、ロヒンギャ難民など、注意深く綿密な地域協力がますます要請されている。本書が南アジア地域の行く末にとって1つの指針を示すものになると信じている。

　　2022年3月吉日

編者　山本勝也

●編著者紹介

山本勝也（やまもと・かつや）山口大学大学院東アジア研究科准教授—編者・第8章

富本幾文（とみもと・いくふみ）山口大学経済学部教授（特命）、兼国際連携担当副学長補佐—第1章

デルワール・フセイン（Delwar Hossain）バングラデシュ・ダッカ大学国際関係学部教授、兼東アジアセンター長—第2章

大岩隆明（おおいわ・たかあき）前山口大学教授、国際協力機構緒方貞子平和開発研究所主査—第3章（第2章・第4章監訳）

サンジャイ・K・バールドワージ（Sanjay K. Bhardwaj）ニューデリー、ジャワハラール・ネルー大学国際研究学部南アジア研究センター南アジア研究学教授—第4章

パヴィトラ・バールドワージ（Pavitra Bhardwaj）ニューデリー・デリー大学ジーザス・アンド・メアリーカレッジ助教授—第4章

馬田哲次（うまだ・てつじ）山口大学経済学部教授—第5章（第6章監訳）

トリロチャン・ポカレル（Trilochan Pokharel）ネパール行政職員大学統括教育部長—第6章

ロシャーニ・ブジェル（Roshani Bhujel）ネパール行政職員大学指導・研究員—第6章

仲間瑞樹（なかま・みずき）山口大学経済学部教授—第7章

南アジアの経済発展と地域協力

■発　行──2022年3月31日
■編　者──山本勝也
■発行者──中山元春
■発行所──株式会社芦書房　　〒101　東京都千代田区神田司町2-5
　　　　　　　　　　　　　　　電話 03-3293-0556／FAX 03-3293-0557
　　　　　　　　　　　　　　　http://www.ashi.co.jp

■印　刷──モリモト印刷
■製　本──モリモト印刷

　　　©2022　Yamaguchi University

　　ISBN978-4-7556-1310-4 C0031